U0522953

本书系 2018 年度教育部人文社会科学研究青年项目"环境治理行政权力配置与运行研究"（18YJC820002）、中央高校基本科研业务费专项资金 2018 年度华侨大学高层次人才科研启动项目"合作型环境法研究"（18SKBS103）研究成果。

环境治理行政权力
配置与运行研究

蔡文灿 ◎ 著

中国社会科学出版社

图书在版编目(CIP)数据

环境治理行政权力配置与运行研究 / 蔡文灿著. —北京：中国社会科学出版社，2019.5

ISBN 978-7-5203-4465-4

Ⅰ.①环⋯　Ⅱ.①蔡⋯　Ⅲ.①环境综合整治-行政权力-研究-中国　Ⅳ.①D922.683.4

中国版本图书馆CIP数据核字(2019)第101188号

出 版 人	赵剑英
责任编辑	梁剑琴
责任校对	夏慧萍
责任印制	郝美娜
出　　版	中国社会科学出版社
社　　址	北京鼓楼西大街甲158号
邮　　编	100720
网　　址	http：//www.csspw.cn
发 行 部	010-84083685
门 市 部	010-84029450
经　　销	新华书店及其他书店
印刷装订	环球东方（北京）印务有限公司
版　　次	2019年5月第1版
印　　次	2019年5月第1次印刷
开　　本	710×1000　1/16
印　　张	12.75
插　　页	2
字　　数	207千字
定　　价	78.00元

凡购买中国社会科学出版社图书，如有质量问题请与本社营销中心联系调换
电话：010-84083683
版权所有　侵权必究

序

　　国家治理是一个系统工程，其中包括政治治理、经济治理、文化治理、社会治理和环境治理（亦可称作生态治理）等。环境治理作为国家治理的一项重要内容，由我国现今的基本国情或经济、社会发展的客观需求所决定，也是生态文明建设的根本要求。于环境治理而言，行政权具有立法权和司法权不能比拟的优越性。环境问题自身的复杂性，使得环境法律规范的制定不可能面面俱到、尽显其详。因此，立法机关不得不制定出相对原则、抽象的环境法律条款，对具备专业管理技术和经验的行政机关进行广泛的授权。另外，由于司法权具有事后性、被动性和个别性，其效率显然无法适应环境问题时间上的迫切性、波及范围上的广泛性。相较而言，行政权具有事先性、主动性和普遍性等优势，行政权力的直接干预将有助于提高治理环境的效率。

　　文灿博士对环境行政法律制度的研究旨趣始于硕士研究生阶段。从排污许可证制度、环境执法到环境治理权力结构，多年来他一直在该领域耕耘，发表了多篇相关论文。本书以他的博士学位论文为基础成稿，也是他多年研究成果的总结与升华。本书的鲜明特色体现在研究视域和研究内容上。

　　一是研究视阈的创新。本书从事实与规范两个研究视阈解读环境治理的行政权力：其一，从规范视角分析环境治理行政权力的法律制度体系。依据相关法律的现行规定，分析环境治理行政权力在中央政府与地方政府之间、地方政府与地方政府之间、政府内部不同部门之间的配置，在行政机关与市场主体、社会主体之间的配置。对现行法律制度的规范体系进行反思，分析其制度安排利弊，评价其功能得失。其二，从事实视角解构环境治理行政权力的运行状况。首先，分析了环境治理行政权力在中央政府与地方政府之间、同级地方政府之间以及不同政府部门之间实际的运行状况，揭示了其存在的偏差问题。其次，分析了命令控制型行政模式的现状及缺陷，分析合作治理行政模式的发展及不足。对行政权力的运行现状等事实问题进行反思，分析制度安排的实际效果，评估决策方案的成效。

二是研究内容的创新。本书研究内容围绕着一个纲领、两个场域、五条路径展开。一个纲领是指元治理理论，元治理联结、融合市场机制、科层制度和社会关系网络三种不同的治理模式，进行"反思性定位"，以及"自我反思性的反讽"。元治理引领全书的主线。两个场域是指环境治理行政权力配置与运行的两个基本范围：一是行政权力的内部配置与运行——中央政府与地方政府之间、同级地方政府之间、政府内部不同部门之间；二是行政权力的外部配置与运行——行政机关、市场主体、社会主体之间，体现为环境治理的具体机制，包括命令控制型科层制模式、市场机制模式、合作治理模式。五条路径是指环境治理行政权力多向度演进的五个具体面向：环境治理的主体范围不断扩展，且相互之间的关系处于动态协调变化过程；环境治理具体制度设计不拘泥于传统行政行为的形式；环境治理行政权力运行机制由单线状向网络状转变；环境治理中具体的决策权、执行权和监督权相互交织；环境治理行政权力的新变化同样引发责任机制的偏移，新型责任机制不断涌现。

同时，本书直面环境治理行政权力中的难题，譬如合作治理机制的不足、专家和公众对环境风险认知与应对的分歧、私人主体的责任机制等，并提出了有一定创新价值的解决建议，但仍可进一步完善。望文灿继续对上述问题进行深入研究，以期取得更大的学术成果。

是为序。

王树义

2019 年 5 月 8 日于上海

摘　　要

现代社会是具有高度不确定性的"风险社会",广泛多样的风险严重威胁着公众的健康、生命。为了保护公众免于遭受他们难以自我防卫的风险,各国政府都试图防范、消减社会生活中的风险,进而形成了庞大的风险管控领域。行政机关承担起了风险治理的大部分责任,但风险规制活动既无法通过执行立法上的确定规范而合法化,也无法因符合专家理性而合法化。各国进行了大规模的公共行政改革,围绕着行政组织架构和内部运行机制以及政府与社会的关系展开,其本质都是行政权力的重新配置,行政权力的配置和运行直接关系着公共行政的合法性和正当性。行政权力的配置与运行是行政权力发挥功效不可分离的两个阶段,配置体现权力的静态分布,运行则是权力运作的动态过程,两者是密切关联的连续体。传统行政权力模式是在秩序行政和给付行政背景下产生的。根据"传送带理论",行政机关必须根据立法机关指令做出决定,要求形式合法。给付行政促使行政机关自由裁量权扩张,转而通过"专家"理性而在实质上正当化,从形式合法转向实质合法。风险治理行为的合法性困境已经危及行政法治的传统核心理念,其既无法从执行法律的确定规则上获得合法性,也无法从符合行政机关专家的科学理性上获得合法性。为了解决传统行政模式的不足,许多国家先是在传统模式的基础上进行某些变革,后来发展出利益代表模式,也有坚持适用市场经济的"自发自生秩序",最新主流观点是在利益代表模式的基础上发展出"合作治理"行政模式。

元治理的伞状模式将三种不同的治理模式联结起来,融合了市场机制、科层制度和社会关系网络,从而获得各利益方所追求的最佳结果。三种机制融合的具体路径则体现在行政权力的多向度演进——权力主体、权力目标、权力运行机制、权力构成内容、责任机制等权力体系的变化上。

在环境治理行政权力的内部配置与运行方面,为解决纵向行政权力高度集中、横向行政权力过于分散的问题，应在纵向层面推行行政权力的层级化与分权法治化，在横向层面推行行政权力的综合性设置与平面化构造。特别关注财权与事权的匹配性问题、集权与分权的均衡性问题。在环境治理行政权力的外部配置与运行方面，主要是环境合作治理。具体形式有协商制定规则、环境信息公开及交流制度、环境合同制度、私人治理制度。环境合作治理具有其他机制所不具备的优势，但也存在普遍失灵。

风险认知与责任机制是环境治理行政权力配置与运行的难题。公众与专家对环境风险的认知存在很大差异，政府采取两种决策方式，一是依据专家提供的科学信息做出决策，二是通过民主程序依据公众的价值理念做出决策。市场主体和社会主体承担起了环境风险治理的公共职能，但私人主体在公共职能中的法律责任却是空白，需要进一步完善责任机制体系。

从总的方向而言，环境风险治理已跨入第三代环境治理法律机制——反身环境法。反身法的"自我指涉"正是元治理反思性、多样性和反讽性在法律系统中的体现。反身环境法反映在行政权力上，具体有五条多向度演进路径。第一，环境治理的主体范围不再局限于传统的环境资源行政主管部门，治理主体范围不断扩展，且相互之间的关系处于动态协调变化过程中。第二，环境治理具体制度设计不拘泥于传统行政行为的形式，注重从解决实际问题的目标导向出发，创设各种灵活多变的制度形式，鼓励以各利益方协商合意为基础的协议作为决策基础，不局限于具体规则条文，不强调行政机关的命令控制，分散治理权力。第三，环境治理行政权力不再呈现出单线状的运行过程，社会公众不再仅仅通过选举代议机构成员来对行政机关进行间接监督，而是更多地直接参与到环境治理进程中，既参与具体的预案决策，又参与实施、执行过程，并对相关主体的行为进行监督，呈现出一幅网络状的治理图景。第四，环境治理中具体的决策权、执行权和监督权不再是截然分离的，相关利益方参与整个环境治理过程，信息交流机制促进了各方的相互学习和相互理解，从而对环境治理的决策、执行和监督提供信息基础和民意基础，因此决策权、执行权和监督权是交织在一起的。第五，环境治理行政权力的新变化同样引发责任机制的偏移，强调权力与责任——对应的传统司法审查形式仍是责任机制的基础，但更多的新型责任机制不断涌现，这些机制弥补了传统机制的不足，但仍然需要后续进一步的发展完善。

从理论上讲，要确定一整套一劳永逸的解决环境问题的机制是不切实际的。环境治理机制能否取得更好的效果取决于多重因素。现在的最佳选择是将各类机制进行重构和组合,并保证其得到有效的实施和监管。

关键词:环境治理;行政权力;元治理;环境风险;多向度

目 录

绪 论 ·· (1)
    一　问题缘起 ·· (1)
    二　文献综述 ·· (7)
    三　研究思路 ··· (25)
    四　研究方法 ··· (26)

第一章　环境治理行政权力概述 ·· (28)
  第一节　环境治理的基本范畴 ··· (28)
    一　环境治理的界定 ·· (28)
    二　环境风险的认知及治理过程 ·· (31)
    三　我国环境治理的现行模式 ··· (34)
  第二节　行政权力模式的演变 ·· (38)
    一　传统行政权力模式的特性 ··· (38)
    二　传统行政权力模式的局限 ··· (41)
    三　传统模式的自我更新 ··· (43)
    四　利益代表模式的出场 ··· (46)
    五　市场机制的复归 ·· (53)
    六　合作治理的勃兴 ·· (54)
  第三节　环境治理行政权力的多向度演进：以元治理为纲领 ······ (66)
    一　元治理理论 ·· (66)
    二　行政权力的多向度演进 ·· (69)
    三　元治理下多元机制的共存 ··· (73)

第二章　环境治理行政权力内部配置的缺陷与运行偏差 ············· (74)
  第一节　纵向权力的高度集中与执行偏差 ······························ (74)
    一　纵向权力配置的法律规范 ··· (74)

二　行政发包制及其执行偏差 …………………………………（75）
　第二节　横向权力的模糊分散与利益冲突 ……………………………（80）
　　一　横向权力设置的法律规范 …………………………………（80）
　　二　环境监管部门职权的抽象、模糊 …………………………（81）
　　三　环境监管部门职权的交叉、冲突 …………………………（82）
　　四　跨区域环境治理的碎片化 …………………………………（85）
　第三节　我国环境监管体制垂直管理改革的争议 ……………………（88）
　　一　环境监管体制垂直改革的基本走向 ………………………（88）
　　二　环境监管体制垂直改革的潜在争议 ………………………（91）

第三章　环境治理行政权力外部配置的型态与运行失灵 ……………（94）
　第一节　环境合作治理的具体型态 ……………………………………（94）
　　一　协商制定规则机制的平衡性与不平等 ……………………（94）
　　二　环境信息公开及交流制度的公开性与冗余性 ……………（98）
　　三　环境合同制度的灵活性与模糊性 …………………………（100）
　　四　私人治理制度的自愿性与软化性 …………………………（103）
　第二节　环境合作治理的失灵 …………………………………………（104）
　　一　环境合作治理失灵的具体表现 ……………………………（104）
　　二　环境合作治理失灵的根源 …………………………………（110）

第四章　环境治理行政权力内外联结中的难解之困 …………………（113）
　第一节　环境风险治理中专家知识与公众认知的分歧 ………………（113）
　　一　风险预防原则适用的现实障碍 ……………………………（113）
　　二　专家理性的局限、僵化及偏移 ……………………………（118）
　　三　公众认知的依赖、"锚定"及感性 ………………………（121）
　　四　分歧引发的决策困境 ………………………………………（123）
　第二节　环境合作治理责任机制的缺失 ………………………………（124）
　　一　私人主体公共职能责任的空白 ……………………………（124）
　　二　传统责任机制的适应性变革 ………………………………（125）

第五章　环境治理行政权力配置与运行的完善 ………………………（129）
　第一节　环境风险的元治理：反身环境法 ……………………………（129）
　第二节　多向度的演进路径 ……………………………………………（131）
　　一　环境治理主体：多主体的共治与协作 ……………………（132）

二　环境治理的制度形式：突破既有行政行为形式 …………（135）
　　三　环境治理行政权力的运行：从单线状走向网络状 ………（136）
　　四　环境治理的决策权、执行权与监督权：统合与分离 ……（138）
　　五　环境治理的责任机制：从对称性演变为非对称性 ………（139）
第三节　环境治理行政权力体系内部的完善 …………………（141）
　　一　设立跨部门治理机构 ………………………………………（141）
　　二　运用成本效益分析 …………………………………………（143）
　　三　科学划分中央和地方权限 …………………………………（145）
　　四　明晰监管部门的职权 ………………………………………（150）
　　五　强化府际合作的协同性 ……………………………………（152）
　　六　稳步推进环境监管体制垂直改革 …………………………（154）
第四节　环境治理行政权力体系外部的完善 …………………（161）
　　一　弥合专家与公众的分歧 ……………………………………（161）
　　二　构建新型责任机制 …………………………………………（163）

结　语 …………………………………………………………（169）

参考文献 ………………………………………………………（171）

后　记 …………………………………………………………（190）

绪 论

一 问题缘起

（一）选题缘由

1. 行政权力的新发展

现代社会已成为一个具有高度不确定性的"风险社会"。在工业化、信息化的进程中，人类自身的活动及研发的科学技术产生了广泛多样的风险。人类社会领域的恐怖主义、经济与金融危机、网络系统安全、食品安全等，自然生态领域的全球变暖、空气污染、水资源短缺、生物灭绝等，均严重威胁着公众的健康、生命及人类社会的秩序与发展。面对日益复杂的全球化风险，各国政府、各类机构团体、各学科研究人员广泛兴起了关于风险治理的研究。

为了保护公众免于遭受他们难以自我防卫的风险，各国政府开始直接介入以减少、减轻和控制风险，几乎所有国家都试图通过理性设计的正式法律、有序组织的行政系统来防范、消减社会生活中的风险，进而形成了庞大的风险管控领域。对此，我们可谓之风险管理、风险管控、风险规制、风险治理，即设立专门的政府机构，对可能造成大规模、不可逆转的危害的风险进行评估、监测，并通过制定规则、监督执行等方式来减轻、控制、消除风险。[①]

风险相关知识的不充分及科学不确定性给决策者及利益相关者带来了极大的挑战，立法机关、行政机关及司法机关均面临前所未有之难题。在应对风险上，由于作为规则制定者的立法机关无法及时掌握关于风险的完整、准确知识，没有能力发出精准的指令或设定确定无疑的目标，以便行

[①] 赵鹏：《风险社会的自由与安全》，载沈岿主编《风险规制与行政法新发展》，法律出版社2013年版，第16—17页。

政机关对具体情境做出有效决定，所以，行政机关高度自由裁量权的产生是不可避免的。司法机关作为权利保障的最后一道屏障，一般只被动地审查当事人提出的安全保障诉求和行政机关规制风险的行政行为，不主动介入风险规制过程。因此，行政机关势必承担起风险治理的大部分责任。

在传统的行政法治模式中，行政机关行为的合法性是由形式合法性保证的，这种模式要求行政机关必须准确无误地执行立法机关所设定的规则，从而实现立法机关在立法中明确表述的宗旨和目标。美国行政法学者理查德·斯图尔特将此模式称为"传送带理论"。① 第二次世界大战后，众多国家步入福利国家时期，行政行为不再以形式合法而作为立法意图的"传送带"，行政裁量权扩张成为大势所趋。具体方向上，行政机关通过引入专家理性以保障公共利益得以实现，为行政裁量的合理性树立权威依据，行政法治模式从形式合法性转向实质合法性。然而，当代社会的风险规制活动，不仅无法通过执行立法上的确定规范而合法化，也无法因符合专家理性而合法化。各国政府所面临的问题大多如是。一方面，无论从组织结构上还是运作程序上，立法机关都无法设定详细、精确的风险治理规则，无法胜任对风险进行直接规制的工作。原因有二：其一，哪些风险需要防范、如何规制、规制到何种程度等问题都具有非常复杂的社会、经济及政治含义，因此对风险的治理需要保持与受影响的公众、企业进行持续的沟通。其二，风险规制需要收集、掌握并分析大量的信息，包括科学技术、社会舆论、公众反应等。另一方面，获得广泛自由裁量权的行政机关也需要在科学不确定性的背景下采取行动，传统行政法治模式难以判断其行为的合法性。换言之，风险规制难题已经触及行政法治的核心理念。诚如德国行政法学者施托贝尔所论，公共行政经历了从秩序行政到给付行政、再到风险行政的转变。由于这种面向未来规制的特殊性，立法机关不得不通过概括性的授权，赋予行政机关大量的自由空间以根据具体风险的特点形成规制政策，从而导致法律保留原则在当代风险规制领域难以发挥作用。②

为了适应这种新的社会形势，高效地处理公共事务，提供公众所需的

---

① ［美］理查德·B. 斯图尔特：《美国行政法的重构》，沈岿译，商务印书馆2011年版，第12页。
② 赵鹏：《风险社会的自由与安全》，载沈岿主编《风险规制与行政法新发展》，法律出版社2013年版，第23—24页。

公共服务产品，各国从20世纪80年代开始，进行了大规模的公共行政改革。行政改革主要围绕着行政组织架构和内部运行机制以及政府与社会的关系展开，其本质都是行政权力的重新配置。行政权力是公共行政改革中最具理论内涵和实践导向的关键因素，行政权力也是行政法治的核心要素，行政权力的配置和运行直接关系着公共行政的合法性和正当性。

传统上，行政权力是专属于国家行政机关的，行政权力的配置仅仅是行政机关内部事务。根据马克斯·韦伯的科层制理论，行政机关内部的行政权力配置分为两个层面。一是结构性配置，即依据不同层级对行政权力进行纵向垂直性划分，形成结构性权力，从而使行政机关形成等级差别。二是功能性分配，即依据行政管理对象的不同和行政机关承担任务的不同对行政权力进行横向水平性划分，形成功能性权力，从而使行政机关形成专业差别。[1]

公共行政改革之后，民间社会团体、公众群体等社会主体、企业等市场主体也承担起提供部分公共服务产品的职能，而且范围越来越广泛。[2] 当今的公共行政问题已经是政府与社会的关系问题，而不再仅仅是政府内部问题。"政府与社会关系的理想形态是实现双方的良性互动，形成一种合作治理的格局。"[3] 公共行政从政府规制走向公共治理，其实质就是"多中心、多主体、多层次的合作治理"。合作治理包括政府内的协同治理体系，即相关行政部门的跨部门协作，也包括企业、行业协会以及公众等社会主体的参与。[4] 这种变迁趋势促使我们对行政权力的认识需要转变，国家行政机关不再是公共行政职能的唯一承担者，也不应再是掌握行政权力的唯一主体，广义上讲，承担公共服务职能的社会主体、市场主体也是行政权力的主体。行政权力的内涵与外延发生了变化，我们对行政权力配置与运行的研究也不应再局限于国家行政机关体系内部。

因此，从各国的公共行政理论和实践来看，行政权力的内涵与外延已

---

[1] [美] R.J.斯蒂尔曼：《公共行政学》（上册），李方、潘世强译，中国社会科学出版社1988年版，第84—135、211页。

[2] 夏志强、付亚南：《公共服务多元主体合作供给模式的缺陷与治理》，《上海行政学院学报》2013年第4期。

[3] 汪锦军：《合作治理的构建：政府与社会良性互动的生成机制》，《政治学研究》2015年第4期。

[4] 宋华琳：《论政府规制中的合作治理》，《政治与法律》2016年第8期。

经发生了变迁，行政权力的配置与运行也应当从广泛的、变迁的视角来考察。行政权力包括行政机关的行政权力和社会主体、市场主体的社会公共行政权力。据此，有学者将行政权力配置界定为："所谓行政权力配置，是指行政权力在不同行政权力主体间的分配，包括行政权力在行政机关、非政府公共组织内部的分配以及在行政机关与非政府公共组织之间的分配。"① 有学者认为："行政权力的配置是指行政权力在不同行为主体之间的调配……行政权力的配置包含'下放'和'外放'双重含义。"合理配置行政权力需要理顺政府与社会之间的关系。② 综上可知，行政权力的配置包含三个层次，一是行政权力在行政机关内部的纵向及横向配置；二是行政权力在行政机关与社会主体、市场主体之间的配置；三是行政权力在社会主体、市场主体内部的配置。对于行政权力的运行，有学者认为应体现在行政权力运行的本质、过程、范围、目标四个方面。具体而言：第一，从本质上而言，行政权力运行是指行政权力主体依法行使行政权力；第二，从过程来看，行政权力运行是指实践中行政权力具体运作的动态过程；第三，从范围来看，既包含行政权力在行政主体（国家行政主体和非政府公共行政主体）内部的运行，也包含行政权力作用于行政相对人的运行；第四，对于目标而言，行政权力运行的最终目标是满足社会公众对公共服务产品的需求。因此，"行政权力运行是指行政权力主体对行政权力的行使，是行政权力在实践中的具体运作过程，既包括行政权力在行政组织系统内部的运作，也包括行政权力在行政组织系统以外的运作过程，以一定的运行效果作为运行结果的体现"③。

行政权力的配置与运行是行政权力发挥功效不可分离的两个阶段，配置体现权力的静态分布，运行则是权力运作的动态过程，两者是密切关联的连续体，需要一体考虑。在行政机关内部，行政权力的配置与运行应当更注重效率的提升，而在行政机关与非政府公共组织之间，行政权力的配置与运行应更多地强调民主、自治、参与。

---

① 石佑启、陈咏梅：《论法治社会下行政权力的配置与运行》，《江海学刊》2014年第2期。
② 魏崇辉：《行政权力合理配置视域下政府与社会之和谐互动》，《中国发展》2011年第2期。
③ 石佑启、陈咏梅：《论法治社会下行政权力的配置与运行》，《江海学刊》2014年第2期。

同时，行政权力的配置与运行还需涉及两个面向的关系。一个面向是行政权力与公民权利之间的关系，具体又可分为行政权力与公民个人权利之间的关系，行政权力与社会权力①（作为公民个人权利的集合）之间的关系。另一个面向是行政权力与其他国家权力之间的关系，具体又可分为行政权力与立法权力之间的关系，行政权力与司法权力之间的关系。

2. 环境治理中的行政权力

当代社会，在形形色色的风险中，环境风险是一类受到各群体广泛关注的无差别风险，无论其种族、国籍、性别、年龄、受教育程度、收入水平有何不同。对于生态环境，即使科技发达如今，亦有众多不可知领域。人类有关生态系统的知识仍然是有限的；环境风险的危害后果往往是不可逆转的；环境风险所涉及的科学不确定性比化学物质影响人体健康风险的科学不确定性要复杂得多。更为棘手的是，环境风险深嵌于社会—政治冲突之中并深受社会—政治冲突的影响。

面对环境风险的异常复杂性，国家权力进行了适应性的调适。掌握立法权的立法机关制定相对宏观、原则、抽象的环境法律，对具有专业管理经验的环境资源行政机关进行广泛的授权。掌控司法权的法院也为环境风险的受害人提供了多样化的救济途径，既有传统的私益侵权诉讼，也有开创性的公益诉讼。相比较而言，立法权具有宏观性、指导性和抽象性，无法直接适用于特定情境；司法权具有"事后性、被动性和个别性"，效率相对较低；而行政权力具有"事先性、主动性和普遍性优势"②，在面对未知、复杂的环境风险时，行政机关的效率优势得到了明显的体现。因此，在应对环境风险方面，行政权力的作用最为关键。但环境治理行政权力具体如何配置、实践中如何运行也是一个极其复杂的问题。

在公共行政改革的大背景下，环境监管和规制的改革也逐步推进，但至今仍未完全形成成熟的制度体系。美国行政法学者朱迪·弗里曼认为，传统上，环境规制改革主要集中在两个规范性问题上：一是应当由哪个层级的政府进行规制？二是采用何种机制？最简单的解读就是，第一个问题在于应由联邦还是州主导环境规制；第二个问题是应选择命令—控制型机

---

① 郭道晖：《论国家权力与社会权力——从人民与人大的法权关系谈起》，《法制与社会发展》1995年第2期；郭道晖：《社会权力：法治新模式与新动力》，《学习与探索》2009年第5期。

② 周卫：《环境规制与裁量理性》，厦门大学出版社2015年版，第23—24页。

制还是市场机制。但环境规制的改革远未如此简单。① 在面对复杂的环境风险时，环境治理不仅要着眼于如何在中央与地方政府之间分配行政权力，也要关注于如何在市场机制、命令—控制型机制或其他机制中做出选择，而且应当从环境治理行政权力配置与运行的宏观视角来审视多层级政府的协作以及执行机制的多样性，包括信息机制和利害关系人的持续参与等。我国学者也认为，公共行政从政府规制走向合作治理，包括政府内的协同治理体系，相关行政部门的跨部门协作，也包括企业、行业协会以及公众等社会主体的参与。②

从理论范畴看，环境治理行政权力的配置与运行就是围绕着上述两个基本问题而展开的。一是环境治理行政权力在不同层级政府之间的关系——行政权力的内部配置与运行，二是环境治理所运用的具体机制（科层、市场与社会）——行政权力的外部配置与运行（包含社会主体、市场主体的公共行政权力）。上述问题是相互嵌套、相互缠绕而生，只能在理论上作一定程度的划分，实际运作中往往是密切关联、不可截然分开。

（二）选题意义

本书的理论意义在于，突破传统环境治理研究的局限，结合政治学、管理学、经济学等学科既有研究成果，从法学视角系统分析了行政权力在行政机关、市场主体、社会主体之间的配置和运行。以元治理理论为纲领，通过型构行政权力多向度演进这一逻辑进路，重新界定不同范畴之间的关系，并作理性反思，从而能够令人信服地描述、解释、评价环境治理的新变化并影响其形成和发展。在型构逻辑进路的基础上，探讨环境治理行政权力的主体、配置、运行、效果及不足等关键问题，从研究深度和广度上扩展环境治理的法学理论，进而推动环境法治的完善和发展。

本书的实际应用价值在于，提出环境治理行政权力的理论体系与多元主体协商合作参与环境治理的微观法律实现机制，能够最大限度地整合国家强制和社会自治两种机制在生态文明建设中的功能，能够调动公与私的积极性和能动性，能够全面回应多重混合型社会中多主体、多样化的利益

---

① Jody Freeman, Daniel A. Farber, "Modular Environmental Regulation", *Duke L. J.*, Vol. 54, 2004-2005.

② 宋华琳：《论政府规制中的合作治理》，《政治与法律》2016年第8期。

诉求，能够全方位实现公共性强弱不等的多样法治化目标。随着环境问题发展变化的频率日益加快，环境法律制度"进化"全面提速，只有通过环境法学理论的不断创新才能满足环境法治和生态文明建设的需要。

二 文献综述

（一）国内研究综述

1. 行政权力配置与运行总体理论

杨海坤等对"行政"和"行政权"等基础性理论的研究进行了综述。① 魏崇辉认为行政权力的配置是指行政权力在不同行为主体之间的调配，包含"下放"和"外放"双重含义，要求处理好政府与社会之间的关系。② 石佑启等对行政权力的配置与运行进行了全面、深入的研究。③ 具体方面，调整行政权力结构，在纵向上实行行政权力的层级化与法律分权，在横向上实行行政权力的综合化配置与平面化构造；④ 合理配置财权，建立健全权限争议解决机制。⑤

2. 权力结构

陈国权等探讨了权力结构的两种基本形态——集权结构与制约结构。市场经济的现代转型需要建立决策权、执行权和监督权既相互制约又相互协调的权力制约制度。⑥ 周永坤认为，有效的权力制约机制存在两个难点：价值正当性论证的困境与价值实现的困难。权力制约机制包括对权力的分解与合理配置权力的平面化与层级化。权力结构体系分成两个理想类型：一是宝塔式权力结构模式，二是网络式权力结构模式。法治要求是实

---

① 杨海坤、何薇：《行政法学界关于"行政"和"行政权"的讨论》，《湘潭工学院学报》（社会科学版）2001年第3期。

② 魏崇辉：《行政权力合理配置视域下政府与社会之和谐互动》，《中国发展》2011年第2期。

③ 石佑启、陈咏梅：《论法治社会下行政权力的配置与运行》，《江海学刊》2014年第2期；石佑启、陈咏梅：《法治视野下行政权力合理配置研究》，人民出版社2016年版。

④ 石佑启：《论法治视野下行政权力的合理配置》，《学术研究》2010年第7期。

⑤ 石佑启、邓搴：《论法治视野下行政权力纵向上的合理配置》，《南京社会科学》2015年第11期。

⑥ 陈国权、黄振威：《论权力结构的转型：从集权到制约》，《经济社会体制比较》2011年第3期。

现网络式权力结构。① 吴兴智认为，从过程规制到结果导向的美国行政改革实质是权力结构模式的变革，涉及权力主体的位移、权力间关系结构的调整、权力行为方式的变革以及权力运行机制的变迁。②

3. 环境治理行政权力的内部配置与运行

（1）纵向权力

张千帆介绍了美国联邦分权模式由强调中央和地方二元分权的二元联邦主义向合作联邦主义转变，防止底线竞赛和保障各州平等。联邦国家的合作联邦主义模式和单一制国家的分权合作模式没有本质差别。中央和地方的合理分权取决于中央统一立法的必要性及对中央和地方干预的成本效益分析。③ 比较了地方自治的社会价值与成本，他认为地方自治的价值远大于成本。④ 地方自治是民主之本。⑤ 实现中央和地方关系的法治化，需要从宪法上合理配置中央和地方的立法权。⑥ 陈建平认为中央与地方的权力划分是国家民主化进程中不得不面对的难题。⑦ 杨海坤等以"中央与地方关系法治化"为出发点，通过宪法和其他宪法性法律逐步推行地方自治制度。⑧ 刘海波认为，中央和地方政府间结构关系有两种模式：相互控制和重叠统治，央地关系难题的治本之策是吸收重叠统治模式的优点并建立真正意义上的司法权。⑨ 孙波分析了《立法法》的"地方性事务"概念，地方性事务是指具有区域性特点的、应由地方立法机关予以立法调整

---

① 周永坤：《权力结构模式与宪政》，《中国法学》2005年第6期。

② 吴兴智：《美国政府结果导向行政改革评析——一种权力分析学的视角》，《云南行政学院学报》2007年第6期。

③ 张千帆：《从二元到合作——联邦分权模式的发展趋势》，《环球法律评论》2010年第2期。

④ 张千帆：《集权还是分权？地方自治的成本—利益分析》，《江苏社会科学》2009年第5期。

⑤ 张千帆：《地方自治是民主之本——以中央集权的统治成本为视角》，载季卫东主编《交大法学》（2010年第1卷），上海交通大学出版社2011年版，第94页。

⑥ 张千帆：《联邦国家的中央与地方立法分权模式研究》，《江苏行政学院学报》2010年第1期。

⑦ 陈建平：《历史上中国中央与地方实质性分权的实验——以民国〈湖南省宪法〉的制定与实施为样本》，《现代法学》2010年第3期。

⑧ 杨海坤、金亮新：《中央与地方关系法治化之基本问题研讨》，《现代法学》2007年第6期。

⑨ 刘海波：《中央与地方政府间关系的司法调节》，《法学研究》2004年第5期。

的事务，认为应采取事务所涉及的利益范围、事务的实施范围和事务性质三个标准来判断地方性事务。① 封丽霞认为我国目前把立法事项的"重要程度"作为中央与地方立法权限的划分标准存在问题，应采用"影响范围"标准。②

周黎安认为行政发包制是分析中国政府间关系、官员激励和政府治理的独特理论。他将行政发包制与"政治锦标赛"理论结合，从纵向行政发包和横向晋升竞争两个维度拓展政府治理的分析深度。③ 徐清飞认为我国中央与地方权力配置的应然状态是通过静态的权限划分和动态的权能配置实现权力行使所指向的特定目的。④ 周飞舟认为高度中央集权的行政体制会内生出"锦标赛"现象，中央向地方政府大规模放权，并通过各种方式鼓励和促使地方政府在主要的经济指标上展开竞赛。⑤ 陈潭等认为政治锦标赛体制是中国政府官员的压力性激励范式与不容选择的政治生态，行政发包并进行量化考核、绩效排名与择优提拔。⑥ 狄金华认为"行政吸纳运动"的治理方式是基层政权在专制性权力丧失、基础性权力又尚未确立、行政运作缺乏充沛资源的情景之下，通过对传统的"运动"资源加以简化利用而做出的权益性的行为选择。⑦ 冯仕政认为"运动式治理"不可能永续发展，只能与常规社会治理方式交替发生。⑧ 曹正汉认为中国治理体制的基本特征是治官权与治民权分设，形成"上下分治的治理体制"⑨。

---

① 孙波：《论地方性事务——我国中央与地方关系法治化的新进展》，《法制与社会发展》2008年第5期。

② 封丽霞：《中央与地方立法权限的划分标准："重要程度"还是"影响范围"？》，《法制与社会发展》2008年第5期。

③ 周黎安：《行政发包制》，《社会》2014年第6期。

④ 徐清飞：《我国中央与地方权力配置基本理论探究——以对权力属性的分析为起点》，《法制与社会发展》2012年第3期。

⑤ 周飞舟：《锦标赛体制》，《社会学研究》2009年第3期。

⑥ 陈潭、刘兴云：《锦标赛体制、晋升博弈与地方剧场政治》，《公共管理学报》2011年第2期。

⑦ 狄金华：《通过运动进行治理：乡镇基层政权的治理策略对中国中部地区麦乡"植树造林"中心工作的个案研究》，《社会》2010年第3期。

⑧ 冯仕政：《中国国家运动的形成与变异：基于政体的整体性解释》，《开放时代》2011年第1期。

⑨ 曹正汉：《中国上下分治的治理体制及其稳定机制》，《社会学研究》2011年第1期。

周雪光提出了我国政府治理的一系列理论。中国国家治理面临的重要挑战是其治理规模及其产生的治理负荷。治理规模指国家在统领、管理、整合其管辖领土及其生活于其上民众的空间规模和实际内容。① 政府内部上下级部门间是委托方和代理方之间的序贯博弈模型，委托方采取"常规模式"与"动员模式"两种策略，代理方采取"正式谈判""非正式谈判"和"准退出"三种策略。② 政府各级部门间的控制权包括目标设定权、检查验收权和激励分配权。③ 基层政府间的共谋行为已经成为一个制度化了的非正式行为。共谋行为的稳定存在和重复再生是政府组织结构和制度环境的产物，是现行组织制度中决策过程与执行过程分离所导致的结果。④ 以权威体制与"有效治理"间的矛盾为主线，解释当代中国政治运行过程中的集权与放权的交替往复，整顿治理的运动型机制。⑤ 从"控制权"理论视角提出分析解读项目制的不同权威类型、条件和博弈过程。⑥ 从与韦伯式科层制的比较和当代组织理论角度，分析中国国家治理过程中的运动型治理机制。⑦

随着当代信息技术的发展，学者们也提出了相关见解。渠敬东等认为中国30年改革，技术化的治理权力代替了总体性支配权力。⑧ 黄毅等认为我国地方政府社会治理呈现出"总体—支配型"管控特征，将来应从"总体—支配型"的管控行动逻辑迈向"技术—治理型"的共享

---

① 周雪光：《国家治理规模及其负荷成本的思考》，《吉林大学社会科学学报》2013年第1期。

② 周雪光、练宏：《政府内部上下级部门间谈判的一个分析模型——以环境政策实施为例》，《中国社会科学》2011年第5期。

③ 周雪光、练宏：《中国政府的治理模式：一个"控制权"理论》，《社会学研究》2012年第5期。

④ 周雪光：《基层政府间的"共谋现象"——一个政府行为的制度逻辑》，《社会学研究》2008年第6期。

⑤ 周雪光：《权威体制与有效治理：当代中国国家治理的制度逻辑》，《开放时代》2011年第10期。

⑥ 周雪光：《项目制：一个"控制权"理论视角》，《开放时代》2015年第2期。

⑦ 周雪光：《运动型治理机制：中国国家治理的制度逻辑再思考》，《开放时代》2012年第9期。

⑧ 渠敬东、周飞舟、应星：《从总体支配到技术治理——基于中国30年改革经验的社会学分析》，《中国社会科学》2009年第6期。

共治逻辑。① 黄晓春实证分析了信息技术对基层公共部门革新的促进作用。②

王国红等对我国县域治理理论进行了综述。③ 唐皇凤认为地方治理的现代转型是中国地方治理的未来发展基本趋势。④ 樊红敏认为县域治理再结构化应遵循政治行政化的逻辑。政治行政化是指县域政治中履行自下而上表达功能的机构和行动都被整合进了行政过程中,对县域政治结构进行非制度化的行政整合。⑤ 折晓叶对县域的大规模城市化项目经营现象进行考察,提出"行政—政治—公司"三位一体统合治理分析框架,以解释地方政府在这个过程中的作用。⑥ 在地方治理方面,很多学者提出了地方政府公司化的理念。刘长发认为地方政府以追求经济增长,特别是财政收入为最高动力,GDP 是其营业额,财政收入是其利润。⑦ 马雪彬等认为地方政府为追求自身利益最大化,在公共行为中表现出强烈的公司化行为。⑧ 曾纪茂认为地方政府公司化面临经济资源配置不当、政府职能承担越位与缺位并存的问题,加剧民众对社会矛盾、官员腐败、环境恶化等社会问题的批评。⑨ 宫希魁认为地方政府公司化的形成原因有过度市场化、行政性垄断、不合理的分税体制和片面的绩效考核标准等。⑩ 刘志彪则认为地方政府公司化倾向是我国地方政府间竞争制度安排的产物。⑪

刘剑文认为财政分权是国家治理的重要课题。分税制改革使得我国地

---

① 黄毅、文军:《从"总体—支配型"到"技术—治理型":地方政府社会治理创新的逻辑》,《新疆师范大学学报》(哲学社会科学版) 2014 年第 2 期。

② 黄晓春:《技术治理的运作机制研究:以上海市 L 街道一门式电子政务中心为案例》,《社会》2010 年第 4 期。

③ 王国红、瞿磊:《县域治理研究述评》,《湖南师范大学社会科学学报》2010 年第 6 期。

④ 唐皇凤:《现代治理视域中的县域治理与县政发展——基于县乡公务员问卷调查的分析》,《社会主义研究》2014 年第 1 期。

⑤ 樊红敏:《政治行政化:县域治理的结构化逻辑——一把手日常行为的视角》,《经济社会体制比较》2013 年第 1 期。

⑥ 折晓叶:《县域政府治理模式的新变化》,《中国社会科学》2014 年第 1 期。

⑦ 刘长发:《地方政府公司化体制解析》,《唯实》2012 年第 2 期。

⑧ 马雪彬、马春花:《地方政府公司化行为解析》,《经济与管理》2011 年第 10 期。

⑨ 曾纪茂:《地方政府公司化的运作逻辑与后果》,《太平洋学报》2011 年第 11 期。

⑩ 宫希魁:《地方政府公司化倾向及其治理》,《财经问题研究》2011 年第 4 期。

⑪ 刘志彪:《我国地方政府公司化倾向与债务风险:形成机制与化解策略》,《南京大学学报》(哲学·人文科学·社会科学) 2013 年第 5 期。

方税权较薄弱，中央与地方之间缺乏财权与事权划分和规范的博弈平台。① 目前要处理好国家与纳税人、立法机关与行政机关、中央与地方等三重主干的权力（利）关系，实现中央与地方的财政分权和均衡协调。② 徐键认为碎片化的规范赋予了地方特定领域内的财政自主权，依赖政治过程的分散化策略，引致了权力的制度外溢，形成了"事实上的财政自主权"。③ 分税制改革促成了中央与地方之间的制度性妥协。④ 张千帆认为分税后中央和地方的税收比例在整体上基本到位，但地方财政收入存在严重的不均衡。⑤

苟丽丽等认为中国政府动员型环境政策具有"危机应对"和"政府直控"的特点，应当转向由中央政府、地方政府、市场精英、农牧民等多元社会行动主体共同参与的社会过程。⑥ 张千帆认为流域环境保护是中央与地方关系调节的重要领域，中央通过行政和司法监督纠正流域环境污染的外部效应，迫使地方政府对其管辖范围内的环境执法负责。⑦

马万里等认为地方政府缺乏治理环境的积极性，应从中央政府层面进行"顶层设计"，确定合理的中央与地方分权、建立科学的地方官员考核机制、优化地方财政激励结构。⑧ 李胜等运用博弈理论对中央政府和地方政府之间的信号传递博弈，及流域上下游地方政府之间的污染治理博弈进行了分析。⑨ 李正升建立了中央与地方及地方政府间的博弈竞争模型来考察地方政府环境治理行为。⑩ 通过数据分析，张玉等认为财政分权和公众

---

① 刘剑文：《地方财源制度建设的财税法审思》，《法学评论》2014年第2期。
② 刘剑文：《财税法治的破局与立势——一种以关系平衡为核心的治国之路》，《清华法学》2013年第5期。
③ 徐键：《分权改革背景下的地方财政自主权》，《法学研究》2012年第3期。
④ 徐键：《分税制下的财权集中配置：过程及其影响》，《中外法学》2012年第4期。
⑤ 张千帆：《中央与地方财政分权——中国经验、问题与出路》，《政法论坛》2011年第5期。
⑥ 苟丽丽、包智明：《政府动员型环境政策及其地方实践——关于内蒙古S旗生态移民的社会学分析》，《中国社会科学》2007年第5期。
⑦ 张千帆：《流域环境保护中的中央地方关系》，《中州学刊》2011年第6期。
⑧ 马万里、杨濮萌：《从"马拉松霾"到"APEC蓝"：中国环境治理的政治经济学》，《中央财经大学学报》2015年第10期。
⑨ 李胜、陈晓春：《基于府际博弈的跨行政区流域水污染治理困境分析》，《中国人口·资源与环境》2011年第12期。
⑩ 李正升：《中国式分权竞争与环境治理》，《广东财经大学学报》2014年第6期。

认知的不同是地方政府环境治理效率差异大的原因。① 于文超则认为公众诉求对环境治理效率存在显著正向影响。② 孙伟增等认为以环境质量和能源利用效率改善为核心的环保考核对地方官员的晋升概率有正向作用。③ 通过数据分析,刘炯认为生态转移支付为地方政府环境治理提供了激励创新政策工具。④ 周孜予主张完善地方政府环境治理社会问责的机理。⑤

(2) 横向权力

很多学者都分析了我国的部门利益冲突问题,总结出"行政权力部门化,部门权力利益化,部门利益法制化"的特点。⑥ 环境资源行政管理部门之间同样存在这类问题。为了解决部门利益问题,众多学者提出了各类建议,包括"部门行政职权相对集中"。⑦ 相对集中行政许可权由统一受理场所的机械集中向实质性集中许可决定权发展。⑧ 借鉴加拿大跨部门合作方式,采取理事会机制,基于共识决策与尊重各方利益、以行政协议为依托、非政府组织积极参与。⑨ 围绕水环境的跨界特性与协同需求、结构性协同机制、程序性协同机制三个方面,构建跨部门协同机制。⑩

---

① 张玉、李齐云:《财政分权、公众认知与地方环境治理效率》,《经济问题》2014年第3期。

② 于文超:《公众诉求、政府干预与环境治理效率——基于省级面板数据的实证分析》,《云南财经大学学报》2015年第5期。

③ 孙伟增、罗党论、郑思齐、万广华:《环保考核、地方官员晋升与环境治理——基于2004—2009年中国86个重点城市的经验证据》,《清华大学学报》(哲学社会科学版)2014年第4期。

④ 刘炯:《生态转移支付对地方政府环境治理的激励效应——基于东部六省46个地级市的经验证据》,《财经研究》2015年第2期。

⑤ 周孜予:《社会问责与地方政府环境治理探析》,《行政论坛》2015年第2期。

⑥ 陈通、郑曙村:《部门利益冲突的解析与防治》,《中共浙江省委党校学报》2009年第2期;舒小庆:《部门利益膨胀与我国的行政立法制度》,《江西社会科学》2007年第12期;宋世明:《遏制"部门职权利益化"趋向的制度设计》,《中国行政管理》2002年第5期;高凛:《论"部门利益法制化"的遏制》,《政法论丛》2013年第2期。

⑦ 石佑启:《中西方部门行政职权相对集中之比较与启示》,《法学杂志》2010年第2期。

⑧ 王敬波:《相对集中行政许可权:行政权力横向配置的试验场》,《政法论坛》2013年第1期。

⑨ 王玉明、邓卫文:《加拿大环境治理中的跨部门合作及其借鉴》,《岭南学刊》2010年第5期。

⑩ 徐艳晴、周志忍:《水环境治理中的跨部门协同机制探析——分析框架与未来研究方向》,《江苏行政学院学报》2014年第6期。

针对跨界环境问题，众多学者都建议地方政府之间合作。金太军等认为生态环境的整体性使局域生态环境问题呈现"脱域"特征，演化成超出行政区政府的治理意愿和能力的脱域生态危机。① 石佑启认为地方主义的阻碍、地方政府行为外部性的制约以及现行政绩考核制度的束缚等原因，妨碍了区域府际合作的开展。② 胡佳认为地方政府协作存在价值和理念的碎片化、管理体制的碎片化、运行机制的碎片化和技术的碎片化等问题。③

陶品竹认为大气污染的复合性、流动性等特点决定了京津冀大气污染治理必须区域合作。④ 但高建等提出京津冀环境治理政府协同机制面临碎片化状况，缺乏协同发展利益协调补偿机制和权威的跨区域环境治理机构等困境。⑤ 姜玲等认为跨域大气污染合作治理的关键在于横向整合，责任共担与合理分担。⑥

肖爱等认为跨界环境治理面临不良府际竞争、地方政府缺乏的内生动力、相关利益主体缺位、缺乏长效机制等困境，要实行"协同法治"。⑦ 区域环境法治问题实质是权力运行的行政辖区限制引发的权力空间疆界问题在环保领域的体现。⑧ 刘云甫等认为区域府际合作治理的法治化要求推动以区域治理关系为调整对象的区域行政法产生和发展。⑨ 石佑启提出，

---

① 金太军、唐玉青：《区域生态府际合作治理困境及其消解》，《南京师大学报》（社会科学版）2011年第5期。
② 石佑启：《论区域府际合作的激励约束机制》，《广西大学学报》（哲学社会科学版）2016年第6期。
③ 胡佳：《区域环境治理中地方政府协作的碎片化困境与整体性策略》，《广西社会科学》2015年第5期。
④ 陶品竹：《从属地主义到合作治理：京津冀大气污染治理模式的转型》，《河北法学》2014年第10期。
⑤ 高建、白天成：《京津冀环境治理政府协同合作研究》，《中共天津市委党校学报》2015年第2期。
⑥ 姜玲、乔亚丽：《区域大气污染合作治理政府间责任分担机制研究——以京津冀地区为例》，《中国行政管理》2016年第6期。
⑦ 肖爱、李峻：《协同法治：区域环境治理的法理依归》，《吉首大学学报》（社会科学版）2014年第3期。
⑧ 肖爱：《论区域环境法治中的权力结构》，《法学杂志》2011年第9期。
⑨ 刘云甫、朱最新：《论区域府际合作治理与区域行政法》，《南京社会科学》2016年第8期。

跨界环境治理府际合作应构建起硬法与软法有机融合的混合规制模式。① 王玉明分析了广东省跨政区环境管理的经验,包括环境治理联席会议、环境信息互通共享机制、完善环境信息通报制度等。②

（3）垂直管理改革

尹振东等运用契约理论对比研究了垂直管理体制和属地管理体制的优劣,③ 建立博弈模型比较分析两者的监管绩效。④ 皮建才对垂直管理和属地管理进行比较制度分析。⑤ 孙发锋分析了垂直管理部门与地方政府之间亟须解决的问题。⑥ 张朝华分析了垂直管理扩大化背景下地方政府的变革。⑦ 李振等采用比较历史分析法进行分析,认为选择性分（集）权的过程是央地之间、国家与社会之间权力边界渐进清晰的过程。⑧ 金亮新等从中央与地方关系的公法原理和大部制改革的理论视角对垂直管理改革进行研究,认为通过立法控制垂直管理的设定与扩大是未来发展方向。⑨ 垂直类型上,王霁霞认为包括整体机构垂直型、部分业务垂直型与监察督办垂直型三类。⑩ 沈荣华将其分为实体性和督办性两种模式。⑪

垂直管理存在一定的弊端,学者们提出众多解决方案。龙太江等认为

---

① 石佑启、黄喆:《论跨界污染治理中政府合作的法律规制模式》,《江海学刊》2015年第6期。
② 王玉明:《广东跨政区环境合作治理的组织创新与信息保障》,《南方论刊》2011年第10期。
③ 尹振东:《垂直管理与属地管理:行政管理体制的选择》,《经济研究》2011年第4期。
④ 尹振东、桂林:《垂直管理与属地管理的监管绩效比较——基于事中监管的博弈分析》,《经济理论与经济管理》2015年第4期。
⑤ 皮建才:《垂直管理与属地管理的比较制度分析》,《中国经济问题》2014年第4期。
⑥ 孙发锋:《垂直管理部门与地方政府关系中存在的问题及解决思路》,《河南师范大学学报》（哲学社会科学版）2010年第1期。
⑦ 张朝华:《垂直管理扩大化下的地方政府变革》,《云南行政学院学报》2009年第1期。
⑧ 李振、鲁宇:《中国的选择性分（集）权模式——以部门垂直管理化和行政审批权限改革为案例的研究》,《公共管理学报》2015年第3期。
⑨ 金亮新、杨海坤:《公法视野下的政府垂直管理改革研究》,《江西社会科学》2008年第4期。
⑩ 王霁霞:《法治视野下的我国政府垂直管理制度改革研究》,《湖北社会科学》2013年第5期。
⑪ 沈荣华:《分权背景下的政府垂直管理:模式和思路》,《中国行政管理》2009年第9期。

加强对垂直管理部门权力的监督和制约。①董娟主张从微观上建立垂直管理部门内部考核机制与外部保障机制，从宏观上合理界定中央与地方的事权范围。②李宜春主张，一要合理划分上下级权限；二要设置合理的垂直管理体系；三要实施科学的干部考评体系；四要推行扁平化治理。③

具体到环保部门的垂直管理。周玉珠总结出，国内学者大体可以界分为支持型、反对型和中立型三种态度。④杜万平认为垂直管理与世界各国环境行政执法上的分权趋势不相符。⑤王树义等提出了"统一管理权"与"统一监督权"分立的主张，并对垂直管理体制的利弊作深入分析。⑥

4. 环境治理行政权力的外部配置与运行

陈军研究了公私合作背景下行政法的变化和革新。⑦詹镇荣提出了在公私协力的基础上形成的行政合作法相关理论。⑧陈剩勇等对参与式治理进行全面考察。⑨徐珣等分析了美国社会管理体制网络化合作治理的经验。⑩刘辉认为治理分为三种基本图式，作为管治的治理、没有政府的治理与走向合作的治理，而走向合作的治理是"治理"概念和理论的"最终"归宿。⑪唐文玉把合作治理分为权威型合作与民主型合作两种类型。⑫

---

① 龙太江、李娜：《垂直管理模式下权力的配置与制约》，《云南行政学院学报》2007年第6期。
② 董娟：《困境与选择：集权与分权间的垂直管理——以当代中国政府的垂直管理为考察对象》，《理论与现代化》2009年第4期。
③ 李宜春：《论分权背景下的中国垂直管理体制——概况、评价及其完善建议》，《经济社会体制比较》2012年第4期。
④ 周玉珠：《国内环境保护垂直管理研究综述》，《公共管理》2014年第5期。
⑤ 杜万平：《对我国环境部门实行垂直管理的思考》，《中国行政管理》2006年第3期。
⑥ 王树义、郑则文：《论绿色发展理念下环境执法垂直管理体制的改革与构建》，《环境保护》2015年第23期。
⑦ 陈军：《变化与回应：公私合作的行政法研究》，中国政法大学出版社2014年版。
⑧ 詹镇荣：《公私协力与行政合作法》，新学林出版股份有限公司2014年版。
⑨ 陈剩勇、赵光勇：《"参与式治理"研究述评》，《教学与研究》2009年第8期。
⑩ 徐珣、王自亮：《从美国网络化社会合作治理经验看社会管理体制创新》，《浙江社会科学》2011年第6期。
⑪ 刘辉：《管治、无政府与合作：治理理论的三种图式》，《上海行政学院学报》2012年第3期。
⑫ 唐文玉：《合作治理：权威型合作与民主型合作》，《武汉大学学报》（哲学社会科学版）2011年第6期。

戚建刚等认为合作治理中的行政机关应是权力的驯服者、公众能力的建设者、敞开大门的倾听者和实现合意的推动者。① 汪锦军认为政府与社会关系的理想形态是实现双方的良性互动，形成合作治理的格局。② 袁峰认为以"协商民主"为基础是中国"合作治理"的本土特色，而不是"多中心治理"。③ 关保英认为由行政系统主导的合作治理是当代行政法治的基本方式之一，着重于公共利益的维护。④ 李龙根据哈贝马斯的"商谈论"，提出以协商民主为前提、以选举民主为纽带、以自治民主为基础的多元民主。⑤ 宋华琳认为政府规制转向公共治理，即多中心、多主体、多层次的合作治理。⑥ 樊慧玲等以嵌套性规则体系为分析框架，分析社会性规制与企业社会责任契合的路径与模式选择，探讨了政府、企业和社会如何实现合作治理。⑦ 唐秋伟认为网络化的社会结构只能实行多元主体相互合作的新型社会治理模式。⑧ 邹焕聪认为多中心的规制主体、协同合作的规制行为、复合多样的规制责任以及合作高效的规制救济机制等构成了社会合作规制的运作机理。社会合作规制的运作需要行政法治的保障。⑨

在具体合作形式上，众多学者探讨了多种形式。譬如，早期的"民营化"，高秦伟认为美国程序"民营化"与行政领域中的"民营化"具有关联性，应以替代性纠纷解决方法作为私人程序的救济方式和以"美国私人联邦行政程序法"作为正当程序"民营化"的重要方式。⑩ 蒋红珍对

---

① 戚建刚、郭永良：《合作治理背景下行政机关法律角色之定位》，《江汉论坛》2014年第5期。

② 汪锦军：《合作治理的构建：政府与社会良性互动的生成机制》，《政治学研究》2015年第4期。

③ 袁峰：《合作治理中的协商民主》，《理论与改革》2012年第5期。

④ 关保英：《论行政合作治理中公共利益的维护》，《政治与法律》2016年第8期。

⑤ 李龙：《论协商民主——从哈贝马斯的"商谈论"说起》，《中国法学》2007年第1期。

⑥ 宋华琳：《论政府规制中的合作治理》，《政治与法律》2016年第8期。

⑦ 樊慧玲、李军超：《嵌套性规则体系下的合作治理——政府社会性规制与企业社会责任契合的新视角》，《天津社会科学》2010年第6期。

⑧ 唐秋伟：《社会网络结构下的多元主体合作治理》，《郑州大学学报》（哲学社会科学版）2011年第4期。

⑨ 邹焕聪：《社会合作规制的运作机理与行政法治回应》，《行政论坛》2013年第3期。

⑩ 高秦伟：《美国行政法中正当程序的"民营化"及其启示》，《法商研究》2009年第1期。

协商性政府规制进行了研究。① 李军超认为社会性规制应引入第三方认证。②

众多学者认为合作治理同样存在缺陷和不足。谭英俊认为合作治理并非万能,存在诸多困境与发展瓶颈。③ 张康之认为参与治理的中心——边缘结构决定了其是一种包含着治理主体不平等内涵的治理模式。④ 夏志强等认为,公共服务多元主体合作供给模式存在诸多缺陷,如效率低下、公共伦理缺失、责任模糊带来的问责困境、政府和社会独立性侵蚀等。⑤ 操小娟认为合作治理使传统的法律控制机制不再适用,需要在合作范围界定、合作规则、责任体系、纠纷解决等方面进行完善。⑥ 李洪雷具体研究了英国金融服务规制体制中自我规制的全面衰落。⑦ 姜庆志分析了合作失灵的原因,合作环境中公共事务的叠加与社会信任的缺失、合作主体有限理性的桎梏与治理能力的失衡、合作网络的规则缺失与内在价值困境。⑧

杜辉认为环境治理包含国家、科层制和公众三种制度逻辑,我国目前是权威型的环境治理模式,环境公共治理模式是权威型模式的替代方案。环境公共治理模式是合作性质的,多元主体构成,有广泛合作范围,治理手段多样。⑨ 范永茂等在总结了科层、契约和网络三种元治理机制的特点后,提出以这三种元机制以不同比例融合而形成以各自为主导型的合作治

---

① 蒋红珍:《论协商性政府规制——解读视角和研究疆域的初步厘定》,《上海交通大学学报》(哲学社会科学版) 2008 年第 5 期。

② 李军超:《基于第三方认证的社会性规制:一个合作治理的视角》,《江西社会科学》2015 年第 7 期。

③ 谭英俊:《公共事务合作治理模式:反思与探索》,《贵州社会科学》2009 年第 3 期。

④ 张康之:《对"参与治理"理论的质疑》,《吉林大学社会科学学报》2007 年第 1 期。

⑤ 夏志强、付亚南:《公共服务多元主体合作供给模式的缺陷与治理》,《上海行政学院学报》2013 年第 4 期。

⑥ 操小娟:《合作治理的法律困境和出路》,《武汉大学学报》(哲学社会科学版) 2008 年第 2 期。

⑦ 李洪雷:《走向衰落的自我规制——英国金融服务规制体制改革述评》,《行政法学研究》2016 年第 3 期。

⑧ 姜庆志:《我国社会治理中的合作失灵及其矫正》,《福建行政学院学报》2015 年第 5 期。

⑨ 杜辉:《论制度逻辑框架下环境治理模式之转换》,《法商研究》2013 年第 1 期。

理模式。① 贾鼎也主张环境治理需要政府、企业、第三部门和社会公众各种力量的共同参与。② 黄爱宝认为环境合作治理是超越环境工具理性和体现高级环境价值理性的合作形态。③ 肖建华等认为私有化——市场、中央集权——利维坦的环境治理方案均已失败，多中心环境治理才是有效的。④ 李雪梅运用多中心理论，构建我国环境治理多中心合作模式。⑤

对于近些年的邻避冲突，滕亚为等主张以协商性行政决策程序为立足点探究解决路径，符合公私合作治理理念。⑥ 黄斌欢等主张以国家系统为依托，统合多元主体的利益，构建多元协同治理机制，实现国家—市场—社会的系统平衡。⑦

具体方面，林卡等对嘉兴环境治理公众参与进行探讨，分析了由公众行使的社会监督建议权与政府掌握的行政权之间互相配合的共治体系。⑧ 周莹等分析了行业协会实施自愿性环境治理的温州经验。⑨ 王资峰分析了国外流域水环境管理从市场机制到行政控制机制至今合作治理模式的发展。⑩ 黄春蕾分析了我国生物多样性地区的协议保护机制，探索出特许保护赋权、社区自治、生态补偿多元化、第三方监督、信息交流与协商等治

---

① 范永茂、殷玉敏：《跨界环境问题的合作治理模式选择——理论讨论和三个案例》，《公共管理学报》2016年第2期。

② 贾鼎：《基于公众参与视角的环境治理中群体事件发生机制研究》，《湖北社会科学》2014年第2期。

③ 黄爱宝：《论走向后工业社会的环境合作治理》，《社会科学》2009年第3期。

④ 肖建华、邓集文：《多中心合作治理：环境公共管理的发展方向》，《林业经济问题》2007年第1期。

⑤ 李雪梅：《环境治理多中心合作模式研究——基于环境群体性事件》，人民出版社2015年版。

⑥ 滕亚为、康勇：《公私合作治理模式视域下邻避冲突的破局之道》，《探索》2015年第1期。

⑦ 黄斌欢、杨浩勃、姚茂华：《权力重构、社会生产与生态环境的协同治理》，《中国人口·资源与环境》2015年第2期。

⑧ 林卡、易龙飞：《参与与赋权：环境治理的地方创新》，《探索与争鸣》2014年第11期。

⑨ 周莹、江华、张建民：《行业协会实施自愿性环境治理：温州案例研究》，《中国行政管理》2015年第3期。

⑩ 王资峰：《从市场机制到合作治理：国外流域水环境管理体制研究变迁》，《晋阳学刊》2012年第5期。

理机制。① 邓可祝分析了我国企业环境守法导则的制定工作，主张发挥守法导则的激励性、实用性作用。②

(二) 国外研究综述

1. 行政模式的转变

斯图尔特分析了传统行政模式的困境，并提出行政法重构的路径——利益代表模式。③ 对于技术风险决策引发的法律争论，伊丽莎白·费雪将其归结为两个主要范式：理性—工具范式和商谈—建构范式。④ 朱迪·弗里曼确立了以目标为导向，以公私合作为内容，以责任性与理性和正当性为依归的新行政法模式，即"行政法的合作模式"。⑤ 史蒂芬·布雷耶认为，对于风险，个人力量和市场力量都无法完全应对，只有行政规制才能解决问题。但风险社会要求行政法转型，必须结合国家和社会的力量，进行有效率的风险规制。⑥ 针对风险认知中的短视行为及恐慌意识，凯斯·R. 孙斯坦建议运用成本收益分析方法来作为评估风险的工具，并以此作为决策基础。⑦ 米丸恒治对德国和日本私人行政进行了比较研究。⑧

2. 环境治理行政权力的内部配置与运行

Robert V. Percival 回顾了美国环境联邦主义的发展历程，进一步指出州和地方政府认为联邦法规侵犯他们的自主权和主权，因此国会一般会鼓励各州自行出台标准解决环境问题。⑨ Will Reisinger 等分析了合作联邦主

---

① 黄春蕾：《我国生态环境公私合作治理机制创新研究——"协议保护"的经验与启示》，《理论与改革》2011 年第 5 期。

② 邓可祝：《环境合作治理视角下的守法导则研究》，《郑州大学学报》（哲学社会科学版）2016 年第 2 期。

③ [美] 理查德·B. 斯图尔特：《美国行政法的重构》，沈岿译，商务印书馆 2011 年版。

④ [英] 伊丽莎白·费雪：《风险规制与行政宪政主义》，沈岿译，法律出版社 2012 年版。

⑤ [美] 朱迪·弗里曼：《合作治理与新行政法》，毕洪海、陈标冲译，商务印书馆 2010 年版。

⑥ [美] 史蒂芬·布雷耶：《打破恶性循环：政府如何有效规制风险》，宋华琳译，法律出版社 2009 年版。

⑦ [美] 凯斯·R. 孙斯坦：《风险与理性——安全、法律与环境》，师帅译，中国政法大学出版社 2005 年版。

⑧ [日] 米丸恒治：《私人行政——法的统制的比较研究》，洪英、王丹红、凌维慈译，中国人民大学出版社 2010 年版。

⑨ Robert V. Percival, "Environmental Federalism: Historical Roots And Contemporary Models", *Md. L. Rev.*, Vol. 54, 1995.

义存在的缺陷，即分散的执法监管模式阻碍了强有力的国家和联邦执行，主张通过公民诉讼来执行。① Daniel L. Millimet 通过调查，实证分析了环境联邦主义的诸多假设性结论。② Richard L. Revesz 运用公共选择理论挑战环境监管的首要责任应该被分配给联邦政府的观点。③ 针对合作联邦制的问题，William W. Buzbee 提出"情境联邦环境主义"（contextual environmental federalism）理念，使用一个简单的图表模型，列出一系列影响因素，这些因素将根据监管的环境和形式而采取有所不同的行动，提倡监管机构的多样性及监管形式的多样性。④ Scott Josephson 分析了合作联邦主义的问题，但最新的案例仍然说明联邦和州合作才是有效的。环保局必须批准州政府尝试着执行联邦环境法规。如果一个州不与环境保护署合作可能会受到惩罚。每个州都能创造环境治理的灵活机制以符合需要的程序。⑤

Douglas R. Williams 探讨了"区域治理"在环境治理中的作用。⑥ Shannon M. Roesler 探索了一般很少受到关注的美国地方政府在环境保护方面的作用，认为在联邦和州的关系中，地方政府也有积极潜力解决一系列当代的环境问题。⑦ Jody Freeman 和 Jim Rossi 认为跨部门协调是现代治理的一大挑战，为了有效地应对协调挑战，机构的互动需要有正式的跨部门协议，并联合制定政策。设立全面的行政部门以促进更好的协调并改进

---

① Will Reisinger, Trent A. Dougherty, Nolan Moser, "Environmental Enforcement and the Limits of Cooperative Federalism: Will Courts Allow Citizen Suits to Pick up The Slack?", *Duke Envtl. L. & Pol'y F.*, Vol. 20, 2010.

② Daniel L. Millimet, "Environmental Federalism: A Survey of the Empirical Literature", *Case W. Res. L. Rev.*, Vol. 64, 2013-2014.

③ Richard L. Revesz, "Federalism and Environmental Regulation: A Public Choice Analysis", *Harv. L. Rev.*, Vol. 115, 2001-2002.

④ William W. Buzbee, "Contextual Environmental Federalism", *N.Y.U. Envtl. L.J.*, Vol. 14, 2005-2006.

⑤ Scott Josephson, "This Dog Has Teeth... Cooperative Federalism and Environmental Law", *Vill. Envtl. L.J.*, Vol. 16, 2005.

⑥ Douglas R. Williams, "Toward Regional Governance in Environmental Law", *Akron L. Rev.*, Vol. 46, 2013.

⑦ Shannon M. Roesler, "Federalism and Local Environmental Regulation", *U.C.D.L. Rev.*, Vol. 48, 2014-2015.

协调机制，探索通过司法审查的跨部门协调。①

Jonathan H. Adler 提出管辖权不匹配困扰着当代环境法律和政策。联邦与州之间权力和责任的划分是环境保护缺乏凝聚力的缘由。管辖权不匹配导致环境保护达不到最优效果，浪费监管资源，阻碍创新，抑制采用更有效的环境保护措施。为了解决不匹配问题，联邦政府应重新调整其对这些地区的做法。规模经济或地方政府不能解决大量的州际溢出效应问题，联邦政府则拥有制度上的优势。② Richard L. Revesz 批评了联邦环境法解决州际外部性问题的各种方法，认为《清洁空气法》引发了州际外部性最严重的问题，但未能成功迫使跨州外部性的内部化，其核心条款不但不能控制州际外部性，反而加剧了问题。③ Wallace E. Oates 主张通过财政联邦主义解决地方的"底线竞争"问题，应将环境问题分配给不同层级的政府。④

3. 环境治理行政权力的外部配置与运行

Jody Freeman 和 Daniel A. Farber 提出了"模块化"的环境规制和自然资源管理概念，其特点是灵活协调各地政府机构之间以及公共机构和私人参与者之间的关系。⑤ Daniel A. Farber 总结出环境治理的三种模式。第一种是单方模式，企业是自我监管的实体，政府鼓励和执行这种自我监管。第二种是多边模式，侧重于众多缔约方参与监管过程。第三种是双边模式，强调政府监管机构与被监管公司之间的博弈，双边模式在灵活性和问责制之间取得了最适当的平衡。⑥

具体方面，Eric W. Orts 提出"反身环境法"的理念，反身法关键在于影响受规制主体的"自我指涉"能力。反身环境法的目标是在企业内

---

① Jody Freeman, Jim Rossi, "Agency Coordination in Shared Regulatory Space", *Harv. L. Rev.*, Vol. 125, 2011-2012.

② Jonathan H. Adler, "Jurisdictional Mismatch in Environmental Federalism", *N. Y. U. Envtl. L. J.*, Vol. 14, 2005-2006.

③ Richard L. Revesz, "Federalism and Interstate Environmental Externalities", *U. Pa. L. Rev.*, Vol. 144, 1995-1996.

④ Wallace E. Oates, "On Environmental Federalism", *Va. L. Rev.*, Vol. 83, 1997.

⑤ Jody Freeman, Daniel A. Farber, "Modular Environmental Regulation", *Duke L. J.*, Vol. 54, 2004-2005.

⑥ Daniel A. Farber, "Triangulating the Future Of Reinvention: Three Emerging Models of Environmental Protection", *U. Ill. L. Rev.*, Vol. 2000, No. 1, 2000.

部创建自我反思的过程，以鼓励创造性、批判性、持续性地考虑如何最小化环境危害和最大化环境效益。换言之，反身环境法主张对环境负责任的管理实践。反身环境法首要依赖于信息披露，其次是执行。① 但对于信息披露，Rónán Kennedy 持有不同观点，他认为信息监管不能保证结果，难以量化环境数据披露所带来的好处和风险。信息监管对于规范公司行为可能有效，但对个人很难发挥作用，因为习惯和有限理性，消费者很难改变其行为。有效的信息监管必须是持续的、适用的、准确的。②

很多学者也论述了私人治理在环境保护领域的适用。Michael P. Vandenberght 认为针对环境问题的私人治理现在发挥着重要作用，主要形式有私人标准、监督、执行和争议解决方案。私人环境治理为集体行动问题提供了新的方案。③ Tracey M. Roberts 指出，私人治理是个人、社区、公司、公民组织和其他实体在没有国家或其附属机构直接参与的情况下管理其利益的规则和结构。形式上有教育和动员计划、公司合同安排、企业社会责任项目、社会责任投资、行为准则、环境管理系统、信息披露和报告计划、学习计划、推荐性标准、认证和标签机制等。私人治理机构可以在关键节点上补充政府的不足，或者相互协作，建立网络或集合体以替代政府机构。④ Karen Bradshaw Schulz 认为，公共和私人监管的融合在影响企业行为方面发挥着越来越重要的作用，譬如森林行业的可持续性认证。⑤

对于合作治理的失灵，鲍勃·杰索普探索了市场、国家与合作伙伴关系在经济协调中的作用，以及它们各自趋于失灵的可能性。⑥ 治理并非一定是治愈市场失灵和国家失灵的良药，它同样也会失灵。解决治理失灵的

---

① Eric W. Orts, "Reflexive Environmental Law", *Nw. U. L. Rev.*, Vol. 89, 1994–1995.

② Rónán Kennedy, "Rethinking Reflexive Law for the Information Age: Hybrid and Flexible Regulation by Disclosure", *Geo. Wash. J. Energy & Envtl. L.*, Vol. 7, 2016.

③ Michael P. Vandenberght, "Private Environmental Governance", *Cornell L. Rev.*, Vol. 99, 2013–2014.

④ Tracey M. Roberts, "Innovations In Governance: A Functional Typology of Private Governance Institutions", *Duke Envtl. L. & Pol'y F.*, Vol. 22, 2011–2012.

⑤ Karen Bradshaw Schulz, "New Governance and Industry Culture", *Notre Dame L. Rev.*, Vol. 88, 2012–2013.

⑥ [英] 鲍勃·杰索普：《治理的兴起及其失败的风险：以经济发展为例的论述》，漆燕译，《国际社会科学杂志》（中文版）1999 年第 1 期。

方法是运用元治理，但元治理也可能失灵。元治理有三个一般法则：必要的反思性、必要的多样性、必要的反讽性。①

(三) 国内外研究评价

综合国内外学者关于环境治理行政权力方面的研究，可以总结出以下几方面的特点。

1. 研究内容方面，各学科对于环境治理都有了一定程度的研究。目前，国内对环境治理研究比较深入的主要是管理学、行政学、经济学等学科，而且很多研究成果均是基于中国独特的社会、政治、自然环境等条件，具有很强的针对性和适应性，譬如周雪光、尹振东等学者的研究成果。国内法学领域环境治理研究的理论大多也是滥觞于其他学科，尤其是环境合作治理相关成果。但法学界尚未真正将环境治理机制的转型问题置于环境法学的研究框架之下，尚未运用法学理论全面阐述我国环境治理的变革问题，尤其是从权利（权力）和义务这对法学的基本范畴出发。国外法学学者对其本国环境风险规制演变的研究相对更为全面，譬如美国环境联邦主义、私人治理等，其研究成果对中国有一定的借鉴意义，但并非完全适用于中国的特殊国情。

2. 现有研究在概念上大多将政府主导的环境政策、环境管制与多元主体参与的协作机制混用，极易产生学理和实践上的话语场域混同。众多学者均提出现行的环境治理模式正从国家管制模式向合作治理模式转变，也认识到了其中法律关系的变化，对治理主体、治理工具等方面也进行了相关理论研究。但从宏观层面上看，法学界对环境治理的总体演变并没有进行深入、全面的理论解读和制度建构，包括利益协调机制、认知差异弥合机制、权力责任（权利义务）对应机制等。

3. 无论是宏观还是微观方面，环境法学界对环境治理模式的创新只是提出初步框架，欠缺法学实证研究和对策研究。就法学研究而言，不难看出，现有成果在吸收原有环境法治理论和实践的基础上，取得了一定的进步，但在维持既有理论的解释力与回应实践发展需求之间仍然存在较大差距。学界尚未真正重视公私合作开展环境治理模式的理论和实践创新。

---

① [英] 鲍勃·杰索普：《治理与元治理：必要的反思性、必要的多样性和必要的反讽性》，程浩译，《国外理论动态》2014 年第 5 期。

三 研究思路

（一）研究路径

本书从事实与规范两个研究视阈解读环境治理的行政权力：一是从规范视角分析环境治理行政权力的法律制度体系。依据相关法律的现行规定，分析环境治理行政权力在中央政府与地方政府之间、地方政府之间、政府内部不同部门之间的配置，在行政机关与市场主体、社会主体之间的配置。对现行法律制度的规范体系进行反思，分析其制度安排利弊，评价其功能得失。二是从事实视角解构环境治理行政权力的运行状况。首先，分析了环境治理行政权力在中央政府与地方政府之间、同级地方政府之间以及不同政府部门之间的实际运行状况，揭示了其存在的偏差问题。其次，分析了命令控制型行政模式的现状及缺陷，分析合作治理行政模式的发展及不足。在此基础上，对行政权力的运行现状等事实问题进行反思，分析制度安排的实际效果，评估决策方案的成效。综上，无论是规范分析还是事实解构，目的都是推动、引导环境治理法律机制的发展变革，进一步探讨环境治理法律制度优化的理论对策与制度安排。

本书的研究内容围绕着一个纲领、两个场域、五条路径展开。一个纲领是指元治理理论，元治理联结、融合市场机制、科层制度和社会关系网络三种不同的治理模式，进行"反思性定位"，以及"自我反思性的反讽"①。元治理理论作为主旨引领全书的整体研究。两个场域是指环境治理行政权力配置与运行的两个基本范围：一是行政权力的内部配置与运行——中央政府与地方政府之间、同级地方政府之间、政府内部不同部门之间；二是行政权力的外部配置与运行——行政机关、市场主体、社会主体之间，体现为环境治理的具体机制，包括命令控制型科层制模式、市场机制模式、合作治理模式。五条路径是指行政权力多向度演进的五个具体面向：（1）行政权力主体范围的扩充与转移。（2）行政权力导向目标从遵从规则、命令控制向注重实效、分散自治转换。（3）行政权力运行机制从单线状向网络状发展。（4）行政权力构成内容的统合与分离。（5）行政权力责任机制从对称性向非对称性的偏移。

---

① ［英］鲍勃·杰索普：《治理与元治理：必要的反思性、必要的多样性和必要的反讽性》，程浩译，《国外理论动态》2014 年第 5 期。

（二）重点

本书的研究重点是元治理指导下环境治理行政权力的多向度演进，是贯通全书的关键逻辑线，多向度演进的五条路径贯穿全书的论述脉络。行政机关内部，行政权力配置和运行从传统严格分界、不得越权向各级政府、各个部门相互配合、协同行动转变；行政机关与市场主体、社会主体之间，行政权力配置和运行的具体机制从行政机关单方面的命令控制向多元主体合作治理发展。这条主线不仅维系着全书逻辑思路的完整、科学、顺畅，而且是全书的论述主题能够确立的关键因素。

（三）难点

本书的研究难点主要有四个方面。其一，环境治理行政权力在实践中的运行状况。具体面向，我国行政权力如何运行一直是个争议颇多的议题，众多学科的学者们也有不少颇有创见的理论。基于此，本书在研究行政权力具体运行的过程中，突破纯粹法学的方法，运用了社会学、政治学、管理学及经济学等相关社会科学的理论工具和分析方法。这种综合性学科研究方法具有较高难度。其二，对行政权力模式（包括命令控制机制、市场机制、合作治理机制）的优势和不足的分析与评价。学者们对命令控制机制和市场机制的研究已较为深入，对其优势和不足分析较为透彻。但对合作治理机制的研究大多着眼于提倡和促进，对其不足的研究尚未全面展开，合作治理失灵的成因及解决方案尚未深入研究。其三，面对环境风险时，专家知识与公众意识之间的矛盾及调和。当专家和公众对环境风险的认知存在较大差异时，是科学优先还是"公意"优先，这是环境治理决策中的"戈尔迪之结"，也是本书研究中的难题之一。其四，环境合作治理中，新型责任机制的构建。合作治理中，私人主体（包括市场主体和社会主体）享有一定的公共行政管理权力，因此也必须承担起相应的责任，但目前私人主体的责任机制尚未形成完善的体系。

四 研究方法

本书的研究方法如下。

1. 文献资料分析方法，大量收集相关资料，对本书的研究背景进行深入分析，在此基础上，具体设计出本书的基本研究目标。

2. 制度分析方法（源于科斯、诺斯等经济学家创立的制度经济学），主要是关于制度的结构功能、交易成本、运行方式等方面的具体概念和基本理论，分析环境治理制度的实施成本和效果、社会功能、运作机制等关键领域。

3. 案例分析、类比分析、比较借鉴和法学利益衡量等研究方法，分析环境治理法律机制的参与主体、权力配置和运行机制等问题，提出完善我国环境治理行政权力配置与运行的基本方案及具体路径，建构科学、完善的环境治理法律机制的基本架构，实现区域经济社会与环境治理的共赢目标。

4. 行动研究方法。行动研究以改善社会情境中特定行动的效果为视角进行研究，其所要实现的目标有两个方面，一是为社会公众的实际需要提供解决方法，纾解社会困境；二是实现社会科学学科自身的理论发展。通过行动研究，共同致力于环境治理实践中的共同成长与反思，从而实现理论系统化与实效良性化的双重目标。

5. 实证研究方法，具体分析中央及地方各级政府的环境治理实践，多元主体参与环境合作治理的实践，考察其实施效果。

第一章

环境治理行政权力概述

第一节 环境治理的基本范畴

一 环境治理的界定①

国家治理体系是指国家治理活动的内部结构及其各组成部分之间的相互关系。在内部结构上,国家治理由经济治理、政治治理、文化治理、社会治理和生态治理(亦可称作环境治理)等部分构成,各个部分之间有机联系、相互配合,形成一个完整的系统。环境治理作为国家治理的一项重要内容是由我国现今的基本国情和经济、社会发展的客观需求所决定的,也是生态文明建设的根本要求。②

从种属关系定义法③来看,我们对"治理"这个属概念尚且不甚了了,众说纷纭,作为种概念的"环境治理"自然也无法精确定义,只能先作描述性的界定。

在治理的各种定义中,全球治理委员会的界定具有代表性和可操作性。该委员会于1995年对治理做出如下界定:治理是或公或私的个人和机构经营管理相同事务的诸多方式的总和。它是使相互冲突或不同的利益得以调和并且采取联合行动的持续的过程。它包括有权迫使人们服从的正式机构和规章制度,以及种种非正式安排。而凡此种种均由人民和机构或者同意或者认为符合他们的利益而授予其权力。它有四个特征:治理不是一套规则条例,也不是一种活动,而是一个过程;治理的建立不以支配为

---

① 王树义、蔡文灿:《论我国环境治理的权力结构》,《法制与社会发展》2016年第3期。
② 王树义:《环境治理是国家治理的重要内容》,《法制与社会发展》2014年第5期。
③ [英]哈特:《法律的概念》,张文显、郑成良、杜景义、宋金娜译,中国大百科全书出版社1996年版,第16页。

基础，而以调和为基础；治理同时涉及公、私部门；治理并不意味着一种正式制度，而确实有赖于持续的相互作用。①

目前人类社会有两类治理模式相对较为成熟：政府模式和市场模式。政府模式的主要特点是命令和科层控制，市场模式的主要特点在于自由竞争和自我选择。而在传统的行政管理领域，英国学者弗鲁克针对官僚制（或称科层制）区分出四种模式。第一种是形式主义模式。此种模式视官僚制为执行置其于严格控制之下的缔造者的意旨的机制。第二种为专家模式。与罗斯福新政联系，此种模式既认可行政裁量的程度，又承认外部控制的无效性，但欢迎把官僚制作为有效政策制定的基本工具。第三种是司法审查模式。第四种是市场模式。②

20 世纪 90 年代后，各国广泛兴起一种新型的治理模式——合作治理模式，其主要特点在于政府机关、市场主体和各类社会组织的协商合作。事实上，人类社会的治理模式不断在发展，对公共行政管理制度及行政法律制度不断地提出新的要求，行政法治的理念也不断地产生革新。除了传统的"行政控权论""政府法治论"等理论外，"合作治理论"已经孕育诞生，③"合作治理论"强调国家—私人主体（包括市场主体和社会主体）之间的合作。"合作治理论"的诞生并不排斥传统的行政法治理论。当代社会，公共秩序行政、给付行政、合作行政并存共生，国家行政活动存在交织状态，国家职能扩展趋势显著。伴随着合作治理的发展，行政法上的公共行政范畴也随之产生变化，它既包括属于政治国家领域的政府行政，也包括属于市民社会领域的社会公共行政。

环境治理，狭义是指对自然生态环境的治理。例如，全国科学技术名词审定委员会的定义。生态治理（ecological management）是指运用生态学原理对有害生物与资源进行的宏观调控和管理。广义上是指环境治理（environmental/ecological governance）模式。例如有学者认为，生态治理不是政府对自然生态环境的治理，而是指政府治理的一种生态路径，是具有了一定治理功能的动态含义，是可以为政府治理所使用的一种工具，也

---

① 俞可平：《治理与善治》，社会科学文献出版社 2000 年版，第 270—271 页。
② ［英］卡罗尔·哈洛、理查德·罗林斯：《法律与行政》（上卷），杨伟东等译，商务印书馆 2004 年版，第 75 页。
③ ［美］朱迪·弗里曼：《合作治理与新行政法》，毕洪海、陈标冲译，商务印书馆 2010 年版，第 34 页。

是政府治理所谋求的一种路径选择。由此，生态治理是遵循生态系统原则，将生态学世界观和绿色政治理论应用到政府治理中，从而指导和规范政府治理行为，以提高政府治理效率和效益的一种具有系统性、整体性和可持续性特点的结构化治理模式。① 笔者以为，环境治理（生态治理）是以达至生态文明为目标，由国家机关、市场主体、社会主体多元参与生态环境保护政策的制定、执行的过程，使相互冲突的不同利益得以协调并采取联合行动的良性互动过程。

环境治理包含以下三层含义：

第一，环境治理以达至生态文明为目标。生态文明，是指人类在自身的生存和发展过程中，既遵循经济、社会发展规律，又尊重自然规律，既不断利用客观物质世界以满足自己日益增长的物质、文化需要，又努力采取措施克服或避免自身活动对自然界造成的不良影响，保护生态环境，保障可更新自然资源之再生条件所取得的各种成果的总和。② 生态文明是以人与自然、社会和谐共生、良性循环、全面发展、持续繁荣为基本宗旨的社会形态。

第二，环境治理以协商民主为路径。协商民主是多元主体参与治理的不二选择。协商民主是指，政治共同体中的自由、平等公民，通过参与政治过程、提出自身观点并充分考虑其他人的偏好，根据条件修正自己的理由，实现偏好转换，批判性地审视各种政策建议，在达成共识的基础上赋予立法和决策合法性。③ 按照哈贝马斯的设想，协商民主应采取双轨制模式，即公共领域的非正式协商和决策机构的正式协商。公共领域的协商达成共识后，经过机制或国家"公众信息流"传递给国家，传递的机制主要是选举与媒体。④

第三，环境治理以生态系统要素和社会系统要素为建构要素。其一，生态系统要素。环境治理要求纵观整个生态系统，追求各个系统层的协同共进。生态平衡是生态系统存在与发展的终极目标，也是生态系统得以维

---

① 谭羚雁：《当代中国政府生态治理：一种新的结构治理模式探索》，《辽宁行政学院学报》2010年第12期。
② 王树义：《论生态文明建设与环境司法改革》，《中国法学》2014年第3期。
③ 薛晓源、陈家刚：《从生态启蒙到生态治理——当代西方生态理论对我们的启示》，《马克思主义与现实》2005年第4期。
④ 李龙：《论协商民主——从哈贝马斯的"商谈论"说起》，《中国法学》2007年第1期。

持的核心和根本。生态系统的发展演化就是在旧的不平衡—平衡—新的不平衡这一循环中不断实现突破。为此,首先,必须维持生态链环的平衡性。生态学中的生态链环是一个复杂的关系网络,多种生物寄托于这个链条而存活,链条中任何一个环节的缺失都将使整个链条瘫痪。其次,生态资本的核算。环境治理中的生态资本主要是指能带来巨大社会效益的无形资本,主要体现为生态系统与人类社会秩序的井然。其二,社会系统要素。在环境治理视野下,社会系统要遵循生态系统的生存法则,反对社会系统的绝对凸显地位。强调人们与其所处的生态环境系统的关联性,塑造城市、社区、经济和政治生活作为生态环境子集的新型理念,各个层面的决策制定与行动均需嵌入生态环境要素,将开环式系统(如无循环利用的垃圾处理)提升为闭环式系统(如零废物策略)。[1]

二 环境风险的认知及治理过程

(一) 风险类型

当代社会中,以风险是否在行为人主观选择范围内来划分,可分为自愿性风险和非自愿性风险。自愿性风险是指行为人自己选择的,而且其可能产生的影响一般也仅局限于行为人的风险。非自愿性风险是指超出行为人主观选择范围的,非行为人自身力量所能控制的风险。对于自愿性风险,法律或者不直接涉入,或者由代表个人意愿的私法调整,公法一般不直接强制规制,即使有部分涉及,也只是要求提供有关风险的信息,由行为人自愿选择。譬如采取警示标志、风险提示等形式。对于非自愿性风险,行为人个体是无法控制的,某些风险对于群体甚至整体人类而言也是如此,超出个体力量的风险已然成为影响社会公众生活的公共性难题,需要由公共力量来应对。

根据产生的根源,环境风险一般包括自然界自身产生的环境风险和人类活动产生的环境风险。但不管是哪一类环境风险,其特性都超越了当前人类认知的限度,其产生的危害后果仅具有可能性而并非具有确定性,但危害一旦产生,则后果严重或不可逆转。以现有的科学知识为基础,人类对自然的认知是有限的,对于自然界的环境风险,我们只能预测、估计其发生的可能性。同样,即使是我们所处的人类社会本身,我们对社会结

---

[1] 王树义、蔡文灿:《论我国环境治理的权力结构》,《法制与社会发展》2016 年第 3 期。

构、发展趋势、科技影响、集体行动等的认知也是有限的。

(二) 环境风险的客观实在与主观建构

从人类认知的角度，有学者分析，当代社会的风险是客观实在与主观建构相结合而产生的。除了客观存在的现实风险外，对风险的主观认知也会成为风险的来源，因为社会公众对风险的主观认知与风险的客观存在可能相符也可能不相符。当然，是否相符本身也是一种主观判断。不相符的情况要么是夸大了风险发生的概率或其产生的危害后果，要么是低估其发生概率或危害后果。但无论是何种情况，都可能产生非理性的社会反应，由此引发新的社会风险。相对于原有风险，有学者将因非理性社会反应而产生的新风险称为"次阶风险"。"这种次阶风险之所以产生，从对风险的主观认知来看，它体现了风险主观性维度；但从这种对主观认知本身是一种客观存在的社会事实，而且从这种认知本身催生现实的不理性反应而言，它又是一种实实在在的风险。"①

在面对环境风险时，社会公众、行政机关和专家都没有掌握有关风险的全部知识和信息，而且各利益方对环境风险的认知往往容易形成"锚定效应"②。因此，形成了这样一个局面，一方面，行政机关和专家无法就环境风险治理出台符合"完全理性"的方案；另一方面，社会公众会选择性忽视与其利益诉求不相符的信息，重点关注支持其利益的信息。由此，在特定的社会情境中，公众往往会跟随代表其利益方向的"随大流"来行动，依照社会的主流和风俗来处理风险中的利害关系。学者们认为，这种方式并非是不理性的，其不再是经济学上假设的"抽象理性"，而是哈贝马斯提及的"情境理性"，即理性与否必须放置在一定的情境里加以判断："一方面，我们在各种社会的和自然的场景内习得理性。另一方面，我们行为的理性程度依赖于我们所处的场景。这是情境理性的双重含义。"③ 情境理性的特点决定了各利益方需要通过商谈、沟通、协调的方式来获得最大程度、最大范围的同意。既要尊重社会公众的主流意愿，同时为了解决"锚定效应"问题，应当充分、准确地公开信息，加强宣传和舆论引导，从而有助于情境理性更符合"完全理性"。

---

① 金自宁：《风险中的行政法》，法律出版社 2014 年版，第 12 页。
② 同上书，第 102 页。
③ 同上书，第 78—79 页。

(三) 环境风险治理的过程

如果纯粹由行政机关对环境风险进行规制，一般分为两个进程，风险评估和风险管理。风险评估主要涉及环境风险的科学技术领域，量化风险诸多方面的特性。环境风险评估分为四个步骤：第一，证明并确认环境风险的危害性。第二，评估剂量—反应曲线，计算具有危害性的污染物的剂量与生物体反应的关系。第三，接触评估，计算社会公众或生态环境可能接触的污染物的种类、频率及时间。第四，确定初步的结论，根据上述三个步骤的评估，整合信息，确定环境风险可能的危害结果，以及未知的不确定因素。① 风险管理则是在风险评估结论的基础上做出政策选择，由行政机关做出决定进行规制。

环境风险的合作治理与行政规制有所区别，其增设了一项进程——风险交流。因此，环境风险的合作治理包括风险评估、风险交流和风险管理三项进程。风险交流是贯穿于整个环境风险治理过程中的持续不断的进程，包括行政机关、市场主体、社会主体以及公众个体在内的多元主体都会广泛参与、互动、沟通、协商，主要围绕着风险信息的产生、供应、回应、采纳等展开。② 有效的风险交流能够协调各利益方的不同诉求，减少对抗性冲击，从而为风险管理创造良好的社会环境，获得更多的政策支持。

相较于其他类型的风险，环境风险的治理更为复杂。首先，环境风险评估所需要的科学基础尚不全面、准确，风险的来源、演变、后果等尚处于不确定的状态。其次，环境风险多数由人类活动所产生，这些活动本身就有高度的争议性，有正当性也有危害性，绝对禁止此类活动不具有现实可能性。再次，环境风险治理的成本与收益分析，某些风险具有一定的潜在性，但为了消除不确定的风险却要花费高昂的费用，无疑占用了可用于其他用途的公共资源。最后，在环境保护与经济社会发展及社会稳定的关系上，如何维系一套合理、适当的环境风险治理机制是普遍性难题，环境风险治理的透明度和责任性需要制度的支撑。

---

① [美] 史蒂芬·布雷耶：《打破恶性循环：政府如何有效规制风险》，宋华琳译，法律出版社 2009 年版，第 9 页。
② 金自宁：《风险规制的信息交流及其制度建构》，载沈岿主编《风险规制与行政法新发展》，法律出版社 2013 年版，第 177—178 页。

三 我国环境治理的现行模式

(一) 我国当前的环境治理模式

众多学者对我国目前占主导地位的环境治理模式进行了深入分析。有学者认为，我国采取的是行政单中心模式，所谓行政单中心模式指的是一种主要包括政府和企业两类部门的二元对立型的环境治理模式，政府与企业之间构成一种两级别、分层次的关系系统。① 有学者认为，环境治理包含国家、科层制和公众三种相互交织的制度逻辑，当其与我国的权威体制相结合时，就催生了权威型的环境治理模式，该模式的运行逻辑是"权威+依附"。② 有学者认为，我国当前为了应对环境危机，实施的是政府动员型环境政策。③ 笔者以为，确切的表述应是中央政府动员型环境治理模式，该模式以中央政府为主导，地方政府迫于压力提供协助，"危机应对"与"政府直控"是其核心特点。在此模式下，环境治理法律及政策的实施依靠自上而下的行政管理体系并调动财政资源，同时国家为使相关社会群体配合政府行动而采取社会动员机制。因此形成了两个层面的动员过程，一是政府体系内部的动员，涉及的是中央政府与地方政府的关系以及各级政府内部职能部门之间的关系。二是地方政府对社区、企业、公众的动员过程。④

无论是学术理论上还是施行实践中，命令—控制型的政府动员型环境治理模式都不乏支持者，且取得了不俗的成就。首先，环境问题的复杂性、专业性及迫切性需要政府采取迅速而高效的命令—控制型治理手段；其次，政府大规模动员所具有的统一性和强制性在特定背景下有利于环境问题得到快速而有效的解决。⑤ 从各国的环境治理过程考察，针对大型环境污染和生态破坏项目的命令—控制型环境措施大多实现了预期的效果，

---

① 李雪梅：《基于多中心理论的环境治理模式研究》，博士学位论文，大连理工大学，2010年，第2—3页。

② 杜辉：《论制度逻辑框架下环境治理模式之转换》，《法商研究》2013年第1期。

③ 荀丽丽、包智明：《政府动员型环境政策及其地方实践——关于内蒙古S旗生态移民的社会学分析》，《中国社会科学》2007年第5期。

④ 王树义、蔡文灿：《论我国环境治理的权力结构》，《法制与社会发展》2016年第3期。

⑤ 张继兰、虞崇胜：《环境治理：权威主义还是民主主义？》，《学习与实践》2015年第9期。

主要污染源均已得到严格控制，并且相应的环境治理法律、政策能以较低的成本得到执行。然而，如果继续采取命令—控制型形式进一步削减环境污染，将耗费极其高昂的成本。同时，针对小型的、非点源或面源污染源所产生的排放物，包含消费者、服务产业和农业部门导致的污染，命令—控制型治理形式效率较为低下。治理形式需要在技术、生产方法、销售、消费和垃圾处理方面取得更大进步。

学者们分析了现行环境治理模式的实际效果。有学者运用一定的模型分析了数年间我国多个省份的面板数据，分析了地方政府环境治理的综合效率、技术效率和规模效率，其中财政分权和公众认知是核心解释变量，会对地方环境治理效率产生显著的负影响。[1] 公众诉求对环境治理效率则存在显著的正向影响，在政府干预能力越弱的地区，公众诉求对环境治理效率的正向影响越强。[2]

（二）政府动员型模式的问题

在政府动员型治理模式下，无论是宏观政策的制定还是微观层面的执行，作为管理主体的政府都处于绝对的主导地位。一方面，政府制定环境法律、政策，强制企业削减污染排放；另一方面，政府的具体部门也负责收集信息、发出具体指令并对违法者加以处罚。反之，企业则先天地被当作环境污染者、生态破坏者，是被管理者，处于一种被动的地位。因此导致的结果是，大多数企业没有防治污染、治理环境的积极性和主动性，而是在政府的压力下被动地进行环境治理。而其他社会力量，如公众和环保团体，在环境治理中发挥作用的空间也相当有限。诚如有学者所分析的，系统性的环境危机根源在于中国环境的治理结构中，权力错位、市场强势与社会弱势，环境相关利益主体力量失衡。"重构国家、市场与社会的系统平衡的关键问题在于如何推动社会的生产。"应对之策还是构建多元协同治理机制，实现国家—市场—社会的系统平衡。[3]

美国最初采取的也是命令—控制型环境规制措施，有学者称之为第一

---

[1] 张玉、李齐云：《财政分权、公众认知与地方环境治理效率》，《经济问题》2014年第3期。

[2] 于文超：《公众诉求、政府干预与环境治理效率——基于省级面板数据的实证分析》，《云南财经大学学报》2015年第5期。

[3] 黄斌欢、杨浩勃、姚茂华：《权力重构、社会生产与生态环境的协同治理》，《中国人口·资源与环境》2015年第2期。

代环境法，① 很多措施沿用至今。对第一代命令—控制型环境规制制度，美国学者提出了诸多批评。主要包括：第一，命令—控制型环境规制是一种中央集权式的计划手段，效率低下，对被规制者而言过于严苛，负担过重，成本高昂，浪费了大量的社会稀缺资源。第二，联邦政府依赖于缺乏民主基础的联邦官僚体制，难以广泛收集和高效处理信息，也无法协调和统一数以百计的指令，这导致立法层面本已分裂的规制体制在行政层面进一步分裂。② 第三，命令—控制型环境规制的具体制度本质上是个大杂烩，以"头痛医头，脚痛医脚"的分散式导向关注不同的环境问题，忽视了生态系统的整体性及其功能上的相互依赖性，因而形成了一个分裂的环境规制体系。第四，上述分裂的规制体制通常无法激励环境治理机制的创新，无法精确地进行环境风险规制，尤其是无法有效解决环境风险权衡问题，即解决某一特定环境风险可能带来其他环境风险的扩大。③

对环境治理而言，行政权具有立法权和司法权不能比拟的优越性。环境问题自身的复杂性，及其附随的结果——大量不确定的法律概念产生，使得环境法律规范不可能详尽具体，因此，立法机关不得不制定出相对原则、抽象的环境法律条款，对具备专业管理技术和经验的行政机关进行广泛的授权。另外，由于司法权具有事后性、被动性和个别性，其效率显然无法适应环境问题时间上的迫切性、波及范围上的广泛性。相较而言，行政权具有事先性、主动性和普遍性等优势，在环境问题治理的过程中，行政权力的直接干预将有助于大大提高治理环境的效率。

命令—控制型环境规制也存在诸多不足，行政许可是命令—控制型规制的主要方式。一般的行政许可程序具有高度的法律规则限制性。同时，许可的申请程序比较繁重，导致行政机关和申请人之间具有一定的对抗性。许可批准后的监督执行同样也是困难重重，各级地方政府环保职能机关无论在资金还是人员配备方面都不足以满足履行职责的需要，中央机关更加难以监督成千上万的许可。此外，上级机构的环保督查不具有固定性，难以针对最恶劣的违法者进行惩罚，或没有区分不同损害的优先次序。最后，许可过程的公众参与也相对有限，许可申请时一般公众难以作

---

① ［美］理查德·B. 斯图尔特：《环境规制的新时代》，载王慧编译《美国环境法的改革——规制效率与有效执行》，法律出版社 2016 年版，第 1 页。

② 同上书，第 9 页。

③ 同上书，第 8 页。

为利害关系人，监督执行时公众举报也只是行政机关实施处罚的来源之一，且处罚与否的最终决定权属于行政机关专有。

（三）我国环境治理模式的改革建议

针对命令—控制型环境规制模式所存在的问题，众多学者提出了各式各样的改革建议。

有学者认为可以从几个方面着手完善。首先，采用平衡成本和收益的方法以改善命令—控制型规制体系，改善风险分析、防控制度并提高其灵活性。其次，运用市场机制的规制措施，包括环境税、排污权交易制度等。再次，运用信息披露制度鼓励企业和其他组织自发地执行环境规制。最后，在全国范围内实施协调一致的环境规划和管理体制从而使其符合生态系统的整体性要求。① 类似观点认为，政府仍然是生态治理的主导性力量，市场机制虽说是政府治理生态的重要补充，但市场主体的逐利性、市场规则的自发竞争性，限制了市场主体生态治理功能的发挥。只有政府在明确界定生态产权的前提下，生态治理中市场机制的补充功能才能真正发挥功效。②

也有学者认为环境公共治理模式是权威型模式的完美替代方案。环境公共治理模式的运行逻辑是"参与+合作"，具有主体构成的多元性、合作范围的广泛性、治理手段的多样性等多种特性。③

有学者认为，中央集权——利维坦作为环境问题的解决方案已遭遇挫败，多中心环境治理模式可以满足环境治理的需求。建构环境公共事务的多中心合作治理模式应简化政府管制，构筑公众参与的基础，推行环境管理的地方化及区域合作，建立政府、企业与公众的合作伙伴关系。④

有学者认为，伴随单一主体走向多主体的趋势、强势政府干预模式的日渐式微和多元社会参与的兴起，多元力量纷纷要求参与到生态治理活动中来，要求改变以往的以政府为单一主体的生态治理模式，建立起多元主

---

① ［美］理查德·B. 斯图尔特：《环境规制的新时代》，载王慧编译《美国环境法的改革——规制效率与有效执行》，法律出版社2016年版，第1页。
② 张劲松：《生态治理：政府主导与市场补充》，《福州大学学报》（哲学社会科学版）2013年第5期。
③ 杜辉：《论制度逻辑框架下环境治理模式之转换》，《法商研究》2013年第1期。
④ 肖建华、邓集文：《多中心合作治理：环境公共管理的发展方向》，《林业经济问题》2007年第1期。

体参与的生态治理模式。在环境治理活动中，政府减少管制手段的使用，承担起为社会力量参与环境治理提供良好的服务，并与社会力量在彼此合作中实现生态环境的改善。①

在环境治理的具体领域，如生物多样性治理，有学者介绍，我国某些地区开展的生物多样性协议保护机制开创了政府、社区、民间组织共同开展环境治理的新方式，探索出特许保护赋权、社区自治、生态补偿多元化、第三方监督、信息交流与协商等治理机制，取得了明显成效。②

此外，有学者介绍了环境治理的"嘉兴模式"。通过对浙江省嘉兴市环境治理公众参与的实践经验进行评估，可以发现，尽管"嘉兴模式"的出现仍是由政府主导驱动，但政府给予了社会组织和公众很大的空间来发挥他们的作用，最终形成了由公众的社会监督建议权与政府的行政权之间互相配合的共治体系。构建了政府与公众良性互动的实现途径——建立多元协商的共识型治理体制以展开利益讨论，建立对话和沟通的制度性渠道。③

第二节 行政权力模式的演变

一 传统行政权力模式的特性

从发展历史考察，公共行政管理已历经三个阶段——秩序行政、给付行政、风险行政，每个阶段的行政权力皆有不同的特点。秩序行政和给付行政（或称为福利行政）已产生、发展多年，形成了相对固定的模式。

（一）秩序行政阶段

在秩序行政阶段，根据美国学者斯图尔特的总结——"传送带理论"④，行政权力的传统模式具有如下的基本组成要素：

1. 行政机关对私人施行的制裁，必须得到立法机关的授权，授权的

---

① 曹永森、王飞：《多元主体参与：政府干预式微中的生态治理》，《求实》2011年第11期。
② 黄春蕾：《我国生态环境公私合作治理机制创新研究——"协议保护"的经验与启示》，《理论与改革》2011年第5期。
③ 林卡、易龙飞：《参与与赋权：环境治理的地方创新》，《探索与争鸣》2014年第11期。
④ [美]理查德·B.斯图尔特：《美国行政法的重构》，沈岿译，商务印书馆2011年版，第1页。

方式是制定控制行政行为的具体规则。而且，根据禁止授予立法权原理，立法机关必须颁布规则、标准、目标或某个可理解的原则，以引导行政权力的行使。

2. 行政机关所遵循的程序必须有助于确保行政机关服从上述第 1 项要求。行政程序的宗旨就是要促使行政机关在特定案件中准确地、不偏不倚地、合理地适用立法指令，因此听证成为一个普遍的法定程序。

3. 行政机关做出行政决定的程序必须使司法审查能够更为便利地展开，从而确保行政机关服从上述第 1 项和第 2 项要求。

4. 为确保行政机关遵从上述第 1 项和第 2 项要求，司法审查必须是可以获得的。

综上，根据控制行政权力的传统理念，立法监督、公众意见和官僚制传统等相结合，足以确保行政机关对立法机关制定的规则的服从能够维系在一个可容忍的范围内。行政机关必须证明对私人自由的侵入是立法机关指令其所为，这一要求为司法审查提供了一个依据。[①]

为了保护私人权利免受行政权力的侵害，传统行政模式禁止政府公权力对私人自由或财产的侵害，除非该侵害得到立法机关法令的授权。进一步而言，为了确保行政机关适用立法机关法令之行为的准确性、合理性以及可审查性，传统模式设置了两方面的程序，首先要求行政机关遵循行政程序，此外通过法院的司法审查程序以限定行政机关在法定权限之内行使自由裁量权。可见，行政行为的合法性体现为形式合法性，其要求行政机关忠实地执行立法机关确立的规则，落实立法机关通过法律所明确的意图和决定。

英国学者伊丽莎白·费雪认为行政法的传统模式是理性—工具模式。该模式将行政权视为立法机关的"工具"——"机器人"或"传送带"，[②] 行政机关必须严格服从代表民主意志的代议制立法机构，从而实现控制行政权的民主目标。从外在形式上看，韦伯的官僚制是传统行政权的运作模式。

行政机关做出行政行为的责任性与合法性，主要通过约束行政机关行

[①] [美] 理查德·B. 斯图尔特：《美国行政法的重构》，沈岿译，商务印书馆 2011 年版，第 5—11 页。

[②] [英] 伊丽莎白·费雪：《风险规制与行政宪政主义》，沈岿译，法律出版社 2012 年版，第 37 页。

为的各种机制间接实现，包括立法监督、行政监督和司法审查。第一，针对行政权力可能滥用的危险，最直接的方法就是以事先明确的规则对行政权力予以控制，即立法监督。首先，尽可能制定明确具体的实体规则。其次，在无法提供明确具体的实体规则时，则可以运用程序规则。最后，在实体规则和程序规则均无法明确的情况下，还可以运用原则予以指导。第二，司法审查则是对行政行为的事后审查、评价和矫正。第三，在最终进入司法程序前，行政机关内部也可以通过科层制的上下级关系审查、矫正行政行为的违法性。

（二）给付行政/福利行政

从20世纪50年代开始，许多国家进入福利国家时期，政府承担起了为广大公众提供社会福利保障的任务。这一时期，行政机关不再限于维护社会公共秩序，更多任务转向对公众生存权、发展权、受教育权等新型人权的保障，表现为政府为社会提供公共服务，因此被称为"给付行政"或"福利行政"。相伴而生的结果是行政机关自由裁量权的扩张。因此，行政裁量行为无法再通过定位为立法的"传送带"而从形式上合法化，转而通过行政机关独具特色的、能够有效保障公益目的实现的专家理性而在实质上正当化。行政法治原则从形式合法转向实质合法，兼容了符合法律明文规定的形式合法性要求和行政裁量合理的实质合法性要求。[①]

"给付行政"的过程设想行政机关是专家型的管理机构，且以公共利益为导向考量其行政决定。行政机关作为专家型机构，做出行政行为的依据是翔实精准的数据、全面彻底的信息分析和准确无误的科学知识。在公共利益理论的指导下，行政机关在实施法律的过程中有义务根据国家利益或公共福利，以相对中立的地位来行使裁量权，而不能在强大利益集团的要求下屈服于宗派的压力。在多元利益背景下，司法审查是制约行政机关免受利益集团"俘获"的重要方式。司法审查可以促使行政官员不受私人压力的影响进行开明的决策，从而获得行政行为的正当性。

（三）两个阶段的共同特点

行政权力本身具有众多的独特优点，因此行政机关在现代民主社会的影响力不但未消减，反而进一步扩大。（1）专业化。行政官僚体制发展

[①] 金自宁：《风险中的行政法》，法律出版社2014年版，第36页。

出了关于行政管理的专业知识,行政官员一般都是其领域的"专家"。(2)中立性。科层制下的公务人员会绝缘于政治和民意之外,任期制也使公务员能够一定程度上不为公众批评意见所驱使。(3)理性化。行政官僚体制将工作中所要解决的问题和决策过程予以理性化,并发展出相应的固定体系。(4)高效性。行政官僚体制的解决之道着眼于问题消解的时效性,以防范不良后果的扩大化。①

当然,行政权力也要受到一定约束。实际上,无论是"秩序行政"还是"给付行政",都可以归入"理性—工具范式"②的行政模式。在理性—工具模式下,行政权力是受到控制的,它不能超越公众的民主意志。为了确保达到上述要求,第一,普遍的行政裁量权受到限制。第二,行政机关的任何决定都能得到评估和验证,即责任性,从而确保决策者在法律规则范围内行事、以"公共"理性方法行事及按照公众价值偏好行事。③

二 传统行政权力模式的局限

进入风险社会以后,对于风险如何治理,各国的应对措施产生了诸多争议,尤其是政府行为的合法性方面。行政机关针对风险采取的行政行为,既无法从执行法律的确定规则上获得合法性,也无法从符合行政机关专家的科学理性上获得合法性。风险治理行为的合法性困境已经危及行政法治的传统核心理念。

(一)立法机关应对措施的局限

立法机关应对风险的方法,就是制定尽可能详细的法律条文。这些法律条文赋予风险规制机构——主要是负责执行法律的行政机关——合理的裁量权。但是,立法机关针对风险所制定的法律条文有别于传统的条文形式,它会设定精确的标准来限定行政机关行为的界限,这些标准有时严苛到不合理乃至毫无意义的程度。另外,立法机关在法律条文中设定程序并要求行政机关严格遵循法定议程。20世纪70—90年代,美国国会采取的

---

① [美]史蒂芬·布雷耶:《打破恶性循环:政府如何有效规制风险》,宋华琳译,法律出版社2009年版,第81—82页。

② [英]伊丽莎白·费雪:《风险规制与行政宪政主义》,沈岿译,法律出版社2012年版,第35页。

③ 同上书,第37—39页。

就是这种方法,但后来这种法律的实施效果并不尽如人意,它虽然一定程度上遏制了某些风险问题的恶化,却未能根治风险且带来附带风险并付出了巨大成本。①

从制度层面看,在风险治理方面,立法机关不适宜为行政机关设定详尽并能有效运作的指令。首先,立法机关颁布一部新的法律通常是为了解决新的问题,一般它不会将该问题产生的影响以及解决该问题可能产生的次生问题作为相互关联的一系列问题来加以统合考虑。其次,立法机关代表着人民的意志,因此它应当对体现公众意志的公共舆论保有高度的敏感性。然而,公众意志一般具有即时性,当面对不同的风险时,很难排定规制的优先次序,因此立法机关没有能力为行政机关制定一份有效的议程来应对风险。最后,立法机关内部设置了很多分支机构,各分支机构可能都把自己已研究的特定问题视为最重要的问题,认为在立法顺序上应将此问题排在最前列。

(二) 行政裁量权自身的缺陷

有学者认为,在世界历史上,每一法律制度都包括规则和裁量两个方面,即使规则是书面的,裁量通常也是更大的。没有裁量的规则无法全面考虑使结果适应个案之独特事实与环境之需要。② 同时,行政裁量之度应受到更加严格的限制;某些限制可以由立法者来完成,但是大部分任务还是由行政官员来实现。③ 在法律授予行政机关宽泛的权力后,如何控制行政自由裁量权所产生的问题已超越了传统行政法治模式,且至今尚未出现普遍的解决方案——无论是从程序机制角度考量还是从实体决定规则角度考量。

伴随着自由裁量行为的大量涌现,行政权力运行过程中的问题日渐增多。第一,受管制者(即行政行为相对人)对关系自身利益的行政行为时刻保持着深切的关注,相对而言,行政机关的权力本质上是消极的,行政官员一般会寻求与受管制者的合作以实现管制目标。这可能导致"寻租"现象的产生。第二,相比受管制者的资金、人力、信息、政治影响

---

① [美]史蒂芬·布雷耶:《打破恶性循环:政府如何有效规制风险》,宋华琳译,法律出版社 2009 年版,第 52—56 页。

② [英]卡罗尔·哈洛、理查德·罗林斯:《法律与行政》(上卷),杨伟东等译,商务印书馆 2004 年版,第 210 页。

③ 同上书,第 214 页。

等资源，行政部门拥有的资源非常有限。这意味着行政机关必须依赖于外来的信息、人力、政治支持等，而这些大多需要受管制者提供协助。第三，行政机关变得热衷于实施管制，导致的后果是，在市场准入领域，会限制潜在的竞争对手进入市场，支持已存在的受管制者，造成市场机会不均等。

三 传统模式的自我更新

为了解决传统行政模式的不足，许多国家在传统模式的基础上进行了某些方面的变革。

（一）立法机关的改革

立法机关的改革一马当先。为了应对大量出现的公共风险，立法机关出台了更多的法律，力图以精确的法律条文为行政机关提供详细的、可操作的指令。面对风险，社会公众期冀获得国家安全保障的巨大压力会促使立法机关颁布规制标准，或设定规制议程以鼓励并监督行政机关，针对能引发公众恐慌的事项或物质，采取强有力的行动。其理论依据在于，如果立法机关能够详尽界定行政机关行使权力应当遵循的形式和边界，在传统行政模式框架内，行政机关既有主动采取措施的积极性和活力，也可以削减行政自由裁量权的滥用、误用。但面对纷繁复杂的风险社会，立法机关以大量的条款作详尽规定，在许多情境中是不切实际、不可行又不可取的。实际上，立法机关如果要制定详细有效的法律条款，就必须对专业而复杂的风险问题进行持续不断的、深入细致的调查、论证和研究。而立法机关在大多数情况下往往不能或不愿意集中大量的资源投入其中。

（二）行政机关内部的改革

行政机关内部对传统模式的改革主要从两个方面着手。

1. 裁量规则

第一方面的改革从自由裁量权规则着手。为了应对风险，承认行政机关应当享有广泛的自由裁量权，但同时要求行政机关自由裁量权的行使必须遵循一致适用的普遍规则。依据传统行政法治形式合法的理念，只有依据事先已经确定的规则并不偏不倚地适用，行政机关才能干预私人的财产、自由等利益。戴维斯教授曾指出，如果法院能够要求行政机关自身制定规则以限制自由裁量权，那么，宽泛的制定法所引起的危险就可以在很大程度上得以避免。①

这种方式实际上是行政机关试图在两种职能要求中间寻求某种折中和妥协。一种职能要求是行政机关必须要获得广泛的自由裁量权，另一种职能要求是行政机关的行为必须具备可预测性和一致性，即由行政机关以"自我设限"的方式来获得合法性。制定明确的治理规则需要耗费大量资源，行政机关相比立法机关更为专业、更为投入，更接近治理事务。鉴于上述因素，在一般情形中，治理规则的具体细致程度应当由行政机关自己确定。但为防止行政机关滥权，一方面，法院应当控制行政机关在规则制定和个案裁决之间进行选择，以免裁量权的滥用；另一方面，法院可以要求行政机关全面地说明做出行政行为的理由，从而适应行政行为形式合法的传统目标。当然，形式性合法仍然仅规范自由裁量权行使的程序和方式，而不涉及实质内容，也不考虑所做出的行为是否正确、有效。②

2. 机构设置

第二种改革方案从机构设置方面着手，以美国法官布雷耶的观点最具代表性。他主张设立一个新型的小规模、集中化的行政组织，以更有效地承担相应的理性化任务——治理风险。这种新的行政组织必须具备五个特征：（1）这个新组织负责承担特定风险相关的任务，建立一整套融会贯通的风险规制体系，并适于处理若干不同的涉及风险的问题；该组织负责在同一风险之内确立不同事项的优先次序，以及不同风险之间的优先次序；负责对不同风险加以比较，以确定如何更好地配置资源、削减风险。（2）新组织必须具有超脱原行政机关的跨机构的权限。（3）新组织必须要在一定程度上绝缘于政治，它要能承受住诸多政治压力的考验。特别是针对个别风险物质而言，能抵挡住公众的直接压力，以及立法机关和其他政治力量的压力。（4）新组织必须有良好的声誉。良好的声誉能够吸引到非常称职的工作人员，反过来说，它因能吸引到非常称职的工作人员而具有良好的声誉。（5）新组织必须具有权威性，有实现所欲结果的实际能力。总而言之，布雷耶法官主张建立一类特定的组织：该组织是任务导向型的；在高度技术性的风险治理领域，该组织的决定应具有某种程度的一致性和理性；该组织能拥有广泛的职权，具有一定的独立性，并具有相

---

① ［美］理查德·B. 斯图尔特：《美国行政法的重构》，沈岿译，商务印书馆2011年版，第46页。

② 同上书，第45—50页。

当的威望。①

布雷耶之所以提出要设立一个集中化的行政组织，主要有以下几点理由：（1）现有机构往往适用相互不一致的、有争议的治理规则，集中化的组织可以统一适用明确的、一以贯之的规则，从而得出相对确定而不是相互矛盾的结论。（2）集中化的组织可以协同已有的科学咨询委员会，充分利用政府之外的科学技术成果来治理风险，并向社会公众传播此类研究成果。（3）集中化的组织有助于构建出旨在实现更高分析质量和更好结果的模型，模型进而可以创造出一以贯之的制度，并承认不同情境可能要求不同应对。（4）集中化的组织可以创设出一个风险治理议程，从而有助于确定不同风险之间以及同一风险内不同活动之间的优先次序，有助于不同风险之间的协调，从而实现安全的总体目标。（5）集中化的组织可以考虑未来科学变迁对风险产生的可能相关影响。②

布雷耶设立新组织的建议遭到了某些人的反对。他们认为，他的改革方案过于强调风险治理的技术因素，却轻视了风险治理的民主因素。行政机关对风险采取应对措施是风险社会背景下政府对公众的社会性"需求"做出适当的回应，这是民主社会的基本要求。风险的技术性判断是风险治理的一部分，但并非唯一的因素。当对风险治理决策进行价值判断时，应当由公众自己而不是由技术专家来做出决定。而且，风险治理措施若要有效地贯彻执行，就必须得到公众的信任和支持，而完全由专家设计的、脱离公众动机或意愿的治理措施是不会得到公众的信任和支持的。③

（三）法院系统的改革

各国法院系统的司法权在面对风险社会的新情况时也进行了某些方面的变革，当然，司法权的相对保守性决定了变革的程度不如立法机关与行政机关。

在大陆法系国家，法国的行政法院系统在风险治理方面发挥了一定的作用，尤其是最高行政法院。在法国，不同治理机构之间的协调是由具备法律导向的最高行政法院来完成的。最高行政法院的成员大部分来自法国

---

① ［美］史蒂芬·布雷耶：《打破恶性循环：政府如何有效规制风险》，宋华琳译，法律出版社2009年版，第79—80页。
② 同上书，第83—89页。
③ 戚建刚：《风险交流对专家与公众认知分裂的弥合》，载沈岿主编《风险规制与行政法新发展》，法律出版社2013年版，第208—215页。

国立行政学院的顶尖毕业生，其他成员则来自行政系统中具有丰富行政职业经验的人员。最高行政法院的成员在行政管理、行政法、规则、程序以及实体性事务方面，都受过良好的专业训练，而且众多成员多个行政部门历练的经验也使得他们能够以更为统合化的、更为全球化的视角去审视风险治理项目。最高行政法院扮演两个司法角色：一是对任何已发布的行政法令、规章或已做出的行政行为的合法性进行审查；二是向行政部门或部门理事会提供建议，对拟议的法令、规章的合法性和质量进行审查。在地位上，最高行政法院不隶属于任何特定行政机关，因此它能使行政法的专业规则得到普遍适用，建议咨询职能有助于知识和经验的传播，而且能够以超脱的视角跨越特定风险项目的界限。在声誉上，最高行政法院拥有较崇高的威望，其既有正式的权力又有非正式的影响力。实践中最高行政法院有相当的权力来塑造最后的结果，有时甚至可以对结果进行直接控制。①

审查的具体规则方面，法院通过司法审查来实施禁止授予行政机关立法权原理。立法机关通过制定法授权行政机关制定和修订风险治理的相关标准，而禁止授权原理要求立法机关授权必须确立可操作的、明确的标准以指导所授权力的行使。传统上，约束行政自由裁量权的标准由立法机关所制定的规则提供。为了应对新的形势，由行政机关"自我设限"成为改革的一个方向，即行政机关在行政决策时需事先提供明确的、翔实的、可操作的标准，从而为做出行政行为奠定预期可循的迹象。否则，如果立法机关或行政机关都没有提供一个可理解的标准，则属违宪授权。

四 利益代表模式的出场

传统行政权力模式变革的一个方向是利益代表模式，由美国学者斯图尔特提出。他认为："行政法的功能不再是保障私人自主权，而是代之以提供一个政治过程，从而确保在行政程序中广大受影响的利益得到公平的代表。"②"宪法要求构建一种行政过程的利益代表制度。""建构一种在

---

① 法国最高行政法院相关信息可参见官方中文主页：http://chinese.conseil-etat.fr/。
② [美] 理查德·B. 斯图尔特：《美国行政法的重构》，沈岿译，商务印书馆2011年版，第2页。

联邦管制型机关和促进型机关的正式程序中各种受影响利益的代表制度。"① 利益代表模式通常公认的假设可以概括如下：（1）应约束行政机关的裁量权。（2）规则就是讨价还价，以多元主义的政治理论为根据。（3）行政官员是内部人员，而利害关系人是外部人员。（4）关系是对抗性的。（5）行政机关是中立的、回应性的，行政机关是利害关系人的中立裁判者。②

（一）利益代表模式的含义及特点

福利国家背景下，随着政府职能的扩张，行政机关做出行政行为的"传送带"模式趋于解体，行政机关不再仅仅是法律的执行者。对于给付行政，立法机关无法做出精确的指令或设定明确的目标，以指导行政机关对具体情境做出决定，所以，行政机关拥有高度自由裁量权是不可避免的。随后，风险社会的出现进一步加剧了这种趋势，不但"传送带"模式不再适用，而且风险的不可知性导致行政机关的"专家理性"模式也束手无策。对风险"知之甚少"的立法机关只能将采取应对举措的权力赋予更具灵活性、变通性和高效性的行政机关，行政机关可以便宜行事。而作为行政相对人权利救济的司法审查制度的目的也不再仅仅局限于防止行政机关对私主体权利的未经授权的侵害，而是扩张到确保所有可能受影响的利益方在行政机关决策时能得到公平的代表。

利益代表模式可以从两方面来解构。

1. 行政决定的过程

多元利益论认为，先验超然的"公共利益"是不存在的，即使有所谓"公共利益"，也是抽象层面的，仅具有理论上的指导意义。实践中，社会内部只存在不同个体、团体、阶层、阶级的特定个别利益。因此，立法机关的立法过程体现的是彼此冲突之利益集团（或利益群体）相互竞争而形成的妥协。基于这种理论，行政机关的决策要像立法那样获得合法性，行政机关做出决定就要复制立法过程。行政机关为所有可能受行政决定影响的利益相关方提供表达诉求的途径，通过协商民主可能形成大多数利益方所普遍接受的妥协方案，行政机关在充分考虑所有受影响的利益后

---

① ［美］理查德·B. 斯图尔特：《美国行政法的重构》，沈岿译，商务印书馆2011年版，第80页。

② ［美］朱迪·弗里曼：《合作治理与新行政法》，毕洪海、陈标冲译，商务印书馆2010年版，第29—31页。

做出行政决定。因此，行政决定获得了如同法律那样的合法性。

2. 司法审查的过程

在司法审查领域，有权提起诉讼的人不再局限于与行政决定有直接利害关系的人，已经扩大到行政决定的预期受益人和其他受到行政机关作为或不作为间接影响的人。所有受益人和其他受到间接影响的人，只要认为行政机关违反了法律并对他们造成不利影响，他们就有权向法院提起针对行政机关作为或不作为的司法审查。① 典型的代表如美国环境保护领域的"公民诉讼"制度，任何人认为有关行政机关保护环境措施不力的都可以提起诉讼。

(二) 利益代表模式的运行

1. 应然角度

从应然角度考察，利益代表模式的出现是以程序上的机会均等来弥补实质上的未知性，主要是利益相关方在行政程序方面参与权利的拓展。行政相对人参与行政程序的权利包括参加由他人启动的行政程序的权利和要求行政机关启动行政程序的权利。在治理风险方面，行政机关处于第一线，随时要为未知情势做出决策，行政机关自身力量有限，不足以获取足够的信息、不足以掌控所有可能的结果，因而不足以提供完善的解决方案。利益代表模式接纳广泛的利害关系人参与到行政程序中，有利于各利益方提供不同的问题解决方案并说明这些方案对社会各个层面的利益所产生的影响，从而有助于行政机关做出各方能接受的决策。② 此外，根据自然正义原则，与行政决定的结果有利害关系的人都享有从一开始就参与行政程序的权利，而且，参与行政程序是使其获得司法审查权利的必要条件。

在实质决策过程中，行政机关应当考虑行政决定所涉及的多方利益。在多元利益的竞争中，政府管理领域和私人自治领域的界限已日渐模糊。实际上，行政机关的不作为本身就是对相互竞争多元利益的一种安排——自由市场。在风险社会背景下，法律规则无法完全确定并为行政机关设定明确界限，因此转向另一种路径。行政决定的做出成为一个平衡各种相互冲突利益的过程，多元主义的逻辑要求行政机关必须考虑各方的利益。只

---

① [美] 理查德·B. 斯图尔特：《美国行政法的重构》，沈岿译，商务印书馆2011年版，第79页。

② 同上书，第120—124页。

有如此，政策结果才可以反映出这些利益之间适当的妥协。通过在行政程序中为所有利害关系人提供利益代表，行政机关决策的实质内容就可以在不同情境中实现利益之间的公平调和。进一步而言，司法审查则是确保行政机关充分提供了公平代表的程序。①

2. 实然状态

实际运行过程中，利益代表模式出现了某种异化。受行政决定直接影响的利益（无论是受管制利益还是受保护利益）在行政程序中得到了更多的代表，从而形成一种有利于这些利益的政策导向。之所以出现这样的异化，主要有两个方面的原因：一是传统模式下行政相对人的权利保障机制——程序正义原则。当行政机关做出决定时，行政机关应当全面、准确地告知相对人被指控的事项，出示证据和材料，同时还要充分听取相对人的意见。因此，直接的利益方在行政程序中占据优势。二是利益方的组织能力。受直接影响的利益方往往属于固定化组织，拥有较强的博弈能力。相反，拥有相对利益的另一方经常处于分散状态，要将这些分散的各类群体组织起来非常困难，无法实现充分的组织化。因此，即使作为相对方的利益群体有均等的机会进入行政程序提出意见、参与博弈，他们也仍然处于弱势地位，长期来看，也无法对行政决策的实质内容形成持续性的影响。

为了矫正行政程序中利益代表不平衡的问题，法律上为未组织化的公共利益设置了代理人制度。当某个特定的行政决定影响了广泛而分散的个体时，没有足够的动力去激励单一个体提起诉讼，而且，高昂的交易成本和获益的集体性阻碍了人们联合起来进行诉讼。"公共利益"代理人制度的目的就在于为广泛分散的利益方提供代表，目前主要由公益性社会团体、公益律师等来承担，某些特定情况下也由政府部门相关人员担任。"公共利益"的代理人参与到行政程序中，为行政机关提供了有关潜在争议的更多信息，警示行政官员注意某些本来可能被忽视的问题，从而对行政机关的决定施加影响。而且，代理人可能迫使行政机关适用冗长的正式程序，从而可能阻止行政官员采取明显违法的行动方案，促使行政官员在行使自由裁量权时更多考虑相对方的利益。②

---

① ［美］理查德·B. 斯图尔特：《美国行政法的重构》，沈岿译，商务印书馆2011年版，第133—139页。

② 同上书，第165页。

"公共利益"代理人制度也存在一些不足与争议,首要问题是如何界定"公共利益"——广泛而分散的个体利益的集合体,另一个问题是代理人是否真正代表了"公共利益"。目前,公共利益代理人的力量相当有限,不足以确保所有受到行政决定影响的公共利益都能获得适当的代表。实践中,代理人往往把他们所认可的、具有普遍性的、涉及紧急情况的争议置于优先地位。这种做法实际上把哪些利益将在行政程序中得到代表的选择权赋予了私主体,公共利益代理人拥有可观的自由裁量权。但在现有法律框架下,还没有形成责任机制约束这些代理人,以确保其忠实于所代表的、广泛而分散的公共利益。该制度可能产生的不良后果就是,公共利益代理人主张的不是广大个体的利益集合,而是主张其自身利益或者广大个体中少数积极分子的利益。由政府部门特定机构来作为公共利益代理人也面临同样的困境,即该机构在若干相互冲突的利益中如何选择其所代表的利益,问题又返回到行政机关自由裁量权控制的老路上。

(三)利益代表模式的缺陷

利益代表模式的缺陷也是非常明显的。

首先,行政决定如果涉及高度冲突的利益,可能导致某些利益占据主导优势或出现僵局。高度组织化的利益方因为所涉利益过于突出,一定会强力推荐有利于自身的方案,并且充分利用其信息、财力、人力、舆论等优势来逼迫或俘获行政机关,从而获得主导优势。例如在美国,公共利益代理人往往不屑参与规章制定程序,因为规章内容在很大程度上是通过非正式协商程序事先就已确定下来。在这个非正式协商程序中,有组织的利益方具有优势影响力,参与这种程序对行政机关的决定没有实质影响。[①]反之,利益受影响的相对方也会因为利益影响过大,采取正式或非正式的行动,强迫对方让步从而形成无法破解的僵局。

其次,利益代表模式的运作会增加巨大的资源成本,也可能严重损害行政决定的质量,导致政府权力和责任的分裂破碎,损害公共行政的效率和公正。行政机关在做出决定前如果被要求采用审判抗辩式的正式程序,那么所有参与人都有权提出证据并相互质证,这将导致行政决定的拖延并增加资源损耗。而且如果有权参与的当事人数量增加,这些特性将更加严

---

① [美]理查德·B. 斯图尔特:《美国行政法的重构》,沈岿译,商务印书馆2011年版,第162—163页。

重。正式程序的资源成本和时间成本由行政机关与相关利益方共同承受和负担，当面对紧急状况时，时间成本会严重影响行政机关履行职责的效率。

最后，利益代表模式使政府的治理能力遭受侵蚀。对抗制是驱动利益代表模式的方法，这导致了行政决定过程的僵化，无法激励创新、调整与合作。当今社会出现的纷繁复杂的科技、社会、经济、自然等问题，往往不再适宜由特定机关通过直接裁决的方式来解决。针对此类争议较大的问题，行政机关往往在各种利益的代表者之间进行选择，但目前仍未形成广泛共识的标准作为在利益代表者之间进行选择的基础。因此，行政机关更倾向于一种消极的角色：只是关注每一个争议的独特性质，以便在特定的利益之间达成一种特别的妥协。[1] 消极角色的定位使得行政机关面对争议事项时，"不求有功但求无过"，无形中压制了行政机关的主动性和创造力，治理能力也随之降低了。

（四）利益代表模式的运行效果

1. 积极效果

利益代表模式倡导多元主义，多重利害关系人参与行政决定的过程具有多重价值。首先，多元利益代表体现了多元主义建构直接民主范式治理公共事务的理念。其次，多元利益代表模式可以确保各类利益集团享有推行其观点的论坛，促使行政机关做出决定时充分考虑其诉求，而且还会推动相关利益群体进行民主协商。再次，通过吸收各方观点及诉求，可以获得更多的替代性公共决策争端解决机制的技术方案。最后，尽管行政机关被相关利益集团俘虏的可能性仍然存在，但通过行政机关决策过程的民主化将大量的利益主体吸收进来，则某种程度上可以矫正此类问题。

在环境治理领域，德国学者普里特维茨就将环境治理的决策描述为污染制造者利益、受影响者利益和帮助者利益之间的三角关系。污染者的利益体现在，通过加重环境负担、消耗资源的活动或者结构，用尽可能少的成本获得尽可能多和尽可能长久的收益。受影响者（相关人）利益体现在尽可能迅速和彻底地消除环境损害，防止损害再发生，公民自发组织可以代表相关人利益。帮助者利益（第三方利益）最终体现在从环境政策

---

[1] ［美］理查德·B. 斯图尔特：《美国行政法的重构》，沈岿译，商务印书馆2011年版，第159页。

解决问题本身的过程中获得最大的收益,也就是从帮助者这个角色得益,环保团体可以代表帮助者利益。① 污染制造者、受影响者和帮助者三方在环境行政部门的决策中都占有一席之地,都能参与决策过程,并提供符合其各自利益的信息、建议,争取在政策博弈中获得更大的收益。正是通过多方利益博弈的过程,德国环境行政部门的治理取得了丰硕的成果。

2. 消极效果

即使作为倡导者,斯图尔特也认为,利益代表制在实现其所宣称的目标方面,相对而言也是无效的。② 如前文所述,充分实施利益代表制会极大地增加行政决策的成本,而且未组织化的利益方参与行政程序的障碍众多。实际操作中,拥有裁量权的行政机关往往把实际参与行政程序的当事人限定在可控制的数目内,但这些操作限制了相关利益方应当享有的参与权。从而可以得出一个结论,不完全的利益代表制所具有的缺陷超出了其可以预见的效益。

利益代表模式对行政决定产生的另一个消极影响是争议解决的特殊化、个别化。风险社会背景下的争议具有多中心、多选择、多面向等性质,所以争议很难再由统一规则予以处理,而是强化争议解决的特殊性质和自由裁量性质。风险的不可预测性把争议从可以重复适用统一规则而解决的两造冲突,转变成没有稳固秩序的领域,处处充满着对抗传统模式的异动力量。面对这种局面,行政机关即使最周全地、最谨慎地考虑了相互冲突的受影响利益,做出决定时仍不可避免地权衡了每一种利益的权重。在权衡不同利益的权重方面,立法机关不能或不愿在相互竞争的价值和利益之间确定可预期的平衡,法律条文难以提供统一的规则。因此,行政机关的决定就是一个争议处理特殊化的过程。"并没有任何先验的理由可以让我们确信,一个更为公正的政策必将从一个所有受影响利益都在其中得到有效代表的对抗式程序中诞生。"③

---

① [德] 希尔德加德·帕梅:《环境政策领域》,喻玲译,载 [德] 迪特·格鲁诺、[德] 托马斯·海贝勒、李惠斌主编《中国与德国的环境治理——比较的视角》,中央编译出版社 2012 年版,第 272—273 页。
② [美] 理查德·B. 斯图尔特:《美国行政法的重构》,沈岿译,商务印书馆 2011 年版,第 206 页。
③ 同上书,第 172 页。

五 市场机制的复归

为了应对风险的扩张性和未知性,有人开出了传统的市场经济处方,认为哈耶克所提倡的市场经济"自发自生秩序"适合于未知的状态。

美国学者孙斯坦主张,为了治理风险,降低其危害,法律的导向应从政府命令—控制型方式转向其他替代方案,主要有四种:(1)信息公开;(2)经济激励;(3)减少风险合同;(4)自由市场的环境决定论。[①] 市场经济方案意图运用市场各方力量并利用市场提供的信息来找出应对风险的方案,其优点之一是节约成本,可以大量减轻政府的负荷。市场经济模式实质采取的是经济激励方式,主要是两种,一是对实施危害的行为者施加经济处罚(反向举措即对减少危害的行为者给予补贴),二是采取市场交易机制。以市场为基础的经济激励方式会对环境风险治理产生两大动力——对制造环境风险的抑制性动力和对治理环境风险的诱导性动力。借助市场机制来治理风险的制度将鼓励而不是惩罚治理风险方面的技术革新。倡导自由市场的环境政策需要确立基础,即政府通过法律制度设置财产权以确保各方主体有正确的诱导动力。

从 20 世纪 80 年代开始,美国在环境治理方面实施市场机制,展示出传统行政模式所不具备的重大优势。首先,市场机制消除了诸多如今使得联邦和州政府负担沉重的信息处理任务,减免了政府收集和公布信息的义务。其次,排污权交易制度为环境污染的有效治理奠定了资金来源和制度执行基础,该制度不需要政府设置上限或实施收费。第一,大量交易产生资金往来提供了庞大的金融资源。第二,排污权的初次分配一般采用拍卖方式,这有助于纠正现行体制的重大缺陷。实践证明,当美国联邦环保署和州政府无法及时有效地执行法律时,拍卖方式戏剧性地改变了现行法律的遵守激励机制——如果污染者无法预期许可制度将得到强有力的执行,这一现实会导致极低的拍卖价格;如果一方的非法排污行为没有被惩罚的风险,另一方为何需要为合法排污权支付一笔高昂的费用?在排污权交易模式下,这一问题也成为行政机关关注的重心。此外,排污权享有者也有很大可能会支持政府机关强有力的执行,以确保别人的违法行为不会使排

[①] [美]凯斯·R.孙斯坦:《风险与理性——安全、法律与环境》,师帅译,中国政法大学出版社 2005 年版,第 317 页。

污权享有者的投资贬值。①

支持者大多认为，市场机制往往比政府命令更加有效，而且当两者同样有效时，市场机制更加廉价，上述方案在很多情况下都能以更低的成本获得风险治理所欲获得的收益。低成本降低了昂贵的治理潜在的负面影响，包括高投入和低就业导致的特定群体生活水平下降，特定企业生产成本提高而转嫁给员工及消费者等。由此可见，成本更低的市场机制是促进有效治理不可或缺的方法。②

激进的自由市场环保主义者主张完全撤销环境行政管理机关，把管理机关的职能全部转由市场承担，并辅以法院实施的法律责任规则。市场机制方案以私人市场代替行政管理，即以市场交易规则取代行政机关的自由裁量权，市场机制可以提高资源配置效率和扩大私人自主权。但撤销行政机关的管理实际上会导致自由裁量权从行政机关转向大规模的、高度组织化的利益集团。完全由私人市场自由安排秩序的机制会造成组织化利益和未组织化利益之间的极端不对称和不平衡，会产生多种经济外部性问题。因此，为了使不同利益之间恢复平衡，适当的行政干预措施是必不可少的。然而，即便是履行最低限度的政府职能，也需要一个相当规模的、拥有相当可观的自由裁量权的行政官僚制度。

六 合作治理的勃兴

从20世纪90年代开始，治理理论蓬勃兴盛而起，至今方兴未艾，已成现今公共行政领域的主流学说。

（一）治理概述

治理是个开放性的概念范畴，实务界和理论界的解读莫衷一是。

1. 治理的含义

英国学者鲍勃·杰索普认为，治理指的是自组织，具体包括人际网络的自组织、组织间的自组织及系统间的自组织三类。

（1）人际网络的自组织。这是最简单的自组织形式，是指单个行为人在人际关系网络中与已相熟的行为人结成伙伴关系。这种伙伴关系有两

---

① [美] 布鲁斯·A. 阿克曼、理查德·R. 斯图尔特：《环境法的改革》，载王慧编译《美国环境法的改革——规制效率与有效执行》，法律出版社2016年版，第184—186页。

② [美] 凯斯·R. 孙斯坦：《风险与理性——安全、法律与环境》，师帅译，中国政法大学出版社2005年版，第317—318页。

个特点,其一,有较明确的目标,结成伙伴关系的行为人在特定时期内享有共同的利益并期望实现共同的目标,内部需要加强相互间的信任。其二,有较大的封闭性。行为人基于信任结成伙伴关系,有一定的排他性,来路不明的"陌生人"一般是无法进入该"圈子"的。

(2) 组织间的自组织。组织之间的自组织相对比较复杂。这些结成伙伴关系的组织形式上是独立自主的,物质上又有相互依存的关系。而且它们掌控着重要的资源。当意识到存在共同利益时,它们会以其所掌握的独立资源为基础,采取谈判、协商等行动以结成"战略联盟",从而达到互利的结果。影响这种自组织形式能否成功的关键要素在于"资源的协同增效作用",即"由于众伙伴共享资源而非单干而得以增加的价值"。

(3) 系统间的自组织。这是最复杂的治理形式。一般而言是指为了实现更宏观的社会目标,谋求共同发展,若干系统以减少"噪声干扰"和进行"负面协调"为基础推行的一类社会调节形式。系统间自组织的运作机制,除了上述两种自组织形式的谈判和正面协调以外,还有两个——降低"噪声干扰"和"负面协调"。所谓降低"噪声干扰",是指具有不同利益倾向、话语体系的系统通过加深理解,提高对各系统自身独有的特点和利益的敏感度,从而减少谈判协商中的隔阂。所谓"负面协调","系指考虑到自身行动对第三者或其他系统有不良后果,从而适当地自我约束"。在理想状态下,系统间自组织独有的两种机制要真正发挥作用,需要具备相当的条件。降低"噪声干扰"要以持续、耐心的协商、对话为基础,不能把处于优势地位的系统的利益逻辑强加给其他系统。同样的,应避免将强制协调伪装成自愿的"负面协调",应当以多元主义为基础,不能由优势地位的系统及其运作规则来压制其他系统。①

2. 治理成功的要素

鲍勃·杰索普进一步提出,成功、有效的治理需要具备四个条件:第一,简化理论模型并付诸实践检验。简化理论模型可以降低世界的复杂性,避免陷入不可治理的困境,同时将其运用于实践中,使其不脱离现实而成为"空中楼阁",而且要能保持与治理参与主体的密切关联。第二,提升治理参与主体的互动式社会学习能力。这种能力主要包括理解治理事

---

① [英] 鲍勃·杰索普:《治理的兴起及其失败的风险:以经济发展为例的论述》,漆燕译,《国际社会科学杂志》(中文版) 1999 年第 1 期。

项的因果关系进程和相互依存形式,理解参与各方的责任归属和行为能力,并理解在复杂的社会环境中协调的成功概率。第三,确立协调不同社会系统相互合作的方法。不同的社会系统具有不同的特性、利益和价值追求,"发挥作用的空间和时间范围不同,行动的领域也不同"。治理的成功依赖于系统的自我"反思性",以自组织来保持交流、协商。第四,建立元治理体系。治理成功需要参与主体具有一定意义上共同的世界观和价值观,从而确定参与各方的目标和行为准则,元治理体系的功能即是如此。①

鲍勃·杰索普还认为,市场机制属于形式化的程序理性,其优先目标是以经济手段追求利润最大化。相比而言,政府调控机制则属于实质合理,其优先追求明确、有效的政策目标。有限理性、机会主义及资本特殊性都会对市场机制和政府调控产生负面影响。治理以反思理性为基础,力图克服有限理性、机会主义及资本特殊性的负面影响。首先,治理通过持续不断地协商、谈判来获取和交换信息,从而降低有限理性的不良影响,但这个问题不能从根本上消除。其次,与市场机制的一次性买卖和政府调控的单次行政行为不同,治理要求参与的各利益方"锁定在涉及短期、中期和长期并存运作、相互依赖的一系列决定之中",此种全过程参与的方式可以减少机会主义的危害。最后,合作治理有别于市场的利益相对性和政府的管理隶属性,其激励各利益方协商合作形成相互依赖的团结互助关系,以共同承担与"资本特殊性"相联系的风险。②

(二) 行政合作治理模式的特性

正是基于治理的理念,传统行政模式进一步进行改革,在利益代表模式的基础上发展出了"合作治理"行政模式。

利益代表模式试图运用多元主义的正当性理论来解决行政自由裁量权的问题。在多方利益主体参与下,所有利害关系人均需承担决策过程的责任,提供信息,给出建议,行政机关在其中的作用并非减弱,而是履行更具综合性的统合职责。在此基础上,行政决策提供最终解决方案,但方案一般是临时性的,不具有普遍指导意义。朱迪·弗里曼对合作治理模式和

---

① [英] 鲍勃·杰索普:《治理与元治理:必要的反思性、必要的多样性和必要的反讽性》,程浩译,《国外理论动态》2014年第5期。
② [英] 鲍勃·杰索普:《治理的兴起及其失败的风险:以经济发展为例的论述》,漆燕译,《国际社会科学杂志》(中文版)1999年第1期。

利益代表模式进行了区分。她认为，尽管合作治理毋庸置疑存在利益代表模式的因素，但二者在关注目的上是有区别的，合作治理模式关注具有适应性的问题解决方法，而利益代表模式更多关注的是控制行政机关的裁量权。①

当代风险社会的复杂性决定了公共治理是个复杂、动态的过程，已经不存在纯粹的公共领域或私人领域，参与主体多元化趋势明显，且相互依赖。传统行政措施的局限性促使公私合作加速，"公"指的是与国家公权力相联系的组织机构，其行为具有"公共导向性"。"私"指的是与追求个体利益联系的组织，譬如公司等，或者追求公共利益目标的非公权力组织，譬如环保团体等。② 以公私合作为基础的合作治理模式不再拘泥于控制行政自由裁量权，而是以解决问题为导向来重新定位行政机关的决定。朱迪·弗里曼认为，合作治理具有几个方面的特征：（1）以解决问题为导向。合作治理的关注点在于解决管制问题，这就要求在拥有与设计、实施创造性解决方案极为相关的知识的各方当中共享信息，进行审议。（2）利害关系人与受影响者参与决定过程的所有阶段。宽泛的参与具有独立的民主价值，而且会推动有效地解决问题。（3）临时性的解决方案。规则被视为临时性的，而且要进行修正，连续性的监控与评估极为重要。（4）超越治理中传统公私角色的责任。当事人相互依赖而且对彼此负责，包括自我监控与披露、社会监督与第三方鉴定。（5）灵活、投入的行政机关。行政机关是多方利害关系人协商的召集者与助成者，激励进行更广泛的参与、信息共享与审议。③ 哈贝马斯则认为："商议性政治的成功并不取决于一个有集体行动能力的全体公民，而取决于相应的交往程序和交往预设的建制化，以及建制化商议过程与非正式的形成的公共舆论之间的共同作用。"④ 可见，哈贝马斯强调协商政治的程序及公共舆论导向，这也是合作治理、协商民主发挥作用的关键因素。

---

① ［美］朱迪·弗里曼：《合作治理与新行政法》，毕洪海、陈标冲译，商务印书馆2010年版，第12—13页。
② 同上书，第322—323页。
③ 同上书，第34—35页。
④ ［德］哈贝马斯：《在事实与规范之间——关于法律和民主法治国的商谈理论》，童世骏译，生活·读书·新知三联书店2003年版，第371页。

(三) 合作治理的理论范式

伊丽莎白·费雪将现代社会风险治理模式分为两种范式：理性—工具范式和商谈—建构范式。在应对复杂的风险方面，理性—工具范式存在不适应性，反而成为许多风险争议的来源。相较而言，商谈—建构范式基于风险问题的无序性来设置制度予以灵活应对。在具体运作机制上，理性—工具范式运用利益代表制，而商谈—建构范式则是运用商谈机制。当然，这两种范式都充分考虑到了公共治理的民主化。① 在商谈—建构范式下，行政决策就是充分、及时的商谈过程。商谈—建构范式实际上正是合作治理实践的理论总结，反之，合作治理也是此种范式的社会推广。②

现代风险"事实与规范混合的复杂性"使公共行政机关疲于奔命且吃力不讨好，因此，公共行政需要变革为公共合作治理，需要有持续的、灵活的、实质性的解决问题的裁量权。商谈—建构范式下，规则形式不是严格、刻板的强制命令式规则，而是留有大量裁量空间的原则式规则，确立一系列基本原则和"广泛的考虑因素"。面对充满未知特性的风险，科学不确定性意味着参与的治理主体要持续不断地关注最新科学动态；进而，随着科学信息的变化和充实，不同主体的风险偏好也在不断改变；因此，治理规则所涉实际问题和治理目标也会随之演变。商谈—建构范式理论下的合作治理既高度信任"专家"的专业判断，也要求专业判断与商谈式民主紧密结合。③ 商谈是治理机构厘清风险、获取信息和知识以及最终认定风险的方式。商谈的形式包括合意型协商和对抗型协商。商谈的参与者非常广泛，不仅仅是不同主体、不同利益的碰撞，而且可能令为难之事发生意想不到的转机。"商谈的焦点是公共理性"，商谈是社会公众解决公共问题的优先手段，具备天然的正当性和政治民主性，可以确立风险治理制度体系的合法权威。同时，为保证行政决定的最终拍板者积极促进商谈，应在法律上规定"应责程序"。④

(四) 合作治理的构成要素

作为新型的公共行政模式，合作治理机制由多方面的要素构成。

---

① ［英］伊丽莎白·费雪：《风险规制与行政宪政主义》，沈岿译，法律出版社 2012 年版，第 43—45 页。
② 同上书，第 39 页。
③ 同上书，第 40 页。
④ 同上书，第 39—42 页。

1. 目标——以解决问题为中心

合作治理具备极强的目的性，针对特定事务的独有特点提出解决方案。与传统行政模式相比，合作治理大多数情况下能够提出更有效率、更具创意、更适应的应对方案，而且当初始方案付诸实施后出现失灵时可以进一步加以调整、修正。合作治理之所以有如此优势，原因在于，利益相关方能够直接参与决策过程，充分表达其利益诉求，能充分调动各方的积极性来提供建议充实方案。同时，各参与方掌握着丰富的信息、知识，以此为基础进行面对面的协商交流，产生创新方案的机会更大。此外，如果规则是由参与各方合意产生的，则他们自愿执行规则的意愿更强，而且规则在实践中的实施效果可以得到及时的反馈。

2. 主体——多元主体参与

由利益受影响的各方主体参与解决问题的全过程，具有独立的法治、民主价值。尤其在环境治理中，污染者的生产、经营行为具有一定的社会正当性，受污染影响者的利益诉求有其合法、合理性，但也可能走向极端——要求禁止污染者的所有行为。合作治理多元参与能为各方提供商谈的"论坛"。此外，合作治理中行政机关的作用不降反增，扮演了多重角色。朱迪·弗里曼认为合作治理中，行政机关的角色有最低标准的设定者、多方协商的召集者与助成者、机构能力的建设者、最终解决方案的决策者等。[1] 因此，政府必须具备足够的权威以使合作顺利进行。

3. 形式——临时性解决方案

现代各类风险对人类的认知形成了极大的挑战，科学虽在发展，但仍有诸多未知领域困扰着我们。一套规则能够一劳永逸地解决问题的时代已经远去，风险社会的不确定性决定了规则的变动性。合作治理之所以主张采用临时性解决方案，主要是为了实现立法的阶段性目标。为了适应风险治理技术的发展进步，灵活、适宜的制度产生的规则更有可能实现立法目标。临时性方案形式的特点有：参与各方信息共享与交流；根据具体背景，因地制宜地制定具有包容性且满足多种要求的规则；确立促进重新检视与修订规则的变通机制；允许行政机关与相关当事方通过非正式方式灵

---

[1] [美]朱迪·弗里曼：《合作治理与新行政法》，毕洪海、陈标冲译，商务印书馆2010年版，第47—48页。

活执行规则。①

4. 责任——跨越公私分界

传统行政模式下，公私角色泾渭分明，公权力机关作为管理者，私主体则属于被管理者。传统行政法律关系及责任设定均基于此理论基础。合作治理动摇了对公私角色的既定假设，尤其是在责任方面。合作治理由多元主体共同参与，公私界限相对模糊，责任承担问题陷入两难境地。为此，行政机关和各参与方可以创建新型的权力配置及责任承担规则。譬如，行政机关可以将某些权力授予外部独立审计机构、标准设定组织或认证组织并由其承担责任；公益组织及其他社会组织有权监督既定规则的实施，并评估执行效果；② 行政机关保留最终的担保责任。

（五）合作治理中各主体的角色分工

合作治理是公共与私人利益相关主体共同参与、协商合作的治理模式，各类主体均有特定的位置。总体而言，政府机构（主要是行政机关）负责构建合作平台，平台形式不拘泥于正式的会议，也可以是非正式的协商、座谈等，目的仅在于建立各方就公共政策或议题交流的渠道。各种非政府主体（主要包括市场主体和社会主体）直接参与治理决策的酝酿、确定及运作，不再仅仅是提供信息的局外人。③ 英国学者卡罗尔·哈洛和理查德·罗林斯认为，在合作治理模式下，"英国政府的核心仍保持官僚体制不变，而其外围按照从行政部门分离的非行政机构发展"。"半自治的非政府组织，作为在政府私有化计划之后确定的'规制机关'，已获得了新生。它们承担着监管之责并代表公共利益，表明其从中央政府获得了新的自治权。"④ 由此可见，在英国，行政机关仍处于治理的核心位置，非政府组织也承担了较大的职责。

1. 行政机关

合作治理模式中，行政机关仍然居于主导性的核心位置。它首先是不

---

① ［美］朱迪·弗里曼：《合作治理与新行政法》，毕洪海、陈标冲译，商务印书馆2010年版，第43—45页。

② 同上书，第45—46页。

③ 范永茂、殷玉敏：《跨界环境问题的合作治理模式选择——理论讨论和三个案例》，《公共管理学报》2016年第2期。

④ ［英］卡罗尔·哈洛、理查德·罗林斯：《法律与行政》（上卷），杨伟东等译，商务印书馆2004年版，第62—63页。

同主体利益关系的仲裁者,需做好协调工作。此外,它又是公共利益的维护者,因此保留行政决策的最终决定权,即行政机关有权做出最终决定,即使这种决定偏离了各方协商合意的方案。

有学者总结出合作治理中行政机关具有四重角色。角色一——"权力的驯服者"。在合作治理中,行政机关行使权力必须受法律的制约和监督,从命令控制者的高权姿态转变为权力的驯服者。角色二——"公众能力的建设者"。在合作治理中,行政机关增加了新的职责,包括积极帮助资源欠缺、能力有限的主体增加参与机会,提供风险治理的专业技术知识,做好对社会公众风险防控的宣传教育工作。角色三——"敞开大门的倾听者"。合作治理中,行政机关应当就治理事项,保障利益诉求通道的畅通无阻,充分听取各利益方的意见和建议,以奠定最终决策所需的政策输出基础。角色四——"实现合意的推动者"。合作治理中,行政机关的职责不仅仅停留在被动听取各方诉求,而且应当积极主动鼓励、促进各利益方参与、表达、辩论及举证,致力于"众意"向"公意"的达成。行政机关如果要胜任"公意"推动者的角色,应当做出更多努力。首先,行政机关应营造一个让各利益方真诚合作的氛围。其次,各利益方在协商过程中如果出现新的问题或争议,行政机关应当吸收新的参与主体或增加新的议题。最后,当风险治理存在紧迫性时,为避免协商谈判过程的冗长,决策方案迟迟不能出台,行政机关应有治理方案的最终决定权。"我们将A方案定义为由合作治理机制得出并付诸实施,B方案由行政机关单方面组织技术专家做出。"[1]

2. 社会主体和市场主体

合作治理模式下,社会主体和市场主体处于日益重要的突出位置。某些社会主体和市场主体甚至取得了传统行政机关的位置,有学者称之为"私法组织形式的行政主体"。他认为,现代行政权日益多元化,传统行政机关不再是唯一行使行政权的主体,"私人"主体因事实上行使了行政权而逐渐获得行政主体资格。[2] 当然,这类主体的性质仍存在较大争议。除此之外,合作治理中还有大量其他各种类型的社会主体和市场主体,包

---

[1] 戚建刚、郭永良:《合作治理背景下行政机关法律角色之定位》,《江汉论坛》2014年第5期。

[2] 陈军:《变化与回应:公私合作的行政法研究》,中国政法大学出版社2014年版,第133页。

括私营企业、公益组织、非营利组织、社区组织,以及公民个人。在很多风险治理的情境下,社会主体和市场主体事实上行使了"立法"与"裁决"等方面的职能,包括确定标准、供应公共服务以及给付福利补助等,此外还协助政府机构执行、监控治理方案。笔者着重分析社区组织和非营利组织的具体角色担当。

社区自治是合作治理的基层平台,而社区组织是社区自治的载体。社区居民可以组成松散型或固定型社会组织来共同商讨社区公共事务,也可以个人直接参与。不管具体形式如何,社区自治一般都能真正满足公众对于公共产品的需求。社区公众的参与路径很多,具体譬如:面向全体社区居民的公开大会及定期召开的社区会议;社区专门委员会选举;社区重大事项听证会;社区志愿服务;社区互助;等等。

非营利组织体系是合作治理的网络平台。在非营利组织体系发展较为完善的国家,非营利组织构成了密集交叉的网状结构,从基层到地方乃至中央的各个层面上,非营利组织都能提供公共产品与公共服务。非营利组织组成的网络不但从物质层面将公共领域的诸多主体联结到多元互动、协同治理的网络中,而且从精神层面赋予每一个公民参与公共生活、服务大众、奉献自己的精神及情感。①

(六)合作治理的具体机制

1. 机制的组成

在当代风险治理的过程中,政府机关、市场主体和社会主体相互依赖、互通有无、通力合作,因而合作治理是多元机制的合作——科层机制、市场机制和商谈机制。

第一,政府机关是典型的科层制组织,科层组织理论正是合作治理中科层机制的来源,科层机制注重由明确、权威的具体规则体系来规范政府机关的行政决策结果及做出决策的程序。

第二,市场主体则以市场机制作为合作基础。众所周知,市场机制以市场价格信息传递为基础,其利用价格信息变动来协调相关主体的资源配置和流动,借助经济激励来加强合作治理的动力。

第三,社会主体的合作参与则是通过商谈机制。当代风险治理的复杂

---

① 徐珣:《从美国网络化社会合作治理经验看社会管理体制创新》,《浙江社会科学》2011年第6期。

性和未知性让政府不得不对社会放权,激发社会公众的自治能力和公共理性,而公共领域正是社会自治的运作领域。公共领域与"公意"紧密联系,公共领域内各利益方可以就公共事项的治理决策进行商谈、辩论,尤其是社会公众及团体可以在公共领域以各种交往方式就治理事项进行事实性判断和就治理方案进行规范性判断,与建制化的政府机关进行协商对话和民主辩论。重要的是,商谈机制要真正发挥功能需要有较高的要求,程序上包括机会均等、不受权力的不当干预、各方信息充分公开、商谈的具体参与者不受"俘虏",实体层面则要求参与商谈合作的各利益方要为提供的意见附注充分、具体的理据,"而不是简单诉诸情感、权力、意识形态、利益诉求等"①。

2. 机制的运行

中国固有的社会结构是"强国家,弱社会",因此科层机制是治理的主要动力,占据举足轻重的位置。但改革开放40多年来,市场的力量逐渐增长,社会自治力量也逐渐发展壮大。相应的,市场机制和商谈机制也不同程度地嵌入科层机制中,科层机制、市场机制及商谈机制相互嵌套,形成了网络化合作治理体系。当前,我国的科层机制广泛渗透入市场机制,市场主体基于政府机关的政策引导做出行为选择,在一段时间内可能产生理性选择的效果,但长时间来看,科层机构干预市场的效率低于市场机制的自发作用。此外,我国的民间社会力量长期依附于政府机关,商谈机制的公共领域尚未完全独立,科层机制掌握着公共领域的宏观发展动向及微观运作细节。实际上,市场机制和商谈机制有助于缓解科层机制的治理困境。公共领域内商谈机制的广泛运用会增加公众对科层机构的信任度,降低决策推行的交易成本。在科层机制内适当引入市场机制,有助于产生激励作用,增强决策推行的动力,提高效率。

(七)合作治理的外在形式

合作治理模式所采取的形式摒弃了传统命令—控制型规制形式,超越了公与私的划分,着眼于"创建反思性法律"。② 新的治理形式是非等级制的、变化的、分散的。理想样态下的合作治理应该是行政机关与私人主

---

① 王旭:《我国宪法实施中的商谈机制:去蔽与建构》,《中外法学》2011年第3期。
② [英]伊丽莎白·费雪:《风险规制与行政宪政主义》,沈岿译,法律出版社2012年版,第19页。

体平等地协商合作,"信息、专业知识与影响自上而下从行政机关到私人主体;自下而上从私人主体到行政机关;而且会在公共与私人主体之间水平流动。根据协商的观念,这些交换形式同时发生而且持续进行"①。此外,我国的合作治理也不应盲目照搬西方的经验,不应片面地强化"多中心治理",而是结合我国的实际状况,以"协商民主"为基础构建具有中国本土特色的"合作治理"。②

行政行为形式理论基于法治国理念而形成,其要求行政活动必须严格遵守法定形式。行政行为形式理论,是基于法概念操作技术的方便性,就行政机关为达成一定行政目的或者任务所实施的各种活动中,选定某一特定时点之行为,作为控制行政活动适法范围或者界限时的审查对象,以达成对行政机关进行适法性控制的目的。③ 行政行为形式理论的重要内容之一是行政行为的型式化,其要求行政机关的行政行为必须固定化,在实体内容、实施程序及法律效力方面形成相对独立性。行政行为型式化理论自身固有的限制性无法适应社会现实的急剧变化,出现了诸多问题。有学者将问题总结为四个方面:"(1)对行政行为过程缺乏充分关注;(2)无法适应复杂行政活动的需求;(3)缺乏对行政相对人的关注;(4)对未型式化行政行为的规制薄弱。"④ 因此,行政法学理论出现了相对的另一种理论——行政行为形式选择自由理论。行政行为形式选择自由理论是行政基于特殊的要求,为达到公共行政目的,得在法律形式的行政行为与单纯行政行为间选择适当的手段,甚至可以在公法与私法体系中分别选取个案适当的手段。这种除非法律明确地规定行政机关应采取特定形式的行为,否则行政机关为了适当地履行公行政任务,达成公共行政目的,得以选取适当的行政行为,甚至也可以在法所容许的范围内选择不同法律属性的行为(公法或私法行为),学说

---

① [美]朱迪·弗里曼:《合作治理与新行政法》,毕洪海、陈标冲译,商务印书馆2010年版,第351页。
② 袁峰:《合作治理中的协商民主》,《理论与改革》2012年第5期。
③ 赖恒盈:《行政法律关系论之研究——行政法学方法论评析》,元照出版有限公司2003年版,第53页。
④ 胡晓军:《论行政命令的型式化控制——以类型理论为基础》,《政治与法律》2014年第3期。

上特别以行政的行为"形式选择自由"称之。① 根据该理论，行政机关为了履行职责，可以采取私法行为，甚至可以选择现有法律无明确规定的其他形式的行为。对此，与型式化行政行为相对，有学者称之为非型式化行政行为、非正式行政行为。德国学者 E. Bohne 将非型式化行政行为界定为：除了"法律上规定的程序行为"或"法律效果的决定"之外，由政府机关与行政机关所为，所有法律上未规定，以及与行政上的"协议行为"的范围内私人所作成，但是在法规中已提供的公法或私法程序与决定形成过程中，可能导致"意欲效果"发生的相关的"事实行为"。在德国，协商、协议、警告或信息公开等不具有法律强制约束力的行政行为都属于非型式化行政行为。在美国，非型式化行政行为一般指的是行政程序中非通过对抗方式而做出的行政行为。② 实际具体形式与德国类似。

多元参与、协商合作的网络化合作治理体系的形式就是多样化的，不拘泥于固有形式。在行政命令、行政许可、行政强制等传统行政行为形式外，行政机关以开放、多元的姿态，采用公私伙伴关系（PPP）、签署责任契约、公共服务外包、政府激励补贴等新型形式来加强合作治理。合作治理的外在形式具体有以下三个特点：第一，政府机关改造原有科层制的层级化强力控制方式，注重激发社会多元主体的使命感、积极性，发挥市场主体的企业精神提高效率，调动社会公益组织的互助精神保障公平。第二，社会治理的权力不再由政府独享，政府将部分权力授予基层组织、公益组织，部分甚至授予企业等市场主体。社区及其成员参与自治，由自己主导涉及切身利益的公共事务。在更高层面，公益组织构建联结社会各方的网络体系，增强社会凝聚力。第三，以企业为代表的市场主体在保有营利性的同时，激励其承担起更多的社会责任，以私人治理、签署责任书等形式获得消费者认可。

---

① 林明锵：《论型式化之行政行为与未型式化之行政行为》，载翁岳生教授祝寿论文集编辑委员会编《当代公法理论——翁岳生教授六秩诞辰祝寿论文集》，元照出版有限公司 2002 年版，第 355—356 页；转引自陈军《变化与回应：公私合作的行政法研究》，中国政法大学出版社 2014 年版，第 142—143 页。

② 陈军：《变化与回应：公私合作的行政法研究》，中国政法大学出版社 2014 年版，第 61—62 页。

第三节　环境治理行政权力的多向度演进：
以元治理为纲领

对于环境风险治理困境的检视表明，政府规制、市场调节和合作治理均有优势及不足，三类治理形式均会产生失灵的现象。有的主张政府放松甚至放弃行政规制能够解决问题，有的主张采用更多直接民主的公众参与能够自动生成有效的问题解决方案，但事实构成了对上述理论主张的有力反驳。① 环境风险的治理是一个极其复杂的过程，任何一种治理模式均无法单独承担起解决环境问题的重任。元治理理论高屋建瓴，主张各类治理模式共同适用、相互配合、协调推进；重点关注关键角色的行为、目标、预期；在认可环境风险复杂性、综合性的前提下简化模型；② 治理不拘泥于某种定式，应是动态变化的、灵活机动的。在应对环境风险方面，行政权力的作用最为关键。但环境治理行政权力具体如何配置、实践中如何运行也是一个极其复杂的问题。在公共行政改革的大背景下，环境监管和规制的改革也逐步推进。风险社会背景下的公共行政也应从注重过程的合法性和保障私权转向以解决社会公共问题、防范风险为导向，其实质是国家行政权力模式的变革，由单向度向多向度演变发展。

一　元治理理论

（一）"治理中的治理"

所谓"元治理"，是"治理中的治理，它包含了最广义的治理所需的条件"③。对应政府、市场、社会三种调节模式，学者们将元治理归纳为三种元治理模式和一个伞状模式。三种元治理模式分别是：第一，元交换。元交换对应市场模式，包括特定市场（譬如劳务、土地、产品、知识产权等）的反思性再设计，以及调整运营和组织方式进行市场间关系

---

① ［美］史蒂芬·布雷耶：《打破恶性循环：政府如何有效规制风险》，宋华琳译，法律出版社 2009 年版，第 106 页。
② 唐任伍、李澄：《元治理视阈下中国环境治理的策略选择》，《中国人口·资源与环境》2014 年第 2 期。
③ ［英］鲍勃·杰索普：《治理与元治理：必要的反思性、必要的多样性和必要的反讽性》，程浩译，《国外理论动态》2014 年第 5 期。

的反思性重置。市场代理人往往会选择聘用市场专家来应对市场失灵。为了防止市场机制被科层等级结构破坏，仍然由价格机制等作为调节市场的基础机制，由政府作为市场代理人提供制度以提高市场效率，从而解决市场失灵问题。第二，元组织。元组织对应社会自治模式，包括"组织机构的反思性再设计、中介机构的建立、组织间关系的重置以及组织生态的管理（也就是组织进化的条件，不同的组织在怎样的条件下共存、竞争、合作、共同进化）"。为了解决社会自治失灵，反思性组织可以自身进行有效的管理或革新，也可以寻求组织外专家的帮助。第三，元差异性结构。元差异性结构对应传统行政模式，包括自组织的条件构成。传统行政机关承担起一项新的职能，为"自发的社会性"治理创造条件和机会，推动各利益方的协商、交流，推进创新，增强制度的适应性。一个伞状模式则是元治理本身，伞状模式将三种不同的治理模式联结起来，恰当地融合了市场机制、科层制度和社会关系网络，从而获得各利益方所追求的最佳结果。①

（二）元治理的运作

元治理的具体运作需要由国家承担起重要的任务。从古至今，国家所处地位的重要性显而易见，但现在又面临众多挑战与质疑。根据系统论的理论，国家系统属于整体社会系统的子系统，国家系统的运行既由整体社会系统的其他子系统输入，国家系统也向其他子系统输出指令，而且其承担着维护制度完整性、社会凝聚力、公众团结度的兜底责任。在元治理中，政府的角色是多重的、重要的。首先最关键的是校准治理方向，掌握治理的总体走向和趋势，其次是自身机构和目标的改革以及司法体制改革，最后是参与市场机制的再设计，以及为社会自治创造必要的条件。

具体环节上，基于行政机关的灵活性，政府的角色主要由行政机关来扮演。第一，确定治理的总体方向和基本原则，确保各利益方得以顺畅地实现其目标。第二，保持市场、政府和社会三种不同治理机制之间的和谐和社会稳定。第三，作为治理的关键者，建章立制，为各利益方参与建构运行制度，主持各利益方之间的商谈和谈判。第四，公开自身掌握的信息以及专业机构提供的科学知识，引导社会公众形成对治理事项的理性认

---

① ［英］鲍勃·杰索普：《治理与元治理：必要的反思性、必要的多样性和必要的反讽性》，程浩译，《国外理论动态》2014年第5期。

知。第五，作为中立者，处理治理过程中各利益方之间的纠纷与争议。第六，为了社会公平及安定，避免权力力量差距导致的不平衡，为较为弱势的利益方提供支持达到再平衡。第七，努力协调不同身份认同、不同策略选择的利益群体及个人，尝试转变其政策选择倾向。第八，最后的底线，承担治理失灵的政治责任，承担起对治理事项采取补救措施的"最后一着"的责任。①

在此必须回应一个不可回避的问题。如前文所述，政府在元治理中承担起了多重角色，那是不是恢复了传统行政模式的运行机制呢？甚至更进一步，这可能创建一个掌控所有治理议程的、拥有绝对权威的集权式政府。事实上，元治理不同于集权式的政府，这一点必须明确。理论上，元治理位于所有治理机制之上，从战略和制度两个层面展开。战略上，规划、促进远期共同的愿景，鼓励新的制度安排，补充和充实现有治理机制的不足。制度上，设计总体的制度体系，增进治理领域的三种自组织的良性发展，协调不同类型自组织架构的相互协调、相互依存。②

对于我国的环境风险治理，元治理理论的焦点在于政府，尤其是行政机关的重新定位。元治理理论主张，政府不再是环境治理传统模式的管理者，而应享有特别的权力和承担特别的责任，目标是维持应对环境风险治理机制的灵活性和有效性。政府应当协调政府、市场和社会三种治理机制的共同作用，避免其相互挤兑。针对环境风险极其复杂的特性，以开放的姿态迎接各类新型的、富有弹性的治理方式。首先，对于市场机制，行政机关应重新认识市场模式下资源配置的效率，创造良性的竞争环境和制度环境，促成成本—收益方式的有效运行，引导环境科学技术的发展和应用，引导消费者绿色消费。其次，在肯定社会自治模式积极性功能的同时，应避免和杜绝环境治理政策被特定利益集团所利用，被社会公众舆论所挟持。最后，政府治理机制方面，既要放下架子，与市场治理、社会自治共同平等地发挥作用，同时也要坚持长远方向和目标的统领作用。

（三）元治理失灵的解决

元治理为解决市场失灵、政府失灵和社会失灵而生，但元治理同样也

---

① ［英］鲍勃·杰索普：《治理与元治理：必要的反思性、必要的多样性和必要的反讽性》，程浩译，《国外理论动态》2014年第5期。

② ［英］鲍勃·杰索普：《治理的兴起及其失败的风险：以经济发展为例的论述》，漆燕译，《国际社会科学杂志》（中文版）1999年第1期。

会失灵。对于特定事项,当人们已经穷尽目前人类社会已知的所有制度后仍然无法解决,则是整个社会治理体制的失灵,是为元治理的失灵,此种情景一般是极为复杂的、综合性的、长远的、涉及全方位的利益的。当前最具代表性的是全球气候变化问题。

为了解决元治理失灵的问题,鲍勃·杰索普认为应着眼于反思性、多样性和反讽性。当整体的治理体制都无法有效解决问题时,需要从三个方面进行反思。

1. 反思性的角度。按照既定目标,如果治理失败或不完全成功,就要对原有的预期目标进行"反思性定位",重新寻求可以接受的结果目标。综合考察市场、政府及社会失灵的原因及后果,并对已经付诸行动的决策是否能够实现预期目标进行再评估。

2. 多样性的角度。治理事项的复杂性决定了应对措施的多样性,要将人类社会现有的各类机制和制度结合起来灵活应用。根据不同时间、不同主体、不同地域、不同环境的不同要求、不同特性,寻求不同机制的结合,以应对风险的发展演变及回应公众的利益诉求。

3. 反讽性的角度。"所谓自我反思性的反讽,就是参与人要认识到失灵的可能性,但同时仍要抱着可能成功的心态继续工作。这种反讽不仅适用于个人使用个别治理机制进行治理的尝试,还适用于使用适当元治理机制进行元治理的实践活动。"①

二 行政权力的多向度演进

从秩序行政、给付行政到风险行政,各国的公共行政管理大致上都经历了三个发展阶段。当然这三个阶段并非截然分离,实际上是行政机关的公共职能不断扩张,国家承担起了更大的责任。元治理融合政府、市场、社会三种不同的治理机制,具体面向上表现为行政权力的多向度演进,具体在权力主体、权力目标、权力运行机制、权力构成内容、② 责任机制等权力体系的变迁上。

---

① [英]鲍勃·杰索普:《治理与元治理:必要的反思性、必要的多样性和必要的反讽性》,程浩译,《国外理论动态》2014年第5期。
② 吴兴智:《美国政府结果导向行政改革评析——一种权力分析学的视角》,《云南行政学院学报》2007年第6期。

(一) 行政权力主体范围的扩充与转移

传统上，公共行政管理的权力都由国家行政机关所独揽，即使某些社会团体享有特定的行政权力，也是基于行政机关的授权而取得的。在给付行政、风险行政阶段，行政机关自身力量有限且管制效果不甚理想，行政机关不再寻求大权独揽，公共行政的权力逐渐开始分解，权力主体逐渐扩大化。主要体现为三个方向的转移：(1) 行政机关内部，具体事务管理权由民选官员转向专业性官员。在具体事务转移的基础上，行政机关改革内部运作机制，注重绩效目标，简化繁文缛节，规范程序，加快进程，提高效率，着重协调好有限资源与大量事务之间的矛盾。(2) 行政权力部分向社会团体、公众等社会主体转移。当代社会，非政府组织等社会团体承担起越来越多的公共职能，以补足行政机关难以照料到的领域。传统模式下，行政机关本身往往要应对各类利益集团的利益诉求，组织化的利益集团大多以社会团体的形式出现，非组织化的利益群体也会组成临时性的社会组织。行政机关在不违背公共利益的前提下，可以直接将某些公共事务交由社会主体处理，既减轻了压力，又能更好地满足各利益主体的诉求。(3) 行政权力部分向市场主体转移，但以其履行强制性义务为前提。传统行政模式下，市场主体属于受规制者，必须依法按照行政机关的要求履行法定义务，承担强制性的法律责任。为了提高市场主体的主动性和创造力，行政机关采取签订协议、有偿交易等形式，允许市场主体就特定规制目标采取更符合成本效益的灵活机制。某种意义上说，行政机关把具体管理权交由市场主体行使，但这是在保留最终决定权的前提下。

(二) 行政权力导向目标从遵从规则、命令控制向注重实效、分散自治转换

如同前文所述，传统上行政机关在做出行政决定时，必须遵从立法机关所定之规则，即使出现新的社会问题需要及时解决，也要在法律允许范围内制定出实施的细则或条款。而且，行政权力的架构采取的是上下级的等级制及对相对人的强制性命令控制，强调规则适用的普遍性和平等性，尽可能避免特殊决定的出现，此种理念妨碍了特定情境问题的特定方式解决。因此，传统行政模式往往未能达到解决问题的效果。合作型的行政模式以解决问题为导向，着重要求行政权力的实施要以达到特定效果为目标，规则只是解决问题的手段，不再具有自身固有的、脱离实际问题的意义。行政机关寻求以更高效、更低廉、更灵活的权力运行方式来应对风险

问题。为此，行政机关不再局限于普遍的命令控制型方式，而是基于特定情境、特定问题、特定主体和特定利益，将行政权力适当地分散到社会主体和市场主体中，充分调动相关主体的自治能力，充分挖掘出相关主体的活力，为解决风险问题提供更多方案。即便行政机关仍然采用传统的决策形式，也注意吸收各利益方参与评估其实施的绩效结果。

（三）行政权力运行机制从单线状向网络状发展

现代民主国家大多采取代议制民主形式，公民公开选举出代议机构的组成人员，再由代议机构委任行政机关的行政官员来处理日常公共事务。这就是传统行政模式中的科层机制，行政机关严格依照立法机关制定的法律做出行政决定，为社会公众提供公共物品、公共服务，以命令、控制、强制等权力运行机制实施社会管制。宏观层面，公民可以通过选举代议机构代表约束行政机关；微观层面，也可以通过司法机关监督行政机关。由此可见，传统的行政权力运行机制是一个单线状、封闭式的权力运行过程，如图1-1所示。

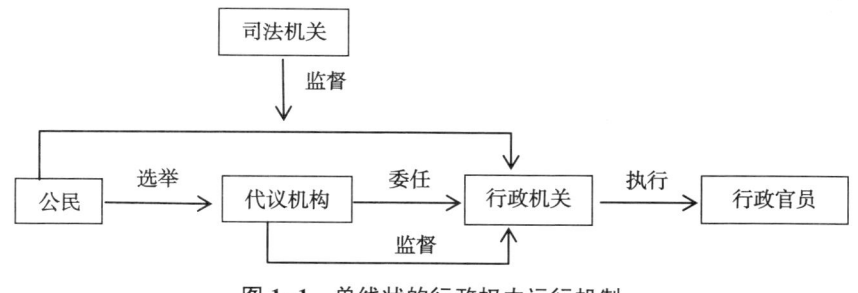

图1-1 单线状的行政权力运行机制

风险社会对传统单线状的行政权力运行机制构成了巨大的挑战，立法机关所制定的风险治理法律规则较为原则、模糊，行政机关不再仅仅是"传送带"，而是掌握了大量的自由裁量权。公众、社会团体、市场主体等表达利益诉求、直接参与公共事务管理的机会和途径不断扩大，公众也不再以选举代议机构代表作为监督行政机关的主要途径。行政机关从立法机关那里获得更多的决策权，但也要接受公众的直接监督，强化绩效评估机制。上述因素相互融合，从而形成了一套行政机关、社会主体、市场主体之间相互交叉的网络状、开放式的权力运行机制，如图1-2所示。

（四）行政权力构成内容的统合与分离

行政权力的构成内容包括决策权、执行权和监督权。"决策权是权力

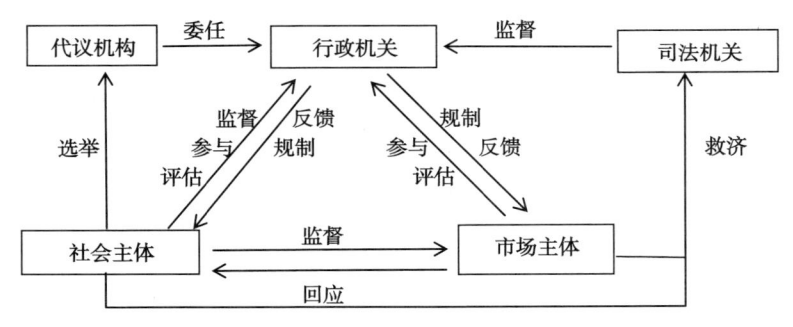

图 1-2 网络状的行政权力运行机制

运行过程中最核心的权力,它决定着权力运行的方向和内容。执行权则是将决策在现实中予以施行的权力。"① 监督权是对权力运行进行规范的权力。风险社会背景下,国家需要包揽的公共职能日益扩大,普遍出现了行政国家的发展趋势。为了应对纷繁复杂、变化不定的各类风险,相对于宏观引领的立法机关和事后救济的司法机关,具有灵活机动、便宜行事特性的行政机关广泛参与了风险治理的决策、规则制定、实施和执行,以及实施效果的评估和改进,而不再仅仅只是立法机关的执行者。可见,行政国家的行政机关统合了决策权、执行权和监督权,其掌握的权力范围非常宽泛,但同时也应承担更大的责任。在具体风险的治理上,行政机关往往力有不逮,促使其不得不采取一些方法将决策权和执行权相分离。行政机关采取了市场化和社会化的方式,授予市场主体和社会主体部分执行权。决策权与执行权的分离有助于行政机关集中力量应对更危险、更紧迫的风险,由私人主体应对危害相对较小、更分散的风险,从而提高风险治理的效率,降低成本。但决策权与执行权的分离也可能产生寻租、机会主义、短视、搭便车等不良后果。在监督权方面,行政机关既要从系统内部由上级对下级进行监督,也要对社会主体、市场主体的公共行政行为进行监督。反过来,社会主体、市场主体通过直接参与、效果评估、利益表达等方式对行政机关进行监督。

(五) 行政权力责任机制从对称性向非对称性的偏移

传统行政模式下,法治的基本要求是权力和责任必须具有一一对应的

---

① 吴兴智:《美国政府结果导向行政改革评析——一种权力分析学的视角》,《云南行政学院学报》2007 年第 6 期。

关系，具备应有的对称性。行政机关享有特定的权力，也要承担相应的责任，反之亦如此，法律若要求其承担责任，则必须赋予其相应的权力。有权无责的结果是权力的滥用，有责无权的结果则是规避、反抗，最终是社会的不平衡。多元主体共同参与的合作行政模式突破了传统行政模式权责对称的平衡机制，但至今仍未演化出新的平衡机制，由此形成了权力和责任不对称的偏移现象。应对风险是一项维护公共利益的公共职能，相关主体行使的是公共权力，但合作治理模式下，多元主体各自所代表的利益是不同的，即便是公益团体也有利益范围的限制。合作治理中，公共权力由私人主体行使必然长期面临着公共权力的责任性难题。

三 元治理下多元机制的共存

元治理的伞状模式将三种不同的治理模式联结起来，恰当地融合了市场机制、科层制度和社会关系网络，从而获得各利益方所追求的最佳结果。① 三种机制融合的具体路径则体现在行政权力的多向度演进——权力主体、权力目标、权力运行机制、权力构成内容、责任机制等权力体系的变化上。具体如图1-3所示。

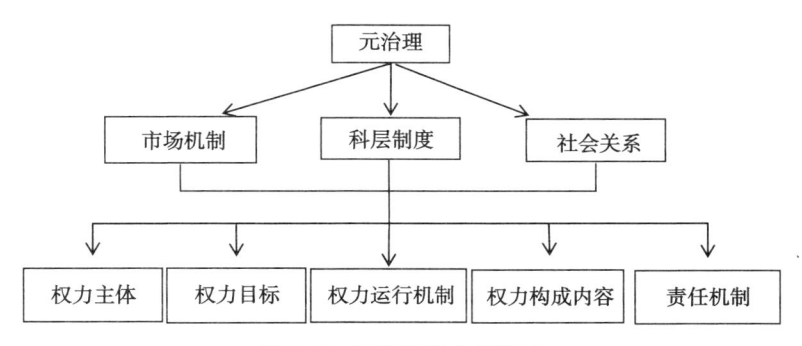

图1-3 元治理的伞状模式

---

① ［英］鲍勃·杰索普：《治理与元治理：必要的反思性、必要的多样性和必要的反讽性》，程浩译，《国外理论动态》2014年第5期。

第二章

环境治理行政权力内部配置的缺陷与运行偏差

随着环境风险的新变化,环境治理制度也要随之进行变革,这是当前公共行政管理改革的重要组成部分,而调整环境治理行政权力的结构是关键性的一环。为了解决纵向行政权力高度集中、横向行政权力过于分散的问题,应当在纵向层面推行行政权力的层级化与分权法治化,在横向层面推行行政权力的综合性设置与平面化构造。① 同时,也要关注两个重点问题:财权与事权的匹配性问题②,集权与分权的均衡性问题。③

第一节 纵向权力的高度集中与执行偏差④

一 纵向权力配置的法律规范

根据《环境保护法》(2014 年修订)的相关规定,中央政府权力范围体现在宏观层面,确立环境保护为国家的基本国策(第 4 条),环境保护主管部门是环境治理的具体负责部门(第 10 条)。地方承担环境治理的大部分责任,地方政府的总括性权力是对本行政区域的环境质量负责(第 6 条第 2 款),实行环境保护目标责任制和考核评价制度(第 26、28、37 条)。

此外,单行法也有相关规定。《大气污染防治法》(2018 年修订)同样规定地方政府对本行政区域的大气环境质量负责(第 3 条第 2 款),对

---

① 石佑启:《论法治视野下行政权力的合理配置》,《学术研究》2010 年第 7 期。
② 刘剑文:《地方财源制度建设的财税法审思》,《法学评论》2014 年第 2 期。
③ 石佑启、邓搴:《论法治视野下行政权力纵向上的合理配置》,《南京社会科学》2015 年第 11 期。
④ 王树义、蔡文灿:《论我国环境治理的权力结构》,《法制与社会发展》2016 年第 3 期。

大气环境质量改善逐级层层考核（第 4 条），未达标区域必须限期达标（第 14 条第 1 款）。《固体废物污染环境防治法》（2016 年修订）要求地方政府采取有利于固体废物污染环境防治的经济、技术政策和措施（第 4 条第 1 款）。《水污染防治法》（2017 年修订）规定地方政府负责本行政区域水环境质量（第 4 条第 2 款），地方各级政府建立河长制（第 5 条），建立目标责任制和考核评价制度（第 6 条）。《环境噪声污染防治法》（2018 年修订）也有类似规定（第 4、5 条）。

二　行政发包制及其执行偏差

（一）总体架构

根据上述法律相关条文的表述，纵向权力结构上，我国的环境管理体制是以行政区域为基础的中央与地方政府分工合作的体制，即中央政府享有环境治理上的宏观决策权力，地方各级政府对辖区环境质量负总责，承担环境治理的大部分责任。虽然《环境保护法》规定了地方政府对辖区内的环境质量负总责，但并未具体规定如何负责以及失职后承担何种责任，法律责任、政治责任抑或经济责任，这为地方政府环境管理的缺位与机会主义行为遗留了立法漏洞。目前的政绩考核具体项目中，生态环境质量状况和资源消耗状况尚未完全纳入，量化指标体系尚未定型，使得地方政府对本辖区的环境质量负责往往成为空洞的政策宣示。此外，地方环境保护部门实行双重领导体制，既受上级环境保护部门领导，实际又完全附属于地方政府。此种体制框架下，地方环境管理的效果往往取决于地方政府的利益导向和价值取向。①

（二）具体配置中的行政发包制②

作为单一制国家，我国政府采取自上而下、多层级权力配置的行政管理体制。环境治理方面，实施的是上级政府向下级政府下达指标、分解任务、量化考核的环境保护目标责任制。这就是所谓的压力型体制。③ 因纵向权力的配置有相应的成本代价，基于我国有着辽阔的行政范围和漫长的空间距离等国情，纵向权力的分离实属不得已而为之。以大气污染物减排

---

① 王树义、蔡文灿：《论我国环境治理的权力结构》，《法制与社会发展》2016 年第 3 期。
② 同上。
③ 渠敬东、周飞舟、应星：《从总体支配到技术治理——基于中国 30 年改革经验的社会学分析》，《中国社会科学》2009 年第 6 期。

为例，单个县（包括县级市、区，下文同）的减排任务涉及数十个企业、项目或设施，有的甚至更多。照此推算，地市一级大致有数百个项目，省一级的项目则数以千计，而在国家层面数以万计。如果由中央政府掌控所有的环境监管权，想对所有减排项目进行全面认真的考核验收，则需付出高昂的成本代价而无法承受。正是基于此中缘由，环境治理领域延续了我国政府一贯的行政模式，即有学者提出的"行政发包制"。"行政发包制"作为一种理想类型，属于一种混合的中间形态，即行政组织边界之内的"内部发包制"：在一个统一的权威之下，在上级与下级之间嵌入了发包的关系。行政发包制与韦伯意义上的科层制、企业治理的外包制存在三方面的差异，分别是行政权的分配、经济激励和内部考核与控制。（1）行政权分配方面主要有两个基本特点。其一，发包方掌握正式权力（如人事权、监督权和批准权）和剩余控制权（如否决权和干预权），这是行政机构内部上下级之间权力分配的一般形态。其二，承包方享有具体决策权和执行权，而且承包方以自由裁量方式享有实际控制权。（2）经济激励方面，即财政预算和人员薪酬，行政发包制与科层制有明显的区别。在行政发包制下，承包人享有剩余索取权，行政层级控制的财政预算和人员薪酬福利与行政服务质量和人员工作投入密切挂钩。同样具备两个特点：其一，财政预算上，承包方与发包方采取预算分成方式，承包方握有剩余索取权，俗称"交够上级的，剩下就是自己的"。同时，承包方的支出高度依赖于其筹集的财政收入，俗称"收支一条线"。作为承包方的地方政府运作与公司企业具有相似特点——自负盈亏。其二，承包方人员的激励机制接近市场化，采取非固定的收入分成的强激励形式，薪酬和福利与工作质量高度挂钩。（3）行政发包制的内部控制采取以结果导向的、人格化的责任承担方式，有别于以程序和规则为基础的科层制。我国长期沿袭"属地管理"体制，地方政府辖区内发生的所有事件，无论其是否与辖区内部管理相关，均属地方政府行政首长的责任。综上，我国行政治理的基本特征体现在三方面，自上而下行政事务层层发包，地方政府自筹资金的财政分成和预算包干，以结果为导向的考核。[①]

近年来，行政发包制的微观运作机制发生了一些新的变化。第一，运用信息技术发展的最新成果，将指标管理与技术治理相结合，强化了行政

---

① 周黎安：《行政发包制》，《社会》2014年第6期。

事务管理的手段工具。第二，进一步加强行政问责制，激励与惩罚相结合，地方政府领导的责任加重。第三，量化指标体系的多样化。地方政府的行政职能现在更多地转向公共服务，以往以经济发展（核心指标是GDP增长率）为重心的干部考核指标体系也发生了变化，各项公共服务职能被纳入考核指标体系中。但上述变化并未从根本上改变我国行政权力配置与运行的格局和机制，技术治理只是增加了行政管理的工具，指标的多样化是传统经济发展指标的扩充。[①]

在"行政发包制"的形态下，另有学者以控制权理论来阐释权力分配的具体路径。根据环境管理职权的实际运作状况和省直管县的现代行政管理扁平化改革趋势，中央政府、省级政府和基层政府在环境管理体制的权力体系中承担着绝大多数的职责。可以将中央政府—省级政府—基层政府嵌入委托方—管理方—代理方的三级科层组织模型。中央政府作为委托方，掌握制定法律、设计政策的最高权威。基层政府作为代理方，主要包括县、县级市及市辖区等，负责执行落实自上而下的环保指令和政策，负责环境违法行为的查处及惩戒。省级政府作为管理方，其职权由中央政府依法或依行政命令授予，承担监督下属基层政府执行法律和政策的职责。[②] 结合此模型，笔者以为环境保护监督管理的纵向权力包含四个维度：（1）指标分配权，即委托方中央政府为管理方省级政府分配环保指标任务的权力。中央政府动员型的环境保护指标分配的过程是委托方单方面制定、以自上而下的科层制度推行实施，虽然具体过程中管理方可能与中央政府进行协商，但一般属于特殊例外。（2）考核验收权，即验收目标完成情况的权力。委托方在分配指标后，一般由其行使考核验收权，但基于成本考虑，也可能将这一权力授予管理方。（3）激励惩戒权，即对代理方基层政府的激励设置以及奖惩其表现的权力。对管理方省级政府的激励惩戒权由委托方控制，代理方基层政府具体绩效的激励惩戒权，既可能保留在委托方手中，也可能由委托方授予管理方。（4）执行实施权，即代理方基层政府执行相关环境法律及政策，贯彻实施中央政府层层分配的环保指标的具体权力。

---

① 渠敬东、周飞舟、应星：《从总体支配到技术治理——基于中国30年改革经验的社会学分析》，《中国社会科学》2009年第6期。

② 周雪光、练宏：《中国政府的治理模式：一个"控制权"理论》，《社会学研究》2012年第5期。

(三) 运行中的执行偏差①

在行政发包制的环境治理体制下,环境法律及政策的实施、执行出现了相当多的"偏差"。环境治理的突出特点是,其检测技术、统计要素、监测信息等方面存在不确定性、不对称性和模糊性。信息的不确定性一般是指某个特定主体已拥有信息与达到特定目标所需信息之间存在差异。信息的不对称性是指双方主体之间所拥有的信息是不相对称的,通常甲方对自己所提供的物品或服务等拥有更多的信息,而乙方对所要获得的甲方提供的物品或服务拥有更少的信息。"信息的模糊性指在同样信息条件下人们会有不同的解释和理解。"例如,即使面对水样的同一测量结果,人们的解释也可能是不同的。测量出的水样超标,可以归咎于监管不力,可以是测量工具或技术的缺陷,也可以是不可控自然力量导致。这些不同解释取决于多重因素,如个人或组织利益、以往经验和人们在组织科层结构中所处的位置等。值得注意的是,信息模糊性的问题并不会因为信息的增加而得到解决,因此针对信息不完备问题采取的对策无法解决这一问题;针对信息不对称情况而采取的激励设计也难以奏效。② 在环境治理领域,尽管环保指标由中央政府层层下达,但下级政府同样具备不容小觑的谈判能力。与中央政府相比,基层政府拥有更多的地方污染状况、原因以及自身执行的努力程度等多种信息,这极大地提高了地方政府在博弈过程中的谈判能力。地方政府在考核标准、工作负担、责任承担、财力配置等方面与中央政府讨价还价的过程中具有信息优势。地方政府通过上下级之间正式的信息传递与非正式的勾连关系来获得更多的操作空间,或者为执行不力提出自圆其说的解释。

地方政府的执行"偏差"大体上有三种情形。第一,由于中央政府及省级政府制定的环境法律、政策对基层政府的地方情境不适应,基层政府采取"变通"策略来达到上级要求。"变通"策略形式上违反了上级政府的指令要求,但这些策略使得基层政府可以因地制宜地完成分配的环保指标,反映了执行过程的灵活性。有学者称之为"良性违法"。③ 上级政府对此类变通一般不予追究,甚至暗中支持或者公开试点。第二,由于地

---

① 王树义、蔡文灿:《论我国环境治理的权力结构》,《法制与社会发展》2016 年第 3 期。
② 周雪光、练宏:《政府内部上下级部门间谈判的一个分析模型——以环境政策实施为例》,《中国社会科学》2011 年第 5 期。
③ 王利明:《宪法的基本价值追求:法平如水》,《环球法律评论》2012 年第 6 期。

方的实际困难程度，基层政府即使采取了强硬的执行措施也无法按时全面地完成环境指标。基层政府的此种偏差可能得到省级政府的同情从而淡化处理，并且在省级区域范围内调剂相应指标以保护付出努力的基层政府。此时，管理方以行使自己的激励分配权来重新评判代理方基层政府的努力程度。第三，出于经济发展、地方利益等因素，基层政府执行不力导致环境指标无法完成。基于地方政府作为利益共同体的现实，省级政府与基层政府共谋实施弄虚作假行为以掩盖问题，确保中央政府分配的指标"如期"完成。在"行政发包制"中，一般认为第一种情形是合理的，因为其符合中国国情多样性的特点，可以产生实际有益的社会效果，但其不符合法治精神。第二种情形有其现实的无奈性，省级政府的做法是通过其掌握的激励惩戒权来维持基层政府的积极性，从而为后续工作的开展保存基础。只有第三种情形才真正违反了中央政府环境治理法律、政策的要求。

中央政府为了纠正环境治理中的地方性偏差，主要采用两种机制。这两种机制即是"当代中国政治运行过程中的一系列稳定重复的重大现象——集权与放权的交替往复，整顿治理的运动型机制，绵延不断但收效甚微的政治教化活动，举步维艰的科层政府理性化和法制建设发展"[①]。其一，在常规型科层治理机制内，中央政府将考核验收权、激励惩戒权作为具有可变性的权力范畴，中央政府不定时回收权力以对地方政府施加压力。例如，原环保部不定期派出督查组或类似机构检查地方政府执行情况。加强行政问责制，将激励和惩罚结合起来。运用"项目管理"的运作模式促使基层政府加大对环境保护的公共投入，为中央政府的财政转移支付提供配套资金。但此种方式治标不治本，在某个特定时间段内或许能改变一时之状况，一旦权力下放，"偏差"又死灰复燃。其二，中央政府启动运动式治理机制，即通过政治动员的运动性方式和渠道来贯彻落实迫切需要实现的政策意图。当常规型治理机制无法有效运作时，中央政府往往采用大张旗鼓、制造舆论声势、全民动员的运动式治理形式。[②] 例如，为了应对近些年来日益严重的雾霾污染，我国采取了大规模的动员机制，发布了一系列政策文件，2013 年 9 月国务院发布《大气污染防治行动计

[①] 周雪光：《权威体制与有效治理：当代中国国家治理的制度逻辑》，《开放时代》2011 年第 10 期。

[②] 周雪光：《运动型治理机制：中国国家治理的制度逻辑再思考》，《开放时代》2012 年第 9 期。

划》。为了进一步落实该计划,经国务院同意,国务院办公厅于 2014 年 4 月发布了《大气污染防治行动计划实施情况考核办法(试行)》,紧接着原环保部、发改委等 6 个部门联合发布了《大气污染防治行动计划实施情况考核办法(试行)实施细则》。但是运动式治理机制与法治理性不兼容,时常要打破常规,绕过既定的规则体系,因而在民主、法治趋势下受到多方挑战和质疑而难以为继。① 尽管不同时期的政府能根据社会情势而时常变换运动治理的基本方向、治理目标或动员领域,但政治凌驾专业和异化等因素的制约使得运动治理都不可能长久,只能与常规科层治理方式交替适用。法治的方向应当是运动治理越来越温和,"发生频率越来越低,直至消亡"②。

第二节 横向权力的模糊分散与利益冲突

一 横向权力设置的法律规范

环境治理横向权力结构既包括同级地方政府之间的关系,也包括政府内部各个部门之间的关系。依据我国《宪法》及相关法律,同级地方政府互不隶属,互不干涉,各自负责管辖范围内的事务。相关的环境保护法律对行政机关内部相关部门的权限及职责划分做了规定。根据《环境保护法》(2014 年修订)相关规定,环境保护主管部门对环境保护工作实施统一监督管理,有关部门依照法律规定对资源保护和污染防治等环境保护工作实施监督管理(第 10、24 条)。根据《大气污染防治法》(2018 年修订)的相关规定,除了环境主管部门外,市场监督管理、公安机关交通管理、交通运输、住房城乡建设、农业行政、水行政等有关部门在各自职责范围内对大气污染防治实施监督管理(第 5、40、53、56、64、76、78、88、93 条)。《固体废物污染环境防治法》(2016 年修订)(第 10、15、25、44 条)、《水污染防治法》(2017 年修订)(第 9、28 条)、《环境噪声污染防治法》(2018 年修订)(第 6、18、19、21、35、39、40、43 条)也做了类似规定。

---

① 王树义、蔡文灿:《论我国环境治理的权力结构》,《法制与社会发展》2016 年第 3 期。
② 冯仕政:《中国国家运动的形成与变异:基于政体的整体性解释》,《开放时代》2011 年第 1 期。

二 环境监管部门职权的抽象、模糊

总的来看，目前法律的相关规定过于简单，遗留下很多立法空白。《环境保护法》将环保部门确定为统一的环境保护监督管理机构，同时又确立相关法律规定的有关部门也有相应的职权。但其关于环境监督管理机构的职责规定过于简单，职权范围的界定相当抽象和模糊。根据《环境保护法》的规定及立法要求，环境保护单行法本应对有关部门在环境保护监督管理方面的职责做出比较具体的规定，从而保证有关部门各司其职，防止相互推诿或者相互揽权。但实际情况不尽如人意，各单行法的套路与《环境保护法》基本一致，先规定一个统一监督管理部门，然后再规定有关部门按照自己的职责对环境保护进行监督管理。尤其是涉及相关部门的具体职责时，往往只是一笔带过。如《水污染防治法》（2017 年修订）第 9 条[①]，据此规定，有关部门"在各自的职责范围内"对水污染防治实施监督管理。但这些部门在水污染防治中各自的职责范围具体为何、这些部门应如何履行管理职责却没有任何具体规定。又如《大气污染防治法》（2018 年修订）第 5 条[②]，《固体废物污染环境防治法》（2016 年修订）第 10 条[③]，这些部门的"根据自己的职责"和"在各自的职责范围内"也未予以明确。这类条款似乎已成为环境资源法律的一种立法套话，而无法真正使各部门各尽其职以协同配合开展环境治理。[④]

[①] 县级以上人民政府环境保护主管部门对水污染防治实施统一监督管理。交通主管部门的海事管理机构对船舶污染水域的防治实施监督管理。县级以上人民政府水行政、国土资源、卫生、建设、农业、渔业等部门以及重要江河、湖泊的流域水资源保护机构，在各自的职责范围内，对有关水污染防治实施监督管理。

[②] 县级以上人民政府生态环境主管部门对大气污染防治实施统一监督管理。县级以上人民政府其他有关部门在各自职责范围内对大气污染防治实施监督管理。

[③] 国务院环境保护行政主管部门对全国固体废物污染环境的防治工作实施统一监督管理。国务院有关部门在各自的职责范围内负责固体废物污染环境防治的监督管理工作。县级以上地方人民政府环境保护行政主管部门对本行政区域内固体废物污染环境的防治工作实施统一监督管理。县级以上地方人民政府有关部门在各自的职责范围内负责固体废物污染环境防治的监督管理工作。国务院建设行政主管部门和县级以上地方人民政府环境卫生行政主管部门负责生活垃圾清扫、收集、贮存、运输和处置的监督管理工作。

[④] 王树义、蔡文灿：《论我国环境治理的权力结构》，《法制与社会发展》2016 年第 3 期。

三 环境监管部门职权的交叉、冲突①

2014年《环境保护法》修订后，我国环境治理的横向权力配置仍然沿袭了各级环保部门统一监督管理和其他相关部门分工负责相结合的体制。以政府权力边界而言，环境治理相关部门应当具有清晰的职能、权力、财力及责任等，但事实上部门之间职权分配存在诸多问题和矛盾。在我国现行行政管理体制下，部门利益膨胀已成为难以治愈的顽疾，环境治理领域的部门利益是其一个缩影。部门利益膨胀主要借助于行政立法手段，最终形成"行政权力部门化，部门权力利益化，部门利益法制化"的局面。② 行政权力部门化，即公共权力部门化，主要指行政部门利用法定职权和掌握的国家立法资源，巩固和扩大本部门的各种职权以及本部门、相关行业、企业和相关个人的既得利益。部门权力利益化的实质是政府部门偏离公共利益导向，追求部门局部利益，变相地实现小团体或少数人的利益。部门利益法制化，主要是指行政部门利用其掌控的资源，在制定有关法规或行使管理职能时，所追求的以责任与义务减轻、弱化为代价的部门权力和利益。③ 环境治理领域，部门利益膨胀往往表现为：其一，各职能部门对有利可图的事务，利用自己的话语权或某些泛政治化手段加以争夺。其二，对涉及纯粹公益性的、难以获得实质收益、执行困难程度较大的事务，或无人问津，或相互推诿。不只我国存在部门利益问题，美国同样存在不同监管部门的协调问题。④

环境治理领域相关部门的利益膨胀是由多重因素造成的。第一，根本原因是现有的社会、经济体制下，环境治理相关部门的公共职权与经济利益直接挂钩。第二，直接原因是法律因素，界定政府部门管理相关环境保护事务的法律、法规语焉不详、漏洞百出或互相冲突。第三，间接原因是部门之间环境监管职能划分不清，职责交叉严重。政府的环境监管职能由多家机构分管，政出多门，这无疑会增加管理成本，造成机构膨胀，同时还产生大量内耗，出现管理真空，降低行政效率。第四，外部原因是外部

---

① 王树义、蔡文灿：《论我国环境治理的权力结构》，《法制与社会发展》2016年第3期。
② 舒小庆：《部门利益膨胀与我国的行政立法制度》，《江西社会科学》2007年第12期。
③ 高凛：《论"部门利益法制化"的遏制》，《政法论丛》2013年第2期。
④ Jody Freeman, Jim Rossi, "Agency Coordination in Shared Regulatory Space", *Harv. L. Rev.*, Vol. 125, 2011-2012.

监督与协调不力，监督弱化现象严重。当环境监管职能部门的权力偏离公共行政的方向时，没有强有力的外部监督力量对其加以矫正，这必然会损害公共利益。

环境治理横向权力实际运作中的具体问题表现在以下方面。①

1. 环境治理相关部门职能重复、交叉

法律对不同部门职能的规定过于粗糙是导致职能冲突的根本原因。按照《环境保护法》及各单行法的规定，原环境保护部具有对环境治理的统一监管权，包括宏观规划权和微观调整权，但原土地、农业、林业、水利、公安和交通等部门也有防治环境污染和保护自然资源的职责。在宏观环境规划方面，例如，国家发展和改革委员会的农村经济司具有"组织编制全国生态建设中长期规划和年度指导性计划，组织实施生态建设重大项目"的职能，而原环境保护部的规划财务司也具有"组织编制综合性环境功能区划和环境保护规划，审核专项环境功能区划和环境保护规划"的职能。这两项职能明显存在重复、交叉。况且由综合决策部门行使专业管理部门的职权也不甚科学，显然，由发改委的农村经济司负责编制和实施全国生态环境建设规划，不如由原环境保护部编制和实施有关规划来得专业。在微观调整方面，例如水质监测，《水法》规定水行政主管部门对水功能区水质进行监测，发现超标报告有关政府采取治理措施，并向环保部门通报。《水污染防治法》规定，环境保护主管部门负责制定水环境监测规范，统一发布国家水环境状况信息，会同国务院水行政等部门组织监测网络。显然，在水质监测上应由环保部门还是水利部门承担主要职责法律上没有具体明确，因而产生了这两个部门在水质信息发布上的冲突，显著的例子如2005年4月，原国家环保总局与水利部所属的淮河水利委员会水质信息发布权之争。②

2. 行业主管与环保职能的冲突

立法将环境治理的部分职权让渡给行业部门，导致行业主管部门为维

---

① 该部分所阐述的问题已存在多年，且目前仍然存在。为了解决上述问题，2018年国务院进行了大范围的机构改革，厘定了生态环境的监管职能，以期能达到环境行政管理体制有效运作的目标。但机构改革能否获得预期效果仍有待实践检验。为保存历史问题，本部分论述仍保留原有内容，留待日后检验。

② 黄勇：《水利部和环保总局淮河水质信息发布权之争背后》（http://news.xinhuanet.com/newscenter/2005-04/13/content_2821620.htm）。

护本部门的利益，而将公共利益和环境效益放到次要位置，这显然不符合回避原则的要求。比如，依据《环境噪声污染防治法》的规定，民用航空器噪声、铁路机车运行噪声分别由民航部门和铁路部门管理，一旦发生环境噪声污染，行业主管部门会倾向于其管辖的企业、单位，处理纠纷时应具有的中立地位不能得到保证。① 此外，根据《水污染防治法》的规定，造成水污染事故企业事业单位由地方政府环境保护部门进行处罚。造成渔业污染事故或者渔业船舶造成水污染事故的，由渔业主管部门进行处罚；其他船舶造成水污染事故的，由海事管理机构进行处罚。实践中，渔政部门和海事部门均属于行业部门，往往为了维护行业内部利益而争权夺利，或者产生两个部门都处理纠纷或者遇到棘手的纠纷相互推诿的现象。

3. 资源开发与环保职能的冲突

在现行环境治理的体制下，我国法律上将自然资源保护的职能赋予资源开发的行业主管部门，产生了诸多难以弥合的冲突。科学的管理分工应当是让每一个部门都只承担最符合其管理目标的职能，特别是不能让其承担与其管理目标直接矛盾或者冲突的职能。② 我国现有的法律法规在授予有关部门环境管理的职能时往往忽略了这一科学管理职能分工的原则。资源的开发利用和生态保护之间存在一定的经济利益冲突，由资源开发主管部门来承担自然资源保护的职能无疑是与环境治理目标背道而驰的。在绩效目标和经济利益的驱动下，资源开发主管部门往往重视资源的开发和利用，环境保护的职能退居其次。例如，根据《森林法》（2009年修正）的规定，各级林业主管部门对森林资源的保护、利用、更新，实行管理和监督；国有林业企业事业单位、机关、团体、部队、学校和其他国有企业事业单位采伐林木，由所在地县级以上林业主管部门审核发放采伐许可证。农村集体经济组织采伐林木，由县级林业主管部门审核发放采伐许可证。事实上，林业主管部门下属的森林工业企业专门负责木材生产，而立法又将森林保护的职责授予林业部门，当木材生产指标与保护森林发生矛盾时，林业部门的利益倾向极为明显。

---

① 王洛忠：《我国环境管理体制的问题与对策》，《中共中央党校学报》2011年第6期。
② 王灿发：《论我国环境管理体制立法存在的问题及其完善途径》，《政法论坛》（中国政法大学学报）2003年第4期。

四 跨区域环境治理的碎片化

(一) 地方政府合作治理的困境

生态环境具有系统性和关联性，环境问题不受人为划定的行政区域限制，因此环境问题的治理出现了"脱域"现象，即局部环境问题无法得到全面、精确治理，演变成超出行政区域地方政府治理意愿或能力的"脱域"环境危机。① 大气污染、水污染等环境问题的日益恶化并大范围扩散使得单个区域地方政府无法展开区域整体环境的系统治理，地方政府的合作必然成为环境治理的唯一选择。然而现状不容客观，无论是理论领域还是实务领域，地方政府合作治理环境问题都存在诸多棘手的问题。笔者着重关注实践中大气污染和水污染防治的地方政府合作现状。

在大气污染防治领域，雾霾影响遍及全国很大一部分行政区域，尤以京津冀周边最为严重，因此京津冀环境治理的政府协同机制至关重要。但京津冀地方政府的协作遭遇了多方面的阻碍。第一，环境治理的"碎片化"状况严重。在政策制定上，三地政府不愿或不能顺畅沟通，信息交流匮乏；在政策执行上，各地方政府各自为政，执行范围只限于其管辖行政区域内。第二，欠缺协同治理中的利益补偿机制。特定时期内，环境治理对经济发展或多或少会产生一定的消极影响，将地方利益最大化作为首要目标的地方政府没有动力率先调整产业结构以解决环境问题。而目前区域间的生态补偿机制尚未完全建立，地方政府环境治理的驱动力当然更为不足。第三，权威性的跨区域环境治理机构尚未形成。目前，三地政府的协作形式是非制度化、非常态化的，合作一般是由地方政府领导人进行协商并做出承诺。采用府际间单向度合作的治理形式，以政府间的协议为主要约束方式。② 这种方式比较灵活，适于应对突出的环境问题，但欠缺明确的法律效力，稳定性也不强。有学者分析，原因主要在于协同机制的法律制度不完备，经济发展主导的政绩考核机制尚未完全废除以及环境治理的合作理念尚且薄弱，等等。③

---

① 金太军、唐玉青：《区域生态府际合作治理困境及其消解》，《南京师大学报》（社会科学版）2011年第5期。

② 高建、白天成：《京津冀环境治理政府协同合作研究》，《中共天津市委党校学报》2015年第2期。

③ 全永波：《区域公共治理的法律规制比较研究》，《经济社会体制比较》2011年第5期。

雾霾影响的另一个重要领域是跨流域水污染治理。珠三角区域内水系发达，各类河道四通八达，跨界水体污染问题较为严重。由于存在地域、部门分割等问题，环境合作治理难度很大。例如，淡水河流经深圳市与惠州市，自 20 世纪 90 年代初开始污染日趋严重。1998 年深圳和惠州第一次开展合作治理，但几年下来收效甚微，水环境质量并未得到有效改善。主要的原因包括两市尚未形成合作的共识和机制，城市规划缺乏协调与衔接，"行政区行政"思想作祟，流域内产业结构和布局不合理，环境基础设施和治污能力滞后等。2008 年开启第二次淡水河流域治理，由广东省政府牵头，深圳、惠州与东莞三市联动合作。在上级政府的督办下，三市首先致力于各自行政区域内污染的前期治理，进而建立常设的联席会议机制，环境合作治理取得了初步成效。但水质并未得到根本好转，治污仍然任重道远。[①]

（二）府际合作困境的原因分析

污染外部性和利益冲突使得各行政区之间难以真正地达成合作治理，府际博弈的非理性均衡是跨行政区环境治理困境的深层次原因。[②] 地方政府协作治理环境之所以会产生诸多阻碍，根本原因是不同的利益结构。有学者对区域环境治理府际合作的利益格局进行了详细的分解，将其分为两大利益视角，作为"经济人"的本地政府利益最大化视角和作为"公共人"的公共利益最大化视角。首先，府际合作中的"囚徒困境"难题。作为地方利益的代表，地方政府同样具有"经济人"理性，因此其做出决定的导向就是本地利益最大化，"不合作"成为地方政府的理性选择策略。改革开放以来，我国各级地方政府"通过公司制承担经济发展主体的角色"[③]，这种现象被很多学者称为"地方政府公司化"[④]。这种机制在

---

① 王玉明：《流域跨界水污染的合作治理——以深惠治理淡水河为例》，《广东行政学院学报》2012 年第 5 期。

② 李胜、陈晓春：《基于府际博弈的跨行政区流域水污染治理困境分析》，《中国人口·资源与环境》2011 年第 12 期。

③ 折晓叶：《县域政府治理模式的新变化》，《中国社会科学》2014 年第 1 期。

④ 刘志彪：《我国地方政府公司化倾向与债务风险：形成机制与化解策略》，《南京大学学报》（哲学·人文科学·社会科学）2013 年第 5 期；宫希魁：《地方政府公司化倾向及其治理》，《财经问题研究》2011 年第 4 期；马雪彬、马春花：《地方政府公司化行为解析》，《经济与管理》2011 年第 10 期；曾纪茂：《地方政府公司化的运作逻辑与后果》，《太平洋学报》2011 年第 11 期。

促进当地经济发展的同时，也产生了大量的负外部性成本，如资源浪费、环境污染、权力寻租等。以地方利益为导向的行为模式必然会对区域内其他地方政府产生示范效应，个体利益的理性选择产生整体利益的非理性结果，这就是环境治理中府际合作的"囚徒困境"难题。如果要利益受损的地方政府采取合作行动，就必须为受损的利益提供相应的充分补偿，横向生态补偿机制即是一种有效方式。但生态补偿的标准、资金来源等仍存在诸多争议。其次，公共利益的外部性效应。地方政府同时又具有"公共人"的特性，具有促使公共利益最大化的法定职责。如果通过环境治理的府际合作，特定区域内环境质量得到改善，其产生的正外部性可以为跨区域内的所有民众共同享有。但地方政府要投入更多的财力、人力、物力治理生态环境，或者牺牲经济发展的机会，这都增加了区域政府的治理成本。[1] 反之，地方政府区域内产生的环境问题不一定会影响本地民众，污染成本并非由其自身来承担，而是扩散至其他区域，这种负外部性也限制了地方政府合作的积极性。

有学者从更微观的视角分析府际合作陷入困境的原因。[2] 府际合作中，交易费用是合作成本的重要部分，极大地影响府际合作进程。在环境治理的府际合作过程中，交易成本是无处不在的。府际合作大体上可以分为四个阶段——准备、缔约、执行和监督，但每个阶段的主要交易费用有所区别，四个阶段对应的费用分别是信息费用、谈判费用、执行费用和监督费用。第一，府际合作的前期准备阶段会消耗大量的信息费用，包括收集信息、选择合作对象的花费等。现实中信息不对称的现象大量存在，合作双方所承担的信息费用也有高低之分，这主要由信息技术的先进程度、信息公开程度以及合作政府的意愿等决定。第二，一般而言，环境治理府际合作通常会以签署协议的形式出现。在合作各方协商具体合作事项期间，各方为寻求共识所付出的时间、人力、物力以及机会成本等都属于谈判费用。第三，合作各方在执行阶段所花费的成本也是各方角力的主要领域。一方面是正常情况下各方执行协议的花费，包括但不限于人员编制、硬件配备、信息收集等；另一方面是产生执行

---

[1] 金太军、唐玉青：《区域生态府际合作治理困境及其消解》，《南京师大学报》（社会科学版）2011年第5期。

[2] 王丽丽、刘琪聪：《区域环境治理中的地方政府合作机制研究》，《大连理工大学学报》（社会科学版）2014年第3期。

偏差的情况下，纠正这些偏差的费用。如前文所述，合作方为了自身利益的最大化，可能采取对他方不利的策略行为，执行阶段这种状况同样存在。此时，合作方需要花费额外的时间、人力和财力来消除策略行为，这部分就是纠正执行偏差的费用。第四，监督费用指的是监督合作协议的履行并对违约行为加以制裁的费用。合作各方都会有机会主义的倾向，这是不可避免的现象。严密监督各方的履约行为，并对违约行为进行制裁是不可或缺的合作阶段。因此，监督费用是确保协议履行的必要成本。

第三节 我国环境监管体制垂直管理改革的争议

我国目前的环境监管体制是以行政区域为基础的中央与地方政府分工合作，地方各级政府对辖区环境质量负总责，各级环保部门统一监督管理、其他相关部门分工负责相结合的体制。在我国环境问题的治理上，该体制发挥了积极的作用，但同时也存在诸多问题。2016年开始实施的"十三五规划"明确了我国环境监管体制改革的目标，同时相关配套法律、政策也陆续出台。通过对当前环境监管体制进行解析，我们应把重心放在环境监测监察执法垂直管理改革的具体落实上，同时坚持多方位、多层次改革的逐步推进。

一 环境监管体制垂直改革的基本走向

我国2016年开始实施的"十三五规划"第四十四章第五节"改革环境治理基础制度"对环境监管体制改革的基本走向做出总体要求。[①]习近平总书记所做的《关于〈中共中央关于制定国民经济和社会发展第十三个五年规划的建议〉的说明》进一步阐明："关于实行省以下环保机构监测监察执法垂直管理制度。建议稿提出的省以下环保机构监测

[①] 切实落实地方政府环境责任，开展环保督察巡视，建立环境质量目标责任制和评价考核机制。实行省以下环保机构监测监察执法垂直管理制度，探索建立跨地区环保机构，推行全流域、跨区域联防联控和城乡协同治理模式。……严格环保执法，开展跨区域联合执法，强化执法监督和责任追究。建立企业环境信用记录和违法排污黑名单制度，强化企业污染物排放自行监测和环境信息公开，畅通公众参与渠道，完善环境公益诉讼制度。实行领导干部环境保护责任离任审计。

监察执法垂直管理,主要指省级环保部门直接管理市(地)县的监测监察机构,承担其人员和工作经费,市(地)级环保局实行以省级环保厅(局)为主的双重管理体制,县级环保局不再单设而是作为市(地)级环保局的派出机构。"中共中央办公厅、国务院办公厅发布的《关于省以下环保机构监测监察执法垂直管理制度改革试点工作的指导意见》(以下简称《垂直改革指导意见》),对环境监管体制改革试点作了详细的部署。

根据上述文件的表述,我国环境监管体制垂直管理改革的基本走向已初现端倪。①

(一)改革的总体目标

我国环境监管体制改革的总体目标是通过整合职能、整合机构、整合机制,实现管理要素从分散到集中,落实各级政府环境责任"党政同责、一岗双责"的要求,实行省以下环保机构监测监察执法垂直管理,克服以块为主的管理体制所衍生的各级政府之间环保职责同质化的弊端,合理配置有限的行政管理资源,突出层级工作重点,以地市为一体聚焦改善环境质量的核心目标。②

(二)强化地方政府环境质量负责制

为了落实地方政府环境质量负责制,2015年8月中共中央办公厅、国务院办公厅印发《党政领导干部生态环境损害责任追究办法(试行)》(以下简称《环境损害责任办法》)。《环境损害责任办法》明确划分各级党政领导干部的生态环保职权和责任,使领导干部的生态环保行为在受道德约束的同时还受制度约束,形成制度屏障。总体要求是"做好应该

---

① 2018年国务院进行机构改革,原环境保护部改组为生态环境部,但截至本书定稿,《环境保护法》仍未修订,"环境保护主管部门"的称谓还未改变,"环境保护主管部门"的委托机构"环境监察机构"也暂时未变。2018年《大气污染防治法》做了修订,将"环境保护主管部门及其委托的环境监察机构"修改为"生态环境主管部门及其环境执法机构"。为了与中央相关文件保持一致,该部分论述正文中"生态环境主管部门"仍沿用文件中的简称"环保机构","环境执法机构"沿用"环境监察机构"。

② 《垂直改革指导意见》部署的具体目标是:"改革环境治理基础制度,建立健全条块结合、各司其职、权责明确、保障有力、权威高效的地方环境保护管理体制,切实落实对地方政府及其相关部门的监督责任,增强环境监测监察执法的独立性、统一性、权威性和有效性,适应统筹解决跨区域、跨流域环境问题的新要求。"

做的"和"不做不该做的"。① 《环境损害责任办法》把党政领导干部分为4种类型：党政主要领导、党政分管领导、政府工作部门领导、具有职务影响力的领导。对上述4类干部分别设置了25项追责情形：地方党政主要领导有8种；地方党政分管领导有5种；政府有关工作部门领导成员有7种；具有职务影响力的党政领导干部有5种。这25项追责情形构成了环保责任清单。在主体分类、责任明确的基础上，《环境损害责任办法》确立了3个层面的责任形式。② 《环境损害责任办法》通过明确责任清单，确保各级党政领导在生态环保工作中都有清晰的职责界限和违责后果，使责任主体与具体追责情形一一对应，实现精准追责，改变长期以来对领导干部的环保工作泛泛要求、笼统评议、法不责众的问责机制。同时，《环境损害责任办法》建立了"生态环境损害责任终身追究制"，强调显性责任即时惩戒，隐性责任终身追究。可见，《环境损害责任办法》的责任清单不仅可以对党政干部进行环保追责，也可以作为各级党组织提拔使用干部的参考依据。从这个意义上说，责任清单也是对各级党政干部的一种激励机制。③ 在考核评价机制的实际运作中，生态环境质量状况和资源消耗状况均已纳入政绩考核具体项目，量化指标体系正逐步成型。

（三）推进省以下环保监测监察执法垂直管理

"十三五规划"的垂直管理改革实际上是垂直管理、双重管理、地域管理三位一体。《垂直改革指导意见》要求，强化省级环保部门对市县两级环境监测监察的管理，协调处理好环保部门统一监督管理与属地主体责任、相关部门分工负责的关系。所谓垂直管理，是指省以下环保监测监察执法实行垂直管理，由省级环保部门直接管理市（地）县监测、监察机构，承担其人员和工作经费；所谓双重管理，是指市（地）级环保部门

---

① 所谓"做好应该做的"，是指各级党政领导者应该忠实履行法律法规和党内法规所规定的各项生态环境保护职责，确保辖区内的生态环境安全和促进环境治理改善，否则就要被追究责任。所谓"不做不该做的"，是指各级党政领导者不要做违反各种法律法规和党内法规规定的事情，否则也要追究责任。夏光：《关键措施引导关键少数》，《中国环境报》2015年8月24日第2版。

② 一是情节较轻的，采取诫勉谈话、责令公开道歉方式；二是情节较重的，采取组织处理方式（包括调离岗位、引咎辞职、责令辞职、免职、降职等）和给予党纪政纪处分；三是将涉嫌犯罪的人员移送司法机关。

③ 《〈党政领导干部生态环境损害责任追究办法（试行）〉解读》（http://news.xinhuanet.com/politics/2015-08/19/c_128143234.htm）。

实行以省级环保部门为主的双重管理体制，县级环保部门不再单设而是作为市（地）级环保部门的派出机构；所谓的地域管理，指的是各级政府为履行环境质量责任而实施的综合管理。① 按照垂直管理的一般要求，实行垂直管理后，市（县）环境监测站将由省级环境监测中心站统一管理，由省级财政对其经费予以保障。同时，末端监测也可以适当放开由社会负责。地方环保部门监察执法权全部收归省级环保部门环境监察机构，由省级环保部门统一安排地方执法事务。对于环境监测和环境监察执法系统，省级环保部门上收的权力应当包括人事权、财务监管权、审计监管权等。

二 环境监管体制垂直改革的潜在争议

目前，我国的环保部门主要由负责环境管理、环境监测和环境监察执法三类人员组成。环境管理重在事前决策与事中监管，主要包括制定环境政策、编制污染防治计划与生态保护规划、环评审批与排污许可管理等行政活动，其职责主要归属于环保部门内设机构。环境监测主要由环保部门所辖的环境监测机构负责。环境监测包括环境质量监测、污染源监督性监测以及基于民事委托的服务型监测。环境质量监测是考核评价地方各级政府环境保护目标责任制落实情况以及认定生态环境损害责任的基本依据。污染源监督性监测则是评价排污者行为合法性并据以查处违法排污，追究其行政责任、民事责任及刑事责任的证据来源。在法律属性上，环境监测行为系技术行为，具有瞬时性、不可逆性、不可诉性等特征。相对而言，环境监测受到地方干预和人为影响的可能性较小，数据造假现象可以通过技术手段予以排除。② 环境监察执法重在事后监督与执行，对排污者履行环境义务情况实施检查监督，包括日常检查、行政处罚、环境信访、环境风险控制等具体监督职能，其职责主要归属于环保部门所辖的环境监察机构。③ 环境监察执法多数为具体行政行为，可复议、可诉讼。环境监察执法受人为因素影响的可能性较大，易受干扰掣肘。

环境监管体制的垂直改革面临的难点很多，主要表现在以下几个方面。

---

① 宋世明、李莹：《垂直管理更需协同共治》，《中国环境报》2015 年 11 月 23 日第 2 版。
② 王树义、郑则文：《论绿色发展理念下环境执法垂直管理体制的改革与构建》，《环境保护》2015 年第 23 期。
③ 一般省级环保厅（局）下设环境监察执法总队，设区市环保局下设环境监察执法支队，基层市（县）环保局下设环境监察执法大队，均为各级环保部门下属事业单位。

（一）环境监管地方政府负责制的弱化

环境监测、环境监察执法是地方各级环保部门实施统一监督管理的主要途径。剥离之后，基层环保部门对本行政区域实施统一监督管理的法定职责可能将失去有效的载体或部门支撑而虚化。进而，地方政府职权的完整性受损，主体责任意识因之削弱，坐等上级部门解决矛盾，甚至上交矛盾、推脱责任成为可能。现阶段，各级政府在环境治理上投入较大，垂直管理体制下，地方政府因部分管理权限剥离以及"分级财政""分灶吃饭"预算制度的约束，将会影响县级地方政府在环境治理方面投入的积极性，支持力度降低，从而将导致市（地）级政府财政压力明显增大。此外，《环境保护法》涉及县级地方政府的条款还有不少，比如"县级以上人民政府应当将环境保护工作纳入国民经济和社会发展规划""县级以上人民政府应当建立环境污染公共监测预警机制"等。监测上收到省级，县级环保部门成为市级派出机构后，如何落实这些法律要求，还有待探索解决。

（二）环境监管部门之间职权的纠葛

省级环保系统内部垂直管理机构与属地管理机构如何有效协调是个需要深入研究的问题。

1. 基层环保部门的布设。县级环保部门作为市（地）级环保部门的派出机构不再单设，县和市的关系问题需要详加考虑，尤其是实施"省直管县"试点改革的地方应在省直管与市直管之间做好选择。县级环保部门行政管理上脱离本级地方政府，可能导致地方政府和相关职能部门弱化环境监管的力度，不利于基层政府通盘考虑和部署环保工作。具体工作落实上，其他部门本应承担的环保职责可能会被转嫁给环保部门，基层环保部门将处于"孤军作战"的不利局面。退一步讲，即使其他部门不推卸责任，县级环保部门作为派出机构也难以很好地与地方政府其他部门相协调，无法建构高效的联动机制。"同一行政区域内，政府各个部门之间行政管理方式、目标具有关联性、协同性，分工合作、齐抓共管是处理突出矛盾的有效方式，部门垂直管理对与原平行部门之间的工作协调增加了难度，工作合力削弱。"[①] 同时，县级环保部门在不少乡镇设有派出机构，理论上这些派出机构也应该一并上收。但乡镇和农村正是环境保护最薄弱

[①] 王树义、郑则文：《论绿色发展理念下环境执法垂直管理体制的改革与构建》，《环境保护》2015年第23期。

的环节，上收后基层环保工作可能会更加困难。

2. 内部机构职能划分。实行省以下环保部门监测监察执法垂直管理制度后，市（地）级环保部门直属的环境监察支队、县级环保部门直属的环境监察大队及环境监测站与同级环保部门的关系由一家人变成了"友邻单位"。除监测和执法外，大部分职责将划转给环保部门其他内部机构，协调工作增大。此外，省级执法机构与地方环保部门对排污单位的监管职责难以明确划分，可能存在省级执法部门远程监督乏力的问题。

3. 人员配置。环保部门编制员额普遍较少，监测监察执法机构垂直管理后，其原归属地方环保部门的工作人员势必要重新划定。垂直管理前，同级政府机构之间是打通的，工作人员都有或多或少的横向调动、升迁机会。环境监测、监察机构人员可以在本级环保系统内部流动，甚至可以交流到其他部门。垂直管理体制切断了横向移动发展路线，基层人员晋升空间压缩，凸显"天花板"效应，与其他部门之间的交流难度增大，只剩下"县—地—省—京"单线，不利于环保系统人员多元化发展，基层人员工作积极性可能受挫。因此，要设计好制度允许人员跨地区、跨部门、跨层级等左右或上下流动。此外，同一省内由于地区间经济社会发展不平衡，各地人事政策、工资待遇、队伍结构等各不相同，收入有一定差别是常态，统一收编后工资待遇调整需要慎重考虑。垂直管理后队伍庞大，人事政策的公平实施也是个难题。

第三章

环境治理行政权力外部配置的型态与运行失灵

第一节 环境合作治理的具体型态

一 协商制定规则机制的平衡性与不平等

(一) 运作方式

协商制定规则是美国运用较多的合作治理形式,为此美国还于1990年制定了《协商制定规则法》。一般而言,协商制定规则是由特定行政机构召集,相关利害关系人就规则的实质内容进行协商,并形成合意的过程。①

协商制定规则的运作方式大体如下:为了就特定事项的规则达成合意,行政机关召集相关利害关系人代表。当然,在选择关系人代表时,行政机关要考虑不同利益主体之间的平衡。行政机关在某种程度上限定协商讨论的范围界限,当事人就重要的程序性和实体性问题进行协商,包括但不限于规则内容、组织机构以及争议解决等。也有学者将协商制定规则称为协商性政府规制,协商性政府规制从三个面向展开:程序面向,强调公众参与、利益代表、信息公开等与商谈机制相关的因素;实体面向,关注公私协作、公共事务外包、主体分责制等公共行政转型问题;形式面向,研究协商规制的类型归属、法律效力和救济方式。②

协商制定规则的参与主体是多元的,不仅包括规制机关和受规制主体,而且包括环保团体、消费者团体和其他利益相关者。协商达成的最终

---

① [美] 朱迪·弗里曼:《合作治理与新行政法》,毕洪海、陈标冲译,商务印书馆2010年版,第51页。

② 蒋红珍:《论协商性政府规制——解读视角和研究疆域的初步厘定》,《上海交通大学学报》(哲学社会科学版) 2008年第5期。

规则必须通过传统的规则制定程序，而且需要接受法院的司法审查。最终的规则具有法律约束力，根据公法原理可以强制执行。①

（二）适用

从一开始，协商制定规则的运用就受到限制。基于策略选择，美国的行政机关将协商制定规则限定在明确具体且严格界定的事项上，因为严格界定的事项便于当事人协商解决。行政机关之所以没有主动运用协商制定规则的意愿，主要有两方面的原因。其一，美国法律系统会激励行政机关积极采取行政执法措施来应对问题。其二，行政机关所能调配的资源受到约束，包括花费在协商过程中的资金预算有限、具有召集与指挥利害关系人协商过程的专业知识的职员短缺等。

同样，与政府机关类似，环保公益组织的制度激励也不会鼓励合作。首先，环保团体对政府机关或企业是否具有评估遵守标准的技术能力持怀疑态度，而且不信任企业能主动遵守承诺。其次，即使愿意采用合作模式，但环保公益组织自身力量有限，无法两线作战，在继续法律抗争的同时，需要负担参与规则协商的费用。况且，传统上法律的执行与监督由政府负责，合作模式将这部分的责任转嫁给了公益组织。

相较之下，企业及行业组织参与合作的意愿最强。在合作基础方面，企业掌握大量的资源及技术知识。从合作的效果看，企业可以降低在对抗性管制方面的金钱及时间成本。即便无法说服行政机关弱化管制，某种程度上也能成功抵制环境法规的执行。②

以美国的杰出领袖工程协议为例，环境规制行政机关本身不鼓励与促进社会的参与，主要是被动接受企业提供的利害关系人参与。该项目实际运作中，相对确定的组织，如大公司、贸易协会以及主流环保团体参与了大多数协商制定规则，代表最少的则是以公众共同体为基础的小型环保组织。学者认为，"职员、公共利益与社会组织代表的缺位，会削弱实现普遍认为合理的、具有创造性的、可行的解决方案的潜力"③。

---

① ［美］理查德·B. 斯图尔特：《环境规制的新时代》，载王慧编译《美国环境法的改革——规制效率与有效执行》，法律出版社 2016 年版，第 55 页。

② ［美］朱迪·弗里曼：《合作治理与新行政法》，毕洪海、陈标冲译，商务印书馆 2010 年版，第 100—106 页。

③ 同上书，第 106—110 页。

(三) 优点

与传统的规则制定方式相比,协商制定规则机制具有不少优势。

1. 协商制定规则机制对被管制方和利益受影响方都更为公平。公平参与过程的机会会增强参与者正当性的感受,而结果最终是否有利于参与者则相对次要。美国有学者通过实践调查发现,协商制定规则中三分之二的参与者,不论哪一方,都认为其对结果的影响是实实在在的。[1]

2. 协商制定规则机制会减少规则制定及执行过程中的冲突。协商不但促使各方通过利益妥协达成协议,而且能促使各方相互理解、汇总知识且共同合作解决问题。此外,对当事方而言,协商合作形成的规则更合理也更容易接受。规则的可接受性产生另外两种收益,一是更容易实施,因为实施障碍很大可能是协商中的重大议题,且已被解决。二是更高的守法率,因为事先同意规则的当事方更有可能守法。[2]

3. 协商制定规则机制更可能制定出复杂的、适用的规则。协商制定规则以解决问题为目标导向,可以充分发挥信息收集的功能,为相关机构的规则制定提供关键信息资源。行政机关只为各利益主体提供检查、评估和商谈制度规则的场所,不预先设定解决问题的最终方案,保持适当的不确定性和灵活性。如此,则各利益方可以在充分商谈的情况下形成适应于特定问题的方案,从而符合各方的预期,并且有助于风险的控制。[3]

4. 协商制定规则的成本不高甚至低于传统的规则制定方式。与传统规则制定相比,某些学者预估协商制定规则可以减少交易成本。[4] 虽然没有足够证据支持这个结论,但一般都认为协商制定规则并不比传统的规则制定成本更高。

(四) 质疑及回应

1. 协商制定规则机制免除了行政机关的职责。对规制对象"建章立制"并监督执行本就是行政机关的法定职责,协商制定规则机制将这项职责部分赋予行政机关之外的其他主体,可能引发的质疑之一就是行政机关推卸责任。但实际不会产生这种后果。协商制定规则并非免除行政机关

---

[1] [美] 朱迪·弗里曼:《合作治理与新行政法》,毕洪海、陈标冲译,商务印书馆2010年版,第204—206页。

[2] 同上书,第208—209页。

[3] 同上书,第127页。

[4] 同上书,第208—209页。

履行职责之责任，反而对行政机关提出了更高的要求。合作治理要求政府转变管制理念，从单纯的管理向灵活、助成转化，也就是说政府必须在合作治理模式下扮演多重角色：中间人、管理人、监督人、执行人和合作伙伴等。政府要鼓励多元主体的参与，从而将公私合作的风险降到最低。

2. 协商制定规则机制导致行政机关被"俘虏"。在一般管制过程中，行政机关被"俘虏"的现象就时有发生，若各利益主体参与其中，则担心"俘虏"更为严重。实际上，这种担忧和质疑是多虑了，多元参与的协商模式反而可以避免某些"俘虏"现象的产生。因为"正当性收益相当大程度上取决于对过程的参与，尤其是提供影响结果之机会的过程"①。充分参与的过程就是各方相互监督的过程，"俘虏"的机会也随之减少。即使是最不济的情况，协商制定规则可能产生部分的俘虏，但发生概率不会高于传统的规则制定模式。此外，无论是性质还是程度，也不会比传统模式导致的俘虏更加恶劣。

3. 协商制定规则过程中参与机会实质上的不平等。从表面上看，合作治理中各方的参与机会是均等的，但实际状况则复杂得多。与受管制的企业等规模庞大、实力雄厚的当事人相比，规模较小、经费紧张的环保团体经常面临资源不足的困境，是否参与协商制定规则对这些环保组织而言难以抉择。资源的优劣确实在某种程度上影响了不同利益方的参与积极性。然而从协商制定规则的效果来看，资源差异似乎并未对结果产生严重的不当影响。协商制定规则机制所具备的共通性、互动性以及合意性等特质，消减了资源差异的不足，在增加满意度方面发挥了关键性作用。

4. 协商制定规则过程一方披露的信息日后可能成为另一方的"把柄"。利益方的协商过程是零和博弈，各方互不信任，将己方的信息充分披露可能存在较大风险，因为这将弱点暴露给了"敌方"。尤其是企业担心披露的信息危及协商谈判的立场且可能会被用于日后的诉讼。协商过程之所以要确保信息更加公开，一是效率，二是民主。信息公开是成本低、效率高的策略。协商成功的第一步是各方要提供充分的信息，使人们能够做出明智的判断及选择。行政机关作为协商主导者自己必须提供信息，同时也要求私人和公司公开信息，没有充分足够的信息，协商和民主都不

---

① ［美］朱迪·弗里曼：《合作治理与新行政法》，毕洪海、陈标冲译，商务印书馆2010年版，第204—206页。

可能。

二 环境信息公开及交流制度的公开性与冗余性

环境信息公开及交流制度是链接环境风险治理的传统规制模式与合作治理模式的基础性制度。

（一）制度内涵

要求环境风险信息充分公开，主要是基于经济效率和政治民主考虑。市场经济条件下，环境信息的公开及交流是闭塞的、不充分的，原因有二。其一，信息是公共物品，市场主体没有主动提供及获取的经济激励。其二，企业没有提供环境风险信息的动力，"信息不对称可能导致一个柠檬问题，那就是危险的产品将安全的产品逐出了市场"。在政治方面，协商民主要求政府对人民负责，决策需要以不受私人利益控制的民主程序做出。协商民主鼓励公众参与并对行政程序进行监督。不少国家法律都规定，行政机关自身负有提供环境信息的义务，同时也强制要求企业公开环境信息。当然，环境风险信息公开只是合作治理的起点。① 进一步是公开基础上的信息交流。

在风险社会背景下，风险信息交流是"软性"的治理工具，它与传统强制性管理手段互为补充，甚至在某种程度上可以比传统工具更为高效。当然，其不能完全取代传统规制手段，它需要以强制义务为保障。

环境风险信息交流要真正发挥功效，关键一点是适当的信息要能成功地传达给需要信息的接收者，这需要具备若干条件。首先，用于交流的环境信息必须能够产生。信息是有成本的，主观动机上，企业和政府掌握的环境信息不会全盘提供；又或者客观条件所限，环境信息不准确、不全面。因此，从防范环境风险角度来看，某些非常必要的信息可能是匮乏的。其次，被传达的环境信息必须是接收者可理解的。与其他信息相比而言，环境信息有极强的技术性和专业性，一般民众难以消化。因此，环境信息交流制度要求尽可能以普通民众可理解的形式来提供信息，即便是专业信息也要进行全面的解释。最后，环境信息必须与接收者的理性选择意愿具有实质关联性，也就是说对接收者的选择产生实质影响。如果相关信

---

① ［美］凯斯·R. 孙斯坦：《风险与理性——安全、法律与环境》，师帅译，中国政法大学出版社 2005 年版，第 321—324 页。

息都是无关紧要的，则对接收者而言毫无意义，且会徒费精力，这种状况可能是提供者有意为之以混淆视听，或者是信息冗余现象的产物。①

（二）制度优势

命令—控制型的行政规制方式采取专业技术命令的形式，强制要求企业生产过程采用"最佳可得技术"，以达到尽可能减少环境污染及破坏的目标。但强制技术命令方式给企业增加了不少成本，而且降低了企业使用更先进技术的动力。政府在采用某种环境风险治理方式时需要分析其成本收益，这必须以充分的信息为基础。信息除了政府本身的监测数据外，更多地还必须依赖受规制的企业。受规制企业要么自身缺乏关键信息，要么夸大规制成本，因此信息普遍失真。以成本收益分析为基础做出的行政决定比绝对的、统一的行政命令更好，但仍不足以成为环境风险防控的理想化手段。正因为信息失真现象普遍存在，我们应当鼓励多元主体制造信息，保证信息来源的多方位性，并加以选择、比较、鉴别，从而为成本收益分析奠定更全面的基础。②

环境信息交流制度的优势在环境治理政策选择过程中得以充分体现。具体而言，环境风险信息交流制度的比较优势体现在几个方面。（1）降低治理成本。与收益相比，传统—命令控制型的环境风险规制工具经济成本很高，给规制者及受规制者增加了沉重的负担。而其中规制者的成本最终是由公众来负担的，受规制者（主要是企业）也会把成本转嫁给消费者。（2）对于环境治理中某些事项而言，不适宜或无须采用强力手段，信息交流制度为行政机关提供了更多的政策选择项。通过信息交流的软性规制，各方达成共识，有利于不适宜强制推行的环境措施得以顺利展开。（3）前文所述，主客观原因的存在导致规制者无法获取做出决定所需的全部环境信息，因而行政机关不能做出确定无疑的"一刀切"式决定。有别于"一刀切"的方式，环境风险信息交流机制更具灵活性，赋予各方主体更多的行为选择空间。

（三）制度不足

没有一种治理工具是完全理想化的，环境信息交流制度也不例外。信息成本高昂、信息失效、信息冗余等问题可能导致信息治理策略失效。

---

① 金自宁：《风险中的行政法》，法律出版社2014年版，第129—131页。

② ［美］凯斯·R. 孙斯坦：《风险与理性——安全、法律与环境》，师帅译，中国政法大学出版社2005年版，第319—321页。

1. 信息成本问题。虽然相较于命令控制型工具,信息交流的成本更低,但这种情况并非绝对。特定情境下,环境信息的提供可能是昂贵的。譬如特殊化学物质是否有副作用、转基因农作物是否会对人体产生危害等,当前科学技术无法确定时,相关环境信息的争议越大,成本越高。

2. 信息失效问题。环境信息交流制度下,行政机关要求受规制者提供的信息并未确实强制范围,因此信息本身可能并不适合接收者的需要,或者信息传达的方式可能造成扭曲。这些都会导致信息交流没有真正发挥功效。①

3. 信息冗余问题。通俗地讲,信息太多也会成为问题。美国法官史蒂芬·布雷耶曾分析过,为了更好地实现风险交流和沟通,可以通过公开会议形式向公众详细解释风险,但这种方法仍不足以缓解风险规制的信息问题。相反,随着科学技术的发展,科学家更容易检测和确认越来越细微的风险,公众对风险的认知可能更为混乱。② 对某些环境问题而言,警示信息在一定意义上将使公众的信息更加匮乏、更加混乱,而不是更多、更加精准。

4. 环境信息交流制度的软性要求。信息交流制度的软性要求既是优势,但也存在不可避免的劣势。该项制度除了要求受规制企业公开一定范围的环境信息外,没有设置其他强制性要求,多数情况下取决于企业的自愿配合。因此,作为软性的治理工具,信息交流不能完全取代传统的命令—控制型手段。

三 环境合同制度的灵活性与模糊性

契约日益成为重要的合作治理工具。合作治理模式下,契约既是权力运行机制又是义务履行机制,是确定公私双方主体责任性的关键因素。政府机关与受规制的企业之间签署环境协议的形式是解决命令—控制型规制体系缺陷的重要手段。

(一) 运行方式

如今,很多国家的社会福利与公共服务是通过契约方式来提供的——

---

① Rónán Kennedy, "Rethinking Reflexive Law for the Information Age: Hybrid and Flexible Regulation by Disclosure", *Geo. Wash. J. Energy & Envtl. L.*, Vol. 7, 2016.

② [美] 史蒂芬·布雷耶:《打破恶性循环:政府如何有效规制风险》,宋华琳译,法律出版社2009年版,第52—56页。

政府机构与私人主体之间达成的契约。这种契约属于行政契约的一种类型，其明确了私人主体执行行政机关职能的具体范围和条件。行政契约中，政府机关依然保留着监督职能，而且一般享有重新协商或解除契约的特权。私人主体主要是履行提供服务的具体内容，但实际上，私人主体与政府机构共享大量的自由裁量权，甚至包括强制性权力。后续的，此类行政契约形式的适用范围进一步拓展，环境保护合同也成为环境治理的重要形式之一。

在环境治理领域，行政机关与受规制主体签订合同或准合同性质的协议，即通常所称的环境保护合同。通过环境保护合同，行政机关确定污染者必须达到的环保目标，污染者签约同意实现这些目标，双方达成合意。污染者可以自由选择合同履行方法以实现环保目标，行政机关不干涉具体过程。

美国多数环境保护合同称为微观协议，主要适用于污染设备或发展项目。而在欧洲，环境保护合同称为宏观协议，主要针对工业或者厂家。美国则把协商制定规则归为宏观协议，即"规制机构、受规制行业和其他利益相关者寻求针对拟定的规制规则达成协议，然后采用标准的规则制定通知与评议程序"①。在日本，地方公共团体和从事生产经营活动并可能产生公害的企业签订公害防止协定，让企业采取措施防止各种公害的产生。实践中，行政机关还经常督促企业和民众就工厂选址、设备安装、排污标准等按照自愿契约方式达成协定。

（二）制度优势

协商契约式规制方式已成为行政机关管理的新常态，有学者甚至认为有取代命令—控制型规制形式的趋势。此种说法有些许夸大，但契约模式的确具有独特优势。根据科斯定理的理念，外部不经济性可以由当事人通过协商谈判来纠正，从而达到社会效益最大化。基于合意理性，如果法律规则是由相关利益主体自愿协商形成的，那么它就能够增加社会福利，环境保护合同的理论根源即在于此。②

在环境保护领域，每一方利益主体都试图将自己的利益份额最大化，当然，某些利益要求可能不符合现有法律的要求。协议谈判过程中的非正

---

① ［美］理查德·B. 斯图尔特：《环境规制的新时代》，载王慧编译《美国环境法的改革——规制效率与有效执行》，法律出版社2016年版，第32页。

② 同上书，第33页。

式协商机制适用于从标准制定到制度运作的全过程,该机制转变了行政机关与受规制主体之间的对立关系,通过契约形式发挥私人主体自愿履行环保义务的作用。规制主体与受规制主体双方缔结契约以实现行政规制目标,强调"内部自律"和"自我监管",从而更加灵活地执行强制性规则。

一方面,环境保护合同可以在一定程度上克服行政机关环境规制信息欠缺的问题,由私人主体自主选择经济有效的履行义务方法,降低完成环境目标的成本;另一方面,环境保护合同可以加快制定和执行传统命令—控制型规则时的冗长程序,与传统方法相比,有利于更快地实现环境目标。

(三) 制度劣势

有些学者认为,公法领域契约模式的出现动摇了整个传统公法理论大厦。公共职能外包混淆了公私界分,冲击了传统公法与私法的两分模式;混淆了内外区别;混淆了责任主体。① 环境保护合同的劣势基本上是行政契约劣势共性的体现。

1. 程序的不公开性。环境保护合同的协商具有不公开的特点,因此公众极其关注环境保护合同的透明度和民主程度。如果是行政机关与私人主体的契约,那么行政机关是否可能被"俘虏"而放弃部分环境公共利益?如果是行政机关、受影响公众及环保团体与企业的三方契约,那么受影响公众是否都参与其中了?是否部分公众的反对意见被忽视、遗忘?合同的具体履行过程如何监督?等等问题都会存在。

2. 性质的模糊性。诚如有学者所言,"至今尚不清楚的是,我们是应该把环境协议视为不可执行的社会关系宣言,还是视为可接受司法审查的非正式的政府指南或者完全接受法院强制执行的民事协议"②。性质上的争议很多,譬如,协议履行过程中行政机关单方面变更或解除合同是否违约、是否要赔偿私人主体的损失?私人主体没有完成目标承担何种法律责任,民事赔偿加行政处罚?争议的法律属性,民事纠纷抑或行政争议?等等。环境保护合同的法律性质至今仍是模糊的,行政机关不能将其完全作为命令—控制型规制工具的替代方案。

---

① 蒋红珍:《论协商性政府规制——解读视角和研究疆域的初步厘定》,《上海交通大学学报》(哲学社会科学版) 2008 年第 5 期。

② [美] 理查德·B. 斯图尔特:《环境规制的新时代》,载王慧编译《美国环境法的改革——规制效率与有效执行》,法律出版社 2016 年版,第 52 页。

四 私人治理制度的自愿性与软化性

私人治理制度①强化私人主体自愿设定环保义务，包括自愿信息披露、自愿协议、环境标志与环境管理体系、自愿技术契约及其他沟通类手段等。② 除了受规制主体自愿之外，很多国家政府还通过弹性的环境规制来引导、激励企业遵守环境保护规则。此种模式下，有些企业甚至愿意执行比法定标准更加严格的环境标准。经验研究也表明，推进行业协会实施自愿性环境治理也是重要途径，行业协会比政府更有信息优势，比单个企业更有集约优势，可以取得更好的治理效果。③

比较典型的是美国实施的有毒物质排放清单制度（Toxics Release Inventory，TRI）。TRI制度是指对有毒化学物质的排放情况进行报告和登记，并将相关数据向社会公布的一项环境管理制度。美国国会1986年通过的《应急预案和公众知情权法》首创了该项制度。与传统命令控制型规制手段相比，TRI制度的实际运行有三个优势：④ 其一，政府的职能不再仅仅局限于制定和执行环境标准，而且向社会公开全方位的、充分的环境信息，为出台解决问题的合适方案奠定信息基础。其二，TRI制度创设了一种新的"环境标准"制定机制，即由知情的社会公众而非行政机关或其聘用的专家来决定可接受的风险水平。面对环境风险，公众可以采取更积极的"避害"行动，如限制污染企业进入特定居民区，作为消费者抵制污染企业的产品等。其三，TRI制度进一步促成环保团体和媒体对污染企业进行监督。环保团体和媒体以抓典型的方式聚焦于最严重的污染者，列出"黑名单"公开宣布，并进行道德谴责。由此，企业有压力主动采取环保措施减少污染以避免进入"黑名单"。综上可见，TRI制度的法律意义在于，企业减少污染的动力并非来自行政机关的处罚风险，而是

---

① Michael P. Vandenberght, "Private Environmental Governance", *Cornell L. Rev.*, Vol. 99, 2013–2014; Tracey M. Roberts, "Innovations in Governance: a Functional Typology of Private Governance Institutions", *Duke Envtl. L. & Pol'y F.*, Vol. 22, 2011–2012.

② 周卫：《环境规制与裁量理性》，厦门大学出版社2015年版，第25—26页。

③ 周莹、江华、张建民：《行业协会实施自愿性环境治理：温州案例研究》，《中国行政管理》2015年第3期。

④ 侯佳儒、林燕梅：《美国有毒物质排放清单制度的经验与启示》，《中国海洋大学学报》（社会科学版）2014年第1期。

将企业置于公众无所不在又持续不断的关注和监督之中,来自公众的压力迫使企业"自愿"地实现自我监督。

行政机关可以促进私人治理的运用,通过柔性方式引导、激励企业主动加强环境治理,提高环保效率,这是环境治理方式的重要变革方向之一。我国原环保部发布了多部"企业环境守法导则",譬如 2013 年的《印染企业环境守法导则》、2015 年的《制浆造纸企业环境守法导则》等。企业环境守法导则主要是关于企业环境守法的系统性知识,是环保部门利用专业知识和在执法过程中得到的信息制定的,提供给企业参考的一种指导性文件。① 从行政效力上讲,这类文件不具有法律强制力,但对企业的压力是毋庸置疑的,其能促使企业"自愿"地采取更为严格的环保措施。

第二节 环境合作治理的失灵

诚如鲍勃·杰索普所言,"失灵乃是日常生活的属性,且不可避免地充满偶然性"②。治理机制的失灵可以分为两个层面,一是治理模式的普遍失灵,二是治理机制在特定场合的偶然失灵。譬如,在公共物品的提供方面,市场机制就存在普遍的失灵。而对于一般的私人物品供应,政府公权力机制也是普遍失灵。当然,市场机制和政府机制在某些特定情况下都会出现偶然的失灵。合作治理机制同样存在上述两个层面的失灵现象。在应对各类风险,包括环境风险时,合作治理具有其他机制所不具备的优势,但失灵现象同样需要认真对待,并尽量加以克服。合作治理的失灵现象在环境治理中往往表现得更为明显、更为严重。偶然失灵一般发生在具体个案中,笔者暂不做案例研究。目前主要从普遍失灵和根源上进行解析。

一 环境合作治理失灵的具体表现

(一)合作治理价值理念的冲突

风险社会时代,多元的利益主体必然伴随着多元的价值理念和追求,

---

① 邓可祝:《环境合作治理视角下的守法导则研究》,《郑州大学学报》(哲学社会科学版)2016 年第 2 期。

② [英]鲍勃·杰索普:《治理与元治理:必要的反思性、必要的多样性和必要的反讽性》,程浩译,《国外理论动态》2014 年第 5 期。

当然，防控风险、保障安全是共通的目标。合作治理提倡多元主体协商合作，希望这些不同的利益方能够摒弃差异，相互信任，以寻求共同的目标和解决问题之道。然而，现实并不总尽如人意，价值诉求的多重选择成为合作治理的第一只"拦路虎"。一方面，效率是合作治理所追求的首要目标。面对复杂、不可知的环境风险，政府和市场力有不逮，需要政府机构、市场主体和社会主体等多元主体合作共治以达到有效防控风险的目标。但在追求效率的同时，公平如何保障又成为一个难题。传统上，公共事务由政府专职负责，社会主体也只能在政府授权范围内提供部分公共产品。同时，企业等市场主体产生的环境问题属于公共劣品，企业自身没有自我克服的动力。合作治理将部分公共职能转移给社会主体和市场主体，可能引发公众的质疑。原因在于，合作治理模式可能导致责任模糊，当治理方案失效时，哪一方应当负责没有明确。另一方面，合作治理注重各方之间相互合作、沟通协调、求同存异。但实践中，各方往往存在剧烈的冲突和不可调和的矛盾。一味地协商可能忽视环境风险治理的紧迫性，丧失了及时采取措施的机会。斯图尔特认为，环保机关在做出决策前要进行成本效益分析，但可能导致行政决定程序出现无法容忍的拖延并降低环境保护的效率。同时，多元参与机制可能会产生规则漏洞，进而影响环境规则的公平性及权威，以及在公众中的公信力。[①]

（二）合作治理能力的欠缺

一方面，当市场机制和政府机制都面临"失灵"困境时，合作治理模式看重的是社会主体在民间社会的广泛影响力和亲和力，寄希望于社会主体能够承担起前两者都无力缓解的环境风险难题，寻求一条有效实现环境公共利益的途径。但不可否认的是，社会主体自身也并非尽善尽美，"自治失灵"现象也是存在的。社会主体自身的缺陷主要表现为可调动的资源有限、执行能力较弱、组织不够严密、利益诉求有较为狭隘的倾向等。因此，在某些特定情境下，社会主体治理能力有明显不足。另一方面，合作治理也被称为多中心治理，因此，治理过程中哪些主体居于"主导地位"，哪些主体居于"参与地位"是未明确的，其注重"多中心"形式，各利益方"平等参与"形成"伙伴关系"。事实上，"多中

[①] [美]理查德·B.斯图尔特：《环境规制的新时代》，载王慧编译《美国环境法的改革——规制效率与有效执行》，法律出版社2016年版，第2页。

心"可能也意味着无中心，没有最终确定公共利益方向目标的权威力量，进而削弱了各利益方达成共识和共同采取行动的能力。正如有学者所言，在合作治理模式下，"如果缺乏有效的整合机制与制度设计，公共治理不但不会显现三方的比较优势，实现系统最优化效应，反而会导致三者治理劣势的叠加，出现更大的治理失败局面"①。

（三）合作治理行为选择的悖论

鲍勃·杰索普认为，政府规制本质上是实质理性，市场运行属于程序理性，而治理以反思理性为基础。② 合作治理注重自组织的反思性，其优越性在于可以克服传统规制模式的缺点，从而达到更优的社会治理效果。但反思理性同样存在诸多问题，尤其是在行为选择上有着难以根除的悖论。

在具体机制方面，存在悖论的两难问题主要有三个方面。

1. 合作与竞争。人类社会是在竞争与合作的不稳定状态下呈螺旋式发展、上升的。市场经济条件下，竞争是发展的动力，但无规则的、无秩序的竞争反而是有害的，竞争需要以合作为基础，以共赢为目标。一方面，要保持竞争的活力和动力，激发各利益方解决问题的创造性，激发各利益方相互学习的能力，增强社会公众在风险社会的适应力；另一方面，合作治理要保证处于竞争关系的各利益方遵守商谈达成的协议，维护人际间的信任，坦诚交往以减少"噪声干扰"，对破坏合作基础的短期、利己的机会主义行为进行"负面协调"。

2. 开放与封闭。需要应对的风险复杂纷繁且涉及主体变化无常，合作治理既要考虑到解决方法和参与主体的开放性，同时又要考虑机制和制度有效性必备的一定程度的封闭性，以免陷于拖沓、冗长。封闭性可能导致某些对风险治理没有任何助益的主体、机制锁定其中，难以剔除有效的整体制度架构，或者妨碍新的主体、新的方案进入。反过来，无限度的开放性可能会产生过多主体参与而难以形成长期有效方案的后果，各利益方往往处于变动无常的状态，为了私益会助长机会主义行为。

3. 稳定与灵活。合作治理的自组织形式可以设计长期的、稳定的、宏观的战略性导向（自生自发的市场机制不具备的优势），同时保有灵活

---

① 谭英俊：《公共事务合作治理模式：反思与探索》，《贵州社会科学》2009年第3期。
② ［英］鲍勃·杰索普：《治理的兴起及其失败的风险：以经济发展为例的论述》，漆燕译，《国际社会科学杂志》（中文版）1999年第1期。

应对的特性（照章办事的科层机制不具备的优势）。但实际运行中，长期稳定和灵活应对两者的特性可能表现出不一致的状况。风险是复杂的，利益也是多元的，制定针对性的规则是否可以适应，抑或维持较为广泛的行动规划和战略选择即可；是要推广在某些领域已成功实施的"最佳做法"，还是避免"套牢"在既定的程序规程中。①

在环境合作治理中，各利益方都会充分参与治理过程，就自身的利益最大化作理性选择，提出有利于自己的意见和建议，争取对自身最有利的方案。当不同利益方出现矛盾和分歧时，各方一般会固守自己的偏好，难以妥协。而合作治理的关键一点就是各利益方在协商谈判过程中要相互让步，达成谅解，最终形成各方都能普遍接受的治理方案。固守偏好与让步妥协两者间的博弈可能导致环境风险治理决策过程陷入漫长的纷争之中，难以完成各方认可的既定治理目标。

（四）合作治理正当性的争议

在公共行政领域，行政决定的正当性备受关注。公民共和主义认为行政决定的正当性源于居于中立地位的专家以公共利益为导向的审议，而利益代表模式的正当性源于不同利益方影响行政决策过程的能力，当然，两者的正当性都受司法审查机制的保障。② 合作治理模式能否代替专家审议模式或利益代表模式很大程度上也取决于其正当性，但目前对此争议很大。公共服务的广泛性、风险规制的不可预知性已经让立法机关没有足够能力应对，赋予行政机关裁量权成为一种不可阻挡的趋势，合作治理机制进一步拓宽了行政裁量权的范围。譬如，环保行政机关与企业就污染物排放控制订立特定化的协议，协议内容在某些方面可能超出法律的具体条款。另外，环保行政机关与企业、社会团体共同协商，共同推出环境治理的方案，行政机关实际上间接授权社会团体及企业做出行政决定。上述种种都关系到合作治理的合法性、正当性问题。

合作治理对公共伦理的挑战是巨大的，合作治理可能阻碍或侵害公共利益，因为合作治理中的参与主体都可能成为被"俘虏"的对象。合作过程中，行政机关将部分行政权力授予市场主体和社会主体，而掌握权力

---

① ［英］鲍勃·杰索普：《治理的兴起及其失败的风险：以经济发展为例的论述》，漆燕译，《国际社会科学杂志》（中文版）1999 年第 1 期。
② ［美］朱迪·弗里曼：《合作治理与新行政法》，毕洪海、陈标冲译，商务印书馆 2010 年版，第 112—113 页。

者均可能成为寻租的指向目标。在协商谈判中，拥有丰富资源作为后盾的大企业、行业组织，以及强势的环保公益团体都会诱惑参与主体（包括具体参与人员）。这个过程最终可能导致较大范围的环境公共利益被忽视、放弃，环境治理方案变成有能力的集团之间相互博弈的牺牲品。为了解决这个问题，有学者建议对合作治理中的公共利益做出法律上的界定，明确维护公共利益的方法，设定维护公共利益的程序。① 但公共利益本身就是模糊的。

进一步发展政府机关、市场主体和社会主体的合作"共生"关系可能侵蚀三者之间相互的独立性。主要有四种情形：其一，政府过于依靠市场主体和社会主体，没有有效承担提供公共服务的基本职能而损害公共利益。其二，政府对社会主体进行过度干涉、管制，甚至按照政府机构的组织原则进行改组。其三，资源匮乏的社会主体从政府那获得运行资金，失去独立性，只能由政府授权活动。② 其四，市场主体占据了提供公共服务的位置，但却以此来获取不正当的私益。因此，公众有理由怀疑合作治理是否有利于最大的公益，是否是公平的、正当的。

（五）合作治理责任机制的模糊

合作治理过程中，公私主体之间的权力分配与责任承担是一项难以彻底明晰的议题。合作治理中各参与主体的具体职责根据特定事项作灵活安排，依仗的是各主体间相互渗透的交往属性，事先并无规则明确的权力界限。相应的，如何划定各主体之间的责任成为一个棘手的问题。首先是责任承担者，具体由哪一方主体来承担责任，还是所有合作的参与方共担责任？对此，学者们认为，"在没有责任归属的强制性制度保障前提下强调公共部门与私人部门责任的共担，实质上却隐蔽了有关责任的分担归属，内在危险便是增大了责任推卸的可能性，为多元公共治理主体相互推诿、转嫁责任提供了可操作的实践空间"③，最终结果可能是"责任共担"沦为"无人负责"。④ 其次是责任形式，如果合作参与方共担责任，因为行

---

① 关保英：《论行政合作治理中公共利益的维护》，《政治与法律》2016年第8期。
② 夏志强、付亚南：《公共服务多元主体合作供给模式的缺陷与治理》，《上海行政学院学报》2013年第4期。
③ 谭英俊：《公共事务合作治理模式：反思与探索》，《贵州社会科学》2009年第3期。
④ 夏志强、付亚南：《公共服务多元主体合作供给模式的缺陷与治理》，《上海行政学院学报》2013年第4期。

政法上各方的主体资格不同,责任形式也有不同,行政责任、民事责任抑或其他新型责任形式?再次是责任追究方式,行政复议还是行政诉讼?事实上,合作治理大多采取柔性手段,如行政指导、行政契约、自愿规制等,传统行政模式下的责任追究方式不再适用。行政复议和行政诉讼以行政管理和被管理为法律基础,而合作治理形成的伙伴关系并非纯粹的管理关系,以往的救济方式存在很多理论空白。① 最后还有责任范围,治理方案对各合作参与方会产生什么样的法律效果?应当在多大范围内承担责任?上述种种责任机制的疑问始终伴随着合作治理的全过程。

(六)合作治理效果评估的差异

对合作治理的实施效果进行评估是必不可少的一个阶段,但多元化的参与主体对实施效果有着不同的直面观感和量化标准,差异明显,评估的困难度极高。首先,合作治理的适用范围问题。从效果预估的角度而言,政府机关认为某些具有紧急性的、需要集中力量应对的环境风险不适合于合作治理。但社会公众可能并不赞同此类想法,他们认为适合合作治理的事项若由政府独断难以回应公众需求,效果肯定不佳。当然,合作后的实际效果也可能延误时机,导致环境风险扩散。其次,如何协调公众和专家对治理效果的不同评估结果?在防控环境风险方面,"公共性"和"专业性"之间往往会产生冲突。② 公众的认知主要源于安全本能意识,他们一般会要求绝对化的"零风险",反之,专家基于科学依据一般只要求达到相对安全即可。因此,对于环境风险合作治理的效果,公众满意度都会打很大的折扣,专家的评估则较为客观,但经常面临公众的质疑。最后,合作治理的高成本、低效率与环境风险治理所要求的快速、高效存在着内在的张力。多元主体的合作参与必然面临着效率低下的问题,不同主体之间的谈判都是基于信息不对称而展开的,从某种意义上说,达成契约实际上是信息的交易。参与主体数量越多,信息不对称的概率越大,当然沟通难度也越大。"多元主体就同一问题达成一致意见的周期变长,还必然带来决策成本的增加。""制约过多、优先秩序混乱、行动迟缓。"③ 此外,合

---

① 操小娟:《合作治理的法律困境和出路》,《武汉大学学报》(哲学社会科学版)2008年第2期。

② 陈剩勇、赵光勇:《"参与式治理"研究述评》,《教学与研究》2009年第8期。

③ 夏志强、付亚南:《公共服务多元主体合作供给模式的缺陷与治理》,《上海行政学院学报》2013年第4期。

作主体为了自身利益往往可能成为机会主义者，其具体行为会偏离治理目标，而纠偏行为也需要大量的成本和时间。

二 环境合作治理失灵的根源

鲍勃·杰索普认为，市场机制属于形式化的程序理性，其优先目标是以经济手段追求利润最大化。政府调控机制则属于实质合理，其优先追求明确、有效的政策目标。相较之下，治理以反思理性为基础，以反思性努力克服有限理性、机会主义及资本特殊性的负面影响。因此，他进一步提出，市场机制和政府机制是否失灵可以通过对理性标准的分析来加以判断。市场机制属于程序理性，虽然一般按"事先给定的形式上的最大值或参照系"来判断成功与否，但同样可以依据实质的（即政治的）标准来判定市场机制是否失灵，例如市场竞争机会分配不均等。同样，政府调控虽然"有事先给定的实质性标准——实现特定的政治目标"来判定成败，但也可以依据市场形式的（即经济的）标准来判定政府机制是否失灵，例如公共消费品市场的产品价高质劣且供过于求。与上述两种机制不同，判断合作治理成败的标准并不是明确的。合作治理的终极目标在于解决问题，而具体的解决方案要通过协商和反思加以调整。"就这个意义而言，治理的失败可以理解为是由于有关各方对原定目标是否仍然有效发生争议而又未能重新界定目标所致。"① 环境合作治理失灵最直观的表现即是通过合作治理，环境风险没有得到有效的预防和控制，甚至反而产生新的风险。

鲍勃·杰索普认为合作治理失灵的原因主要有三个方面。第一，合作治理失灵的根源在于资本主义本质——力求达到"市场化组织形式与非市场化组织形式"之间的矛盾平衡。合作治理意欲形成伙伴关系的对称性，但在市场化的资本—劳动关系中，在经济与非经济条件相互依赖的形式中，结构存在显著的不对称。第二，合作治理失灵的另一个原因是，参与主体过度地依靠政府，因为政府可以为其提供持续的制度支持和物质来源。但不同的调整模式是有相对封闭性的，具体包括三个方面：（1）合作治理机制和政府调控机制发生效果的标准是不同的，其中一个标准的成

---

① ［英］鲍勃·杰索普：《治理的兴起及其失败的风险：以经济发展为例的论述》，漆蕪译，《国际社会科学杂志》（中文版）1999年第1期。

功与否往往取决于其他标准发生的状态。（2）不同的机制发生效果的时间也不一样。政府调控力求迅速解决问题，而合作治理要将长期决策与短期政治意图分离，避免决策受到时效性的影响。（3）政府一般会以某种机制在多元社会中保障社会团结的能力来评估其有效性，并且保留对机制启动、关闭、调整和另行建制的权力。第三，合作治理失灵的原因还在于作为反思性自组织的自身特性。具体包括四个方面：（1）对治理事项的实际状况过分简化，对涉及治理事项的因果关系认识不足。尤其是当治理事项有着"内在的无结构而复杂的系统"时，失灵的情况更为常见。（2）在涉及合作治理的人际、组织间和系统间的层面上都存在协调问题。这三个层面是相互关联的——组织间的协商以人际的信任为基础，系统间的协调则要在组织间和人际相互沟通。（3）"可治理性"问题，虽然合作治理具有众多优势，但所涉事项并非都是可以适用合作治理机制。（4）政府权力下放后做出决策所引发的诸多问题，包括责任承担、不同机制的协调等，难以有效解决。①

我国学者结合中国实际情况，从合作环境、合作主体和合作网络三个维度出发，分析了合作治理失灵的生成逻辑。环境风险方面合作治理失灵的原因大致上也是如此。第一，合作环境方面，大量公共事务不断涌现，同时，公众之间的信任度却不断下降，合作治理没有足够的能力应对纷繁复杂的社会环境。（1）当前，我国需要处理众多公共事务——维护社会稳定、促进经济发展、改善民生、保障社会公平、加强环保、平衡收入差距等，同时伴随着社会结构分化、人员流动加速、利益多元化趋势加剧、矛盾交织等转型问题。因此，合作治理面临的挑战前所未有，难度不断提升，尤其在我国合作治理机制尚未完全成熟的情况下更增添了治理失灵的变量因素。（2）合作治理的协商谈判过程需要基于参与主体之间的相互信任，但当前我国社会诚信普遍缺失，公众相互间的信任度不断下降，呈现出"陌生化""利益化""冷漠化"的特点。因此，合作治理的展开缺乏民意基础和社会认同，削弱了其实际运行效果。第二，合作主体方面，合作治理的失灵往往受到主体有限理性行为选择，以及不同主体之间治理能力差异的影响。（1）合作主体的行为选择是有限理性支配的。在社会

---

① ［英］鲍勃·杰索普：《治理与元治理：必要的反思性、必要的多样性和必要的反讽性》，程浩译，《国外理论动态》2014年第5期。

信任度下降的环境下,各利益方即便认同合作价值,仍然会倾向于选择单方面自身利益最大化的行动策略。一类是机会主义行为,某些参与方会试图钻合作治理的空子,产生"搭便车"行为;另一类是不合作行为,当参与方自己觉得利益得不到保障,甚至受到损害时,便不会继续参与合作,而是转入对抗性的博弈状态,最终使得合作治理走向破产。(2)长期以来,我们国家的政府力量一直处于主导地位,市场主体和社会主体相对次要,目前仍然很大程度上依附于政府力量,其独立性仍需进一步拓展。从治理能力上看,政府掌握较为丰富的资源,拥有集中力量办大事的强能力,反之,企业、社会组织和公民等主体整合资源的能力较弱,治理社会公共事务心有余而力不足,这增加了合作治理失灵的概率。第三,合作网络方面,治理规则未形成相对成熟、固定的体系,而且治理网络存在众多的内在价值矛盾。(1)我国传统法律规则的运行本已存在诸多问题,有法不依、执法不严等现象虽有改善,但仍较为严重。而合作治理机制本身又是对传统法律规则体系的突破,在权力划分、监督执行、责任承担等方面,合作治理规则均较为欠缺。制度的欠缺又使得合作治理只能依靠政府权威的引导,难免又会走入人治的路径依赖。(2)合作过程中,参与的各利益方往往会陷入一系列两难的抉择之中——如何既保证治理过程的稳定性又对新的主体参与进来持开放姿态,如何逐步让合作治理规范化、制度化、法治化又让其保有应对新风险、新问题的灵活性,如何让参与主体的力量处于相对均衡状态同时又维持治理目标的公益性,等等。[①]

[①] 姜庆志:《我国社会治理中的合作失灵及其矫正》,《福建行政学院学报》2015年第5期。

第四章

环境治理行政权力内外联结中的难解之困

第一节 环境风险治理中专家知识与公众认知的分歧

一 风险预防原则适用的现实障碍

（一）风险规制对行政权力的特殊影响

当代风险社会及风险规制的特殊性对行政权力的配置和运作产生了深刻的影响。（1）风险治理公共行政组织的多样化。对风险的认知及治理涉及最新自然科学技术及社会科学成果的应用，相关公共行政组织自身力量有限，往往会引入咨询专家。同时，为了预防专家被受规制者"俘获"，公众参与成为广泛的共识。因此，专家和公众进入了传统上由行政机关独占的公共行政领域。国际层面，风险的全球化推动国际组织、跨国非政府组织也深度介入风险治理的过程，并承担起相应的责任。但在制度层面，政府机关、非政府组织、国际组织等不同公共行政组织以及咨询专家、社会公众等参与主体在风险治理中的权利（包括权力）和职责均未明确。这些变化，都需要发展传统的行政组织法以具体明确各类主体的权责界限。（2）风险治理公共行政行为及程序的变迁。受规制者、专家、一般公众、非政府组织、国际组织等多元主体的参与，超出了传统局限于行政机关行政行为和行政程序的理论。这些变迁需要传统的行政行为法和行政程序法予以回应。（3）风险治理公共行政的司法审查面临复杂局面。公共行政主体的扩大化和行政行为形式的变化对司法审查范围（行政诉讼受案范围）提出了新的要求。而行政行为法和行政程序法的发展，也意味着司法审查标准的发展。①

---

① 金自宁：《风险中的行政法》，法律出版社2014年版，第4—7页。

尽管风险治理的过程充满不确定性，但公共行政组织还是必须做出决策，给出拟议行动的假定。面对某一风险，不管现存认知结果如何，治理机构都必须进行分析，而且一般都以高度简化的分析结论为决策根据。风险的治理过程会带来大量的困扰，如知识的欠缺、预判没有确切根据以及沟通上的困难。首先是所要治理的风险的选择，对于哪些风险需要治理，治理机构往往本着"宁可失之谨慎"的原则，当公众声称某物质有危险时，规制机构很难不加以回应。因此风险是否纳入治理范围有时出于政治的、舆论的原因而非科学上的选择，专家的意见只能作为治理的参考依据。然后，具体到每一个选定的风险治理项目，也存在重重困难。如果初步结论确定某一风险是"已知"或"可疑"的，那么接下来就要考虑治理该项风险的一系列问题：（1）治理该项风险需要多大的成本？（2）治理该项风险是否会失去什么利益？该利益与成本比较如何？（3）消除这项风险是否会带来其他显著的风险？（4）治理风险的措施实际执行情况如何？

在每个风险项目之内，在每个治理机构之内存在着差异；在不同的风险项目之间，在不同的治理机构之间也存在着差异。（1）治理机构可能运用不同的方法来评估风险治理的成本和收益。例如，治理机构赋予拯救一条统计学意义上的生命的价值，却存在相当的变数，会因风险项目或治理机构的不同而迥异。（2）不同风险治理项目之间的冲突及协调问题。特定的治理机构一般会专注于其负责的项目，无意识中会忽略其在治理该项目时可能给另一个风险项目的安全或环境带来的影响。（3）或许是最为重要的，对小风险的治理可能会产生意想不到的后果，它给公众健康造成的损害超过它欲预防的风险，因为风险评估可能会遗漏与治理相抵消的破坏性因素。结果正如史蒂芬·布雷耶所言，"当规制针对的是较大的风险时，这些较小的事与愿违是无关紧要的；然而当规制针对的是微小的风险时，这些较小的负面影响所产生的折抵结果，意味着一个成本高昂的标准"[①]。

行政机关的风险治理行为本身也可能成为风险的来源。很多情形下，风险治理中错误决定的后果是如此严重，以至于行政机关根本无力对其负

[①] ［美］史蒂芬·布雷耶：《打破恶性循环：政府如何有效规制风险》，宋华琳译，法律出版社 2009 年版，第 33 页。

责。这种现象可以归入贝克所描述的"有组织的不负责任",即在当代社会中,各类风险造成的潜在和显在破坏日趋严重,却没有人或组织可以对此负责。[①] 与此同时,严格的司法审查已迫使行政机关为了适用复杂、耗时的程序而制定和改变规则。其结果是行政机关要么尽量避免制定新规则,或者规则一旦通过,就不轻易改变。因此,行政机关的运行规则一旦存在就会出现固化现象,不容易因社会情势的变化而变化。

(二) 风险预防原则的现实困境

风险的不确定性是考验公共行政组织的最大问题。在既不能证实也不能证否风险之确定存在的情境下,规制机关的应对往往陷入两难境地。因此,国际环境法领域率先发展出风险预防原则(Precautionary Principle),尽管该原则仍存在较大争议,尤其在与传统行政法治理念关系方面。

根据行政法的法律保留原则,约束私人主体财产和自由的行政行为,都必须获得法律的明确授权。针对因果关系尚未明确、出现时间相距较长、危害影响范围和程度难以预测、难以逆转的风险,风险预防原则要求相关部门采取合理、谨慎的预防措施。但是,风险的特点决定了立法机关根本不可能在制定法律时预先确定采取预防措施的适用条件,也不可能预先确定行政机关可以采取哪种预防措施。结果就是,风险预防原则赋予了行政机关极大的自由裁量权,但同时也增加了行政机关的压力。一方面,行政机关若采取行动,可能因为高估风险而犯了"过度规制"的错误,对私人权利造成不当的侵害;另一方面,行政机关若不采取行动,可能因为低估风险而犯了"规制不足"的错误,从而没有为公众提供充分的安全保障。从传统的行政法治角度看,政府规制不足或规制过度的问题就是行政行为缺乏合法性。政府"规制不足",就是行政不作为,没有依法保障社会公共利益或行政相对人的合法权益;而政府"过度规制",则侵害行政相对人的合法权益,破坏公共利益和公共秩序。这两类行为都不具有合法性。[②] 但在法无明确规则的情况下,行政机关的这类错误并没有违反明确的行政法律义务,不存在明确的法律依据,因此并不具备行政法一般意义上的"违法性""可责性"。在适用风险预防原则的情境下,行政机关处于极其尴尬的境地。其根本原因在于人类对风险的"无知",这类无

[①] 金自宁:《风险中的行政法》,法律出版社2014年版,第37—41页。

[②] 杨小敏、戚建刚:《风险最糟糕情景认知的角度》,载沈岿主编《风险规制与行政法新发展》,法律出版社2013年版,第47页。

知包括两类：第一类无知是信息不对称，行政机关对风险的认知囿于资源所限，往往不如受规制者或专业机构；第二类无知是作为整体的人类对超出现有科学水平和认知能力之外的事物的无知。①

在利益多元化的当代社会，社会规制的目标在于协调相互冲突的多元主体利益，以实现最大范围的公共利益最大化。但对于这一最终目标，各利益方的认识是不一致的。立法机关规则制定的长期化、稳定化及宏观化使其无法对各利益方的诉求及时做出反应，因此，赋予行政机关自由裁量权成为立法机关的理性选择策略，而行政自由裁量权一直都是争议颇大的法治议题。"专家"治理是早期各国行政机关支持行政自由裁量权的主要机制。其理由在于，专家可以为行政机关的决策提供专业知识，保证行政机关能够有效实现规制目标，而且规制的规则是公众能够理解并配合行政机关执行的。进入风险社会时代以后，专家治理也遭遇了多重质疑，尤其是面对社会公众的民意时。专家与公众的分歧是现代风险社会治理的一大难题。"所谓专家，主要是掌握某一方面的系统的风险知识，被训练成以定量方法来进行风险评估和管理的人。所谓公众，是代表自身利益参与风险规制过程的公民或非政府组织。"②

行政机关在评估环境风险对公众健康的影响，以及制定何种风险防控标准方面，均存在广泛的争议。主要的焦点集中在政府采取何种决策方式，一般有两种方式可供选择，一是依据专家提供的科学信息做出决策，二是通过民主程序依据公众的价值理念做出决策。第一种决策方式主张应当将专家建议和科学知识作为环境风险治理决策的主要依据，公众意见作为辅助考虑因素。主要运用科学技术分析、评估环境风险的危害后，再将公众的意见融入风险治理决策。第二种决策方式主张应当将公众意见和民主价值作为环境风险治理决策的主要依据，专家的科学知识作为参考依据。其认为，科学的客观性、中立性是有局限的，是"给意识形态披上伪装斗篷"。而且，环境风险关系到公众的生命健康，因此环境风险评估及治理决策必须反映公众的价值需求，科学只能作为有限的决策参考工具。行政机关应当充分运用民主机制，发挥公众在环境风险治理中的主体

---

① 金自宁：《风险中的行政法》，法律出版社2014年版，第34—35页。
② 戚建刚：《风险规制过程的合法性》，载沈岿主编《风险规制与行政法新发展》，法律出版社2013年版，第81页。

性作用。① 英国学者伊丽莎白·费雪认为这是关于法律、公共行政和技术风险的共生关系的行政范式的争论。风险评估并非必须在科学和民主、专家和公众、技术专家治国与参与式民主之间进行二选一的选择，而是在两种不同的行政范式之间进行选择——"商谈—建构范式"和"理性—工具范式"。②

上述两种决策模式是基于两种不同的风险认知模式——公众模式和专家模式，这两种认知模式对风险的理解及用于评估风险的方法是不同的。公众模式认为当代社会的风险是由社会建构的，并不是客观存在。公众往往基于直觉和经验对外界风险进行判断和评估，而直觉和经验是人们规避危险的本能行为所形成的，其自然发生且迅速，有利于人们的自我安全防护。专家模式则认为风险是可评测的客观存在，它虽有社会定义的成分但并非纯粹的社会建构产物。专家以科学方法为基础，运用定量分析方法来客观地评估风险发生的概率、风险的危害后果以及防控措施，这种评估是理性的、有意识的反应。③ 也有学者将评估环境风险治理政策行政裁量的因素分为"技术合理性"和"文化合理性"，④ 其内容大体相似。从根源上讲，专家与公众的认知分歧是大众心理特性的直接反应。美国心理学家保罗·斯洛威克认为人们通过"情感启发"对特定的进程和产物做出情绪性的反应，而且"情感启发"决定了人们面对一项风险时的总的情绪态度，这就很大程度地影响人们关于风险和收益的判断。因此，公众对风险的反应是建立在风险后果的严重程度和想象程度上的，而不是基于对风险发生概率的估计，后者一般是专家判断的基础。⑤

在应对环境风险方面，美国和欧盟具备较为丰富的经验，其行政机关在决策时都特别强调风险评估与风险管理要适度分离，风险评估方面的科学事实问题由专家负责，而风险治理的措施则由公众决定。从理论上讲，

---

① [英] 伊丽莎白·费雪：《风险规制与行政宪政主义》，沈岿译，法律出版社2012年版，第14—15页。
② 同上书，第1—2页。
③ 戚建刚：《风险交流对专家与公众认知分裂的弥合》，载沈岿主编《风险规制与行政法新发展》，法律出版社2013年版，第195—197页。
④ 周卫：《环境规制与裁量理性》，厦门大学出版社2015年版，第59页。
⑤ [美] 凯斯·R. 孙斯坦：《风险与理性——安全、法律与环境》，师帅译，中国政法大学出版社2005年版，第53—56页。

这个方法是正确的,但现实中这仍然是一个悬而未决的问题——如何兼顾专家的专业知识与公众民意,两方在风险认知上可能大相径庭。因此,"最具合法性的状态就是同时应用两种范式"①。一方面,要确保风险治理的基本控制界限,维持环境行政机关的命令控制权,维系生态环境的基本平衡,这仍然以"理性—工具"范式为指导框架;另一方面,为了有效解决环境风险的不确定性,应该从广泛的层面引入商谈机制,全面地构建"商谈—建构"范式机制。

二 专家理性的局限、僵化及偏移

面对风险时,行政机关存在信息匮乏、资源有限等瓶颈,需要引入其他力量参与治理缓解困境,独立的专家成为行政机关的最佳选择。环境风险的治理需要收集多领域的数据,对实际问题作广泛的调研,对环境状况作持续的监控,这都需要涉及多学科的专业知识及技能,环保部门虽有一定力量,但仍显不足。因此,他们要依靠第三方或被管制主体提供的信息、知识。由专家来主导环境风险评估,一是可以缩小公众认知与环境风险危害后果之间的差距,二是可以限制行政自由裁量权,具有相对独立性的专家可以在一定意义上确保行政决策的中立性。②但专家模式也有一定的问题。

(一) 经济分析方法的局限

专家决策机制往往以经济分析作为制定实体性规则的依据。在应对环境风险方面,科学技术的主要作用是尽可能以最小的代价来最大限度地解决风险问题,如果可能,要将环境风险扼杀在萌芽状态。这是环境风险的特点所决定的,环境风险的危害后果往往非常严重,或不可逆转,即使能够治理也要花费巨大的成本且耗时漫长。因此,专家决策在科学知识的基础上往往会进行成本效益的经济分析,以期实现风险防控资源配置效率的最大化。

经济分析需要将环境风险进行量化分析,但量化过程经常会忽视微小

---

① [英] 伊丽莎白·费雪:《风险规制与行政宪政主义》,沈岿译,法律出版社2012年版,第358—359页。

② 张晏:《风险评估的适用与合法性问题——以环境标准的制定为中心》,载沈岿主编《风险规制与行政法新发展》,法律出版社2013年版,第150页。

变量的影响，从而产生"系统性偏见"。① 此外，某些利益或价值难以量化或者量化会引发争议，譬如人的健康与生命、优美的环境、愉悦的心情等，类似这些价值都无法通过市场价格机制来反应。政府决策需要在不同主体的不同利益选项中做出选择，公众的偏好是不能忽视的重要参考，甚至可以说是环境风险治理决策的核心问题。而经济分析的客观性无法准确反应社会公众的偏好问题。经济分析由专家开展，公众参与度低，因此，量化分析也没有体现民主价值。②

（二）最佳可得技术机制的僵化

在传统命令—控制型行政模式下，科学技术的最新发展成果是环境问题规制的导向性指标。基于此，很多国家的污染防治原先都采用最佳可得技术机制（Best Available Technology，BAT），譬如美国、欧盟等。一般认为，最佳可得技术机制是指"如果一个工业生产流程或者工业产品导致了诸多重大风险，只要这样做的成本不会导致该工厂或者产业关闭，相应的工厂或者产业就必须采用必要的可行技术消减或者排除风险"。③ 从决策及信息成本角度考虑，行政机关更愿意采用 BAT 的技术标准，与其他方法相比，BAT 更容易实施、监督。BAT 结合了科学的最新发展成果，强制排污者必须采用有利于清洁生产、环境友好型的最佳技术，从而达到控制风险之目的。但这种机制也存在多种缺陷：（1）BAT对排污者的规制过于僵化，法律规则对所有受规制者要求统一，限制了受规制者可自由选择的灵活空间，导致某些受规制者的守法成本急剧膨胀。BAT 忽视了不同排污者之间治理环境问题的成本差异，忽视了不同区域对污染治理效果的需求差异。统一的 BAT 往往浪费了大量的环境治理费用，造成社会成本和环境收益的失衡。④（2）BAT 的初始动机在于鼓励企业采用最新的工艺、技术，但实际效果却南辕北辙。在 BAT 机制引导下，排污企业只要保证其现有技术满足 BAT 规则的基本要求即可，没有动力去投入新型环

---

① ［美］理查德·B. 斯图尔特：《美国行政法的重构》，沈岿译，商务印书馆 2011 年版，第 51—57 页。

② 同上书，第 61 页。

③ ［美］布鲁斯·A. 阿克曼、理查德·B. 斯图尔特：《环境法的改革》，载王慧编译《美国环境法的改革——规制效率与有效执行》，法律出版社 2016 年版，第 179 页。

④ ［美］理查德·B. 斯图尔特：《环境规制的新时代》，载王慧编译《美国环境法的改革——规制效率与有效执行》，法律出版社 2016 年版，第 10 页。

保技术的研发，进一步的后果就是企业不能从技术创新中获益，新工艺、新技术、新产品的推广会遭遇很多阻碍，而原有企业仍旧依靠保守的"最佳技术"占有市场。从长远来看，不能促进社会整体的环境风险治理技术的提升和进步。（3）初步来看，BAT 能有效降低规制成本，但行政机关在决策过程中承担了大量的信息收集任务。同时，BAT 的"对抗式规则制定程序"和司法审查的频繁适用也耗费了行政机关大量的时间、财力成本。（4）BAT 一般针对的是目前科学已确定的、治理技术相对成熟的环境问题，而后果更为严重的环境风险可能因科学的不确定性而被无意忽视或有意回避了。事实上，未知的环境风险才应该是行政机关和专家重点关注的事项，BAT 无法适用于未知风险。①

（三）专家中立性的偏移

在应对环境风险方面，目前我们面临科学的不确定性、信息的不完整性、现实的迫切性、目标的差异性等困境，各领域的专家有着不同的专业擅长和不同的风险解读。因此，治理机构在进行风险评估时不得不基于假设和估计而做出某些推论。专家决策模式的正当性来自专家的独立性和客观性，以及由此衍生出的公信力。② 正常情况下，专家在评估风险、做出决策时，应当做到不受其他力量所控制，既包括特定利益集团力量，也包括社会公众的恐慌情绪、舆论压力，从而才能够做出独立、客观的风险评估结论。③ 但理想中中立的专家并非没有偏见，客观的科学研究可能出现错误，风险评估的结论可能是相对模糊的，或者有数个可能的结果，在这些可能的结果中做出选择本身就是一个政治或价值判断的过程。其一，专家的选任是由环保机关、相关企业及其行业组织、公益环保团体、利益受影响的公众等共同完成，其中行政机关的权力较为突出，行业组织影响力较大，可能都会对专家的中立性产生不良影响。其二，在做出决策的过程中，行政机关和专家都需要掌握大量的环境信息，这其中很多信息来自受

---

① ［美］布鲁斯·A. 阿克曼、理查德·B. 斯图尔特：《环境法的改革》，载王慧编译《美国环境法的改革——规制效率与有效执行》，法律出版社 2016 年版，第 180—181 页。

② 张晏：《风险评估的适用与合法性问题——以环境标准的制定为中心》，载沈岿主编《风险规制与行政法新发展》，法律出版社 2013 年版，第 158—159 页。

③ 戚建刚：《风险规制过程的合法性》，载沈岿主编《风险规制与行政法新发展》，法律出版社 2013 年版，第 96 页。

规制的企业，企业所提供的的信息必然是有选择性披露的。① 其三，同行评议制度同样处于封闭的专家系统中，社会公众很难对评议结果产生实质性影响。②

三 公众认知的依赖、"锚定"及感性

公众对环境风险的认知主要表现为几个方面的特点，且都有一定的问题。③

（一）依赖经验规则

经验规则的正式称谓是"启发性的装置"，也有的称为"可得性启发"，一般是指"人们依赖于容易想到的实例或相关性来评估风险的程度"。公众对环境风险的关注度往往受到实例显著性的影响，这就是行为经济学所谓的"可得性启发"。当公众对环境风险认知处于迷茫状态时，没有确切的主流方向，公众会对许多事项进行根本性的简化，创设"二进位制选择"——有或无。因此，如果公众首先想到的环境问题实例与环境风险的真实特点不符时，"可得性启发"就会形成认知偏见，导致公众对环境风险危害后果的评判出现偏差。④

（二）关注特别的环境事件

根据上文所述的"可得性启发"，公众对引起轰动效应的环境事件关注度更高，并认为此类事件具有特别意义。当代社会，不管是传统的大众媒体，还是新兴的自媒体，都会对社会公众的情绪、认知、反应产生重大影响。但是，媒体信息并非总是客观的，媒体既可能强化有引导性的信息，也可能会过滤掉不符合其导向的信息，尤其是媒体为了追求新闻的轰动效应，往往关注的是环境"风险事件"，而非环境风险问题本身。⑤ 环境风险背景下，环境话语权力主导着环境治理的走向，从而决定利益的最

---

① 张晏：《风险评估的适用与合法性问题——以环境标准的制定为中心》，载沈岿主编《风险规制与行政法新发展》，法律出版社2013年版，第158—159页。

② 同上书，第168—171页。

③ ［美］史蒂芬·布雷耶：《打破恶性循环：政府如何有效规制风险》，宋华琳译，法律出版社2009年版，第45—47页。

④ 金自宁：《风险中的行政法》，法律出版社2014年版，第5页。

⑤ 同上书，第104页。

终分配结果，各类大众传媒是各利益主体争夺话语权力的基本场域。①

（三）公众认知的"锚定效应"

所谓"锚定效应"，一般是指当某个人对某种事项的认知、观感、想法一旦确立以后，就会形成一定的思维定式，占据思想中的主导地位，很难再发生变化，即使外界对其施加影响，也很难改变。而且，公众对涉及切身利益的事项更容易形成先入之见，他们会选择性地接收有助于强化其思想的信息，有意忽略或过滤掉不同于其想法的信息。② 基于保护自身生命、健康的动机，公众对环境风险的危害极为敏感。如果从某种来源途径获知环境致害源可能会对人类产生危害，公众头脑中马上就会形成这样一种意识——必须根除、杜绝此种致害源。即使以后的科学证据证明此类危害过于夸大，甚至是虚构的，也难以从根本上转变公众之前已形成的想法。尤其当媒体报道了特定的环境事件后，公众的"可得性启发"和"锚定效应"会发生叠加作用，任何专家的科学知识都难以再撼动公众的思想了。

（四）对专业机构信任度降低

一方面，受自身利益、媒体信息、大众心理等的影响，公众对环境风险的认知不再局限于专业机构的科学信息；另一方面，专业机构自身的中立性、客观性也受到公众的质疑。因此，公众对政府机关、专家及其所属机构、学术机构等日益表现出不信任的态度，环境治理中各方利益的弥合更为艰难。

（五）行为人的有限理性

传统经济学假设每个人都是理性经济人，对自己的行为选择是基于理性思考后做出的策略性选择。但现实并非总是如此，假定中的"完全理性"几乎是不存在的，现实中的行为人往往表现出有限理性。从人类整体而言，认知能力仍然是有限的，很多自然界自身的风险及人类活动的风险目前并不为我们所知。对个体的人而言，认知能力更是受到诸多因素的限制，包括信息来源、信息成本、个体能力、时间因素、外界压力、舆论导向等。因此，无论是人类社会、社会群体，抑或个体成员，其实际的行

---

① 沈承诚：《论环境话语权力的运行机理及场域》，《学术界》2014年第8期。
② 金自宁：《风险规制的信息交流及其制度建构》，载沈岿主编《风险规制与行政法新发展》，法律出版社2013年版，第183页。

为选择往往与理性结果相背离。具体表现出来的形式就是人并非总是自利的，某些情境下也会顾及他人的利益，甚至可以牺牲自己的利益。

（六）公众的优先次序选择

正是基于上述原因，公众一般都会高估低风险发生的盖然性，在环境风险领域尤其如此。因此，社会公众对不同类型环境风险的治理顺序、对某种安全优先考虑的顺序，往往与行政机关、专家的意见大相径庭。在民主国家，作为选民的公众处于更为优势的政治位置，结果就是，"规制机构的优先次序和议程设定，并非由环境专家审慎创设，其最直接反映的可能是公众的排序、政治、历史或偶然"[1]。但以公众意愿为主要依据的风险治理次序可能并非最优结果。

四 分歧引发的决策困境

在现代风险社会的情境下，公众与专家对风险的认知存在很大差异，因此，风险规制过程是行政机关（包括专家）和公众进行协商、选择的过程以及行政机关进行决策反思、调整的过程，实际上这个应该称为风险治理过程更为恰当。有学者认为这是"众意"（公众与专家的偏好与事实）向"公意"转变的过程。[2] 在环境风险认知和危害预估方面，公众与专家存在持续的矛盾，行政机关的决策经常面临诸多质疑和考验。在专家的心目中，公众对环境风险的认知是粗浅的、表面的、直觉式的，不是真正地了解风险特性及其危害，某种程度上说公众对风险是"无知"的。实际上，现代科学领域高度分工，即使是专家一般也限于特定的专业领域。专家所擅长专业领域以外的知识，对其而言与对一般公众而言毫无二致。而且，当代环境风险充斥着未知因素，受现有科学技术水平所限，本领域专家与一般公众一样，也可能是"无知"的。

专家与公众对环境风险认知的分歧非常显著。专家认为社会公众对环境风险认知不足或有误，因此风险治理措施应当遵照科学知识而不能依据公众诉求。反之，社会公众对行政机关、专家的信任度日益降低，尤其是在民粹主义盛行的当今社会。社会公众认为，环境风险治理措施最重要的

---

[1] ［美］史蒂芬·布雷耶：《打破恶性循环：政府如何有效规制风险》，宋华琳译，法律出版社2009年版，第27页。

[2] 戚建刚：《风险规制过程的合法性》，载沈岿主编《风险规制与行政法新发展》，法律出版社2013年版，第80—81页。

是满足他们的安全诉求，消除公众心理上的担忧，保障公众的生命、健康免受环境风险的危害，从根本上消除风险隐患。至于技术专家们的考虑因素，包括成本、技术可行性等，则并非是主要的，公众的直觉诉求才应当作为环境治理决策的基本依据。①

公众与专家对环境风险认知的分歧对环境风险治理的决策产生了深刻的影响。一方面，行政机关依据专家提供的科学知识所做的行政决策难以获得社会公众的认可，推行过程中不但得不到支持，还可能遭遇强烈的反对而被迫停止实施。如果公众的利益诉求没有得到充分保障，则其反应可能更为激烈。另一方面，如果完全以公众的诉求为治理导向，则治理机关存在"理性化严重不足"②，"行政措施无法真正地确定风险规制的优先顺序，从而无法实现有限资源的最佳配置"③，往往造成大量资源的浪费。

第二节 环境合作治理责任机制的缺失

一 私人主体公共职能责任的空白

自从行政规制引入私人主体之后，无论是公共企业的民营化、公共服务的外包，还是行政契约，如何确保其合法性、规范性、公平性及责任性，如何将行政法的法律价值要求适用于履行公共职能的私人主体，这些都是引起广泛争议的行政法议题。有别于传统命令—控制型模式下行政机关独断专责的特性，在合作治理模式下，多元主体共同参与环境风险治理的决策过程，共同发挥作用，环境治理方案不再由行政机关单独决定，私人主体（包括市场主体和社会主体）也具有了决定权。私人主体承担起传统由行政机关负责的公共职能，引发了人们对责任机制的关注。行政机关的法律责任在传统行政法中已有较为成熟的体系，但私人主体在公共职能中的法律责任却是空白，尚未形成完整体系。

---

① 戚建刚：《风险交流对专家与公众认知分裂的弥合》，载沈岿主编《风险规制与行政法新发展》，法律出版社2013年版，第201—205页。
② 戚建刚：《风险规制过程的合法性》，载沈岿主编《风险规制与行政法新发展》，法律出版社2013年版，第92页。
③ 戚建刚：《风险交流对专家与公众认知分裂的弥合》，载沈岿主编《风险规制与行政法新发展》，法律出版社2013年版，第201—205页。

合作治理赋予了私人主体广泛的权力,司法机关对此非常警惕。主要是因为"担心私人主体的反竞争行为以及私人主体之间的自我交易"①,而对私人主体的公共职能行为是否可以进行传统行政法意义上的司法审查仍存有诸多疑问。典型的譬如环境保护领域的私人治理、自我管制,排污者为了获得政府的优惠措施和博取消费者的欢心,往往主动在法定标准基础上对自身施加更严格的限制,此种方式对环境风险所涉及的各利益方都是有利的,但也会造成责任承担方面的忧虑。自我管制缺少行政行为的强制公开和公众参与,但又具备取代行政机关的作用,如果自我管制方未履行承诺,行政机关、环保团体、公众是否可以追究其责任?何种法律责任?以何种方式追究?

二 传统责任机制的适应性变革

为克服、缓解私人主体公共职能法律责任的空白,传统责任机制也进行了适当的变革。

(一)司法审查标准放宽

责任机制与追究责任的法律程序息息相关。根据我国现行《行政诉讼法》的规定,公民、法人或其他组织向法院提起行政诉讼,需要符合两个条件:第一个条件是行为主体是否为行政主体,行政诉讼的被告必须是行政主体;第二个条件是主体所做出的行为是否属于行政行为,只有行政行为才能成为行政诉讼的对象。可见,我国行政诉讼的受案范围标准是行政主体和行政行为并存的。大陆法系国家或地区受案范围相较我国较为宽泛,涉及公法上的争议一般均可起诉,但被告一般也限于行政机关或具有行政职能的公共机构,针对的是公共权力行为或公务行为。英美法系国家或地区一般将行政诉讼称为司法审查,以美国和英国为代表,其受案范围标准有所区别,美国采用"政府行为"标准,英国采用"公法因素"标准。

美国原有"政府行为"标准要求必须是公法主体的行为才是政府行为。但随着私人主体广泛介入风险治理过程,私人行政行为大量涌现,传统标准已不能再清晰界定政府行为的范围。因此,美国法院发展出了新的

---

① [美]朱迪·弗里曼:《合作治理与新行政法》,毕洪海、陈标冲译,商务印书馆2010年版,第171页。

标准，将原来某些私人行为认定为政府行为，标准从一元向多元转变。大法官伦奎斯特提出被称为"政府行为管辖权"的关联理论（nexus theory）。"特定行为由私人主体所为，或是由政府所为，并不是一个易于回答的问题，判断的路径可以是：探寻在国家与被诉的受规制主体之间是否有足够的关联，以致后者的行为能被视为国家。"由此，法院形成了三个标准以判断私人行为与政府行为是否存在关联，一是公共职能标准（public function test）；二是政府卷入程度标准（entanglement theory）；三是国家对被诉行为是否存在特殊授权或金钱资助。这其中，"公共职能"标准是关键性的标准。① 也有学者将三个标准概括为公共职能标准、紧密关联标准以及行政强制标准。（1）公共职能标准。如果私人主体履行了"传统上排他性地"由政府专属保留的公共职能时，即使是私人主体，其行为也被视为政府行为，适用公法规则。（2）紧密关联标准。如果政府充分涉入特定的私人行为，且与该私人行为建立了紧密关联关系，则私人行为会被认定为政府行为。反之，"倘若政府没有充分介入被诉的私人行为，即便政府向私人主体提供了财政资助，进行广泛且详尽的管制，或者通过许可、默许的方式认可私人的具体决定，也无法将私人主体视为政府行为者"。（3）政府强制标准。如果私人主体所做的私人行为是基于州法律规定的强制性义务，则该私人行为也被当作政府行为。②

英国的"公法因素"标准传统上以"权力来源"为基础。如果某一主体所做出的行为具有法定权力来源，即成文法上的来源，就可以进入法院的司法审查程序。如若依据私法做出，则采用私法救济方式，排除行政法上的救济。随着私人行政的发展，英国司法审查的单一标准逐渐向双重标准转化，"权力来源"不再是唯一的标准。上诉法院在 Datafin 案中明确，"公法因素"从"权力来源"标准转向"职能的本质"（nature of the function）标准，这种双重标准不再单独考究权力来源，同时考察权力行使的后果及受其影响的利益本质。当然，"职能的本质"标准本身具有模糊性，英国法院在司法实践中形成了一整套具体的识别标准，包括："（1）如果这些非法定机构不存在，那么政府自己将不可避免地去管理这

---

① 杨欣：《美、英司法审查受案标准的演化及其启示——以私人承担公共职能为考察对象》，《行政法学研究》2008 年第 1 期。

② 李年清：《私人行政司法审查受案标准的美国经验——兼论我国私人行政责任机制的建构》，《法制与社会发展》2015 年第 3 期。

些活动；（2）政府是否默许或鼓励这些主体的活动，给它们的工作提供支持，从而已经使这些主体进入公共管理领域；（3）这些主体是否拥有广泛的和垄断性的权力，如强大的规范交易、专业和体育活动的准入的权力；（4）受侵害者是否同意受决定者的约束；等等。"① 从上述分析可见，美国与英国的标准基本上是趋同的，主要都是基于公共职能。

为了保证合作治理模式下私人行政行为的责任性，无论是大陆法系的公法行为，抑或英美法系的公共职能标准，都是通过扩大公法规则的适用范围，从而将私人行政纳入司法审查的传统责任追究机制。但这种传统模式具有很大的局限性。合作治理能保持活力的关键因素在于私人主体的活跃度和高效性，要充分激发市场主体和社会主体的积极性和创造力。如果仍以陈旧的公法标准来对私人行政进行审查，无疑对私人主体施加了与公共机构同样的强制要求，最终会将私人主体转化为公共机构，削弱合作治理的高效性。如何既保持私人主体的活力，又保证私人行政行为的责任，这是传统公法责任机制难以两全的问题。

（二）新型责任机制的尝试

传统责任机制应对私人行政的局限促使各国寻求非传统的新型责任机制，譬如自由市场竞争、第三方监督、私人主体的内部程序规则、非正式规则的压力、自愿性的自我管制等，或者是源自公司法、侵权法等的私法救济，以及行政机关强制执行的压力。而且，这些新型责任机制是可以同时适用的。对于私人主体而言，这些新型责任机制有的早已存在、并非新创，只不过并非传统行政法上的责任机制。

1. 私人主体的内部程序规则。合作治理中，社会团体发挥着举足轻重的功能，承担起了众多原先由行政机关独立承担的公共职能。社会团体对其成员，甚至成员之外的其他公众的利益具有"准公共性或独占性的地位"，譬如行业协会、职业协会、提起公益诉讼的环保团体等。根据英国法的自然正义原则，私人主体参与决策也要求程序公正，履行正当程序义务。②

2. 第三方监督。在环境风险治理领域，第三方监督的责任机制已经

---

① 杨欣：《美、英司法审查受案标准的演化及其启示——以私人承担公共职能为考察对象》，《行政法学研究》2008年第1期。

② ［美］朱迪·弗里曼：《合作治理与新行政法》，毕洪海、陈标冲译，商务印书馆2010年版，第377页。

得到广泛应用。首先,环境标准管理体系的第三方认证,既有国内认证机构的标准,也在国际上有广泛影响力、公信力的认证机构的标准——ISO14000系列。其次,企业融资信用体系,商业银行、保险公司、证券投资公司等金融机构在企业借贷、投保环境责任保险、上市等环节,也可以作为有效的第三方进行监督。最后,信息披露制度既可以作为合作治理的形式,也可以作为第三方监督的形式。强制要求企业向社会公开披露污染物排放的种类和数量,社会公众和环保团体可以有效对其进行监督。

3. 国家担保责任。私人行政毕竟只是公共职能具体承担者的转变,国家仍然要对社会公众的利益履行兜底的保障义务,这就是国家的担保责任。国家担保责任是与国家执行责任相对的概念,是指"特定任务虽由国家或其他公法人以外之私人与社会执行之,但国家或其他公法人必须担保私人与社会执行任务之合法性,尤其是积极促其符合一定公益与实现公共福祉之责任"[①]。

[①] 詹镇荣:《民营化与管制革新》,元照出版有限公司2005年版,第125页;转引自章志远《私人参与执行警察任务的行政法规制》,《法商研究》2013年第1期。

第五章

环境治理行政权力配置与运行的完善

第一节 环境风险的元治理：反身环境法

在环境治理方面，如何对传统的行政规制模式进行改革，形成了四种策略。第一，全面放弃现行的命令—控制型规制体系，采用其他类型的制度体系。这是改革幅度最大、最彻底的一种策略。第二，混合型策略，维持命令—控制型机制以要求受规制者遵守基本标准，同时采用环保合同等新型机制，多种机制混合适用。第三，仍然维持命令—控制型规制体系，但逐步采用灵活变通、有效适用的替代性方法来改变或补充命令—控制型规制体系。第四，不按规制演变的历史进程进行变革，对新出现的、尚未列入规制的环境问题采用经济激励方式。① 从总体方向把握，环境风险治理已跨入第三代环境治理法律机制——反身环境法。反身法的"自我指涉"正是元治理模式反思性、多样性和反讽性在法律系统中的体现。元治理的伞状模式将三种不同的治理模式联结起来，恰当地融合了市场机制、科层制度和社会关系网络，元治理在法律系统中的实现机制正是反身法范式。

法律可分为具有衔接性的三代范式——形式法（formal law）、实质法（substantive law）和反身法（reflexive law）。法律的第一代范式称为形式法，其逻辑起点是形式意义上的"法律面前人人平等"，强调个人主义，每个人都享有平等的基本人权，包括生命健康权、自由权、财产权等，法律确立基本规则来划定权利界限及化解不同权利间的相互冲突。第二代范式的法律称为实质法，其不再基于个人主义，而是为了实现公共目标。实

---

① ［美］理查德·B. 斯图尔特：《环境规制的新时代》，载王慧编译《美国环境法的改革——规制效率与有效执行》，法律出版社2016年版，第131—132页。

质法主要通过命令—控制式的法律规则，对特定行为做出具体规定，以实现实质结果为立法目标。法律的第三代范式是反身法，其注重通过程序来调和各类主体之间的利益目标和行为。随着社会的发展，利益关系日趋复杂，形式法和实质法在应对新的社会问题方面捉襟见肘，反身法应时而生，成为形式法和实质法的替代性或补充性法律理论。该理论的关键点在于，现有的法律不应当再局限于制定一般性的、统一适用的、无差别的法律规则，也不再局限于制定具体适用的实体性规制规则，其致力于构建各利益方均能参与的交往机制，通过创建新的组织和程序，以实现社会矛盾的解决和冲突的调和。①

反身法关键在于影响受规制主体的"自我指涉"能力。反身法的"自我指涉"体现在两个方面：第一，自我批判的法律理论。当面对复杂性时，反身法理论强调法律的局限性。社会的复杂性削弱了法律以具体或详细的方式引导社会变革的能力。第二，反身法理论提出了替代性的法律变革路径。重点增强法律系统之外社会系统和制度的"自我指涉"能力，而不是通过机构、高度详细的法条或向法院宽泛授权来直接干预法律系统。反射性法律策略最典型的例子就是鼓励公开披露社会机构的内部决策和执行效果。②

在环境法领域，反身法的目标在于实现"生态自我规制"，推动包括行政机关、企业、社会团体、公众在内的各类主体的角色转换。行政机关不再仅仅是公共秩序的消极维护者，除了设定具体行为中的法律义务并惩戒违法者之外，还应该创设激励机制促使企业等主体将环境治理目标内在化，而且还要担任利益诉求不同的各利益方的冲突协调人。③ 与实质法相比较，反身法不是直接对行政相对人进行命令控制，不再是完全的强制，而是以替代性措施协调各利益方的合作动力及认知，共同促进环境治理目标的实现，且运用一定的机制促使企业等将环境治理目标自愿地内在化。这些机制包括环境保护合同、环保标志、自愿性自我管制、环保信息公开等。在企业内部，反身环境法要求企业创建自我反思的过程，以鼓励创造

---

① ［德］图依布纳：《现代法中的实质要素和反思要素》，矫波译，强世功校，载《北大法律评论》1999年第2卷第2辑，法律出版社1999年版，第579—632页。

② Eric W. Orts, "Reflexive Environmental Law", *Nw. U. L. Rev.*, Vol. 89, 1994-1995.

③ ［美］理查德·B. 斯图尔特：《环境规制的新时代》，载王慧编译《美国环境法的改革——规制效率与有效执行》，法律出版社2016年版，第89—90页。

性、批判性、持续性地考虑如何最小化环境危害和最大化环境效益。换言之，反身环境法主张对环境负责任的管理实践。反身环境法首要依赖于信息披露，其次是执行。①

反身环境法首先是要清晰界定环境风险治理所欲达成的目标和效果，然后选择、创设能够实现目标的最佳制度和法律。环境风险是具有高度科技性、复杂性、冲突性的风险，环境治理的制度变革既要稳健推进，充分挖掘现有制度体系的优势和价值，同时又要开拓创新，尽力整合各利益方的知识、信息、智慧，创设出富有实效的新型制度。当然，这个过程应当是渐进的、逐步的，而且无论是既有制度还是新型制度，其实施效果都要根据实际情况进行逐项评估。

从理论上讲，要确定一整套一劳永逸地解决环境问题的机制是不切实际的，现在的最佳选择是以元治理理论作为引领，将各类机制进行重构和组合，并保证其得到有效的实施和监督。

第二节 多向度的演进路径

如前文所述，公共行政从注重过程的合法性和保障私权转向以解决问题为导向，其实质是国家行政权力结构模式的变革，由单向度向多向度演变发展。行政权力的多向度演进具体体现在权力主体、权力目标、权力运行机制、权力构成内容、责任机制等权力体系的变化上。环境治理的演进路径亦是如此。

在环境规制方面，朱迪·弗里曼提出了"模块化"（modular）②的理念，这是一个描述性也具有规范性的概念。模块化以家具、计算机系统等为类比，将环境治理制度体系的各组成部分进行重新排列、组合，以期产生更大的正面效果。"模块化"有六个核心要素：第一，模块化方法通过政府部门内部和各级政府之间，以及社会组织和私人参与者之间的灵活协调，来克服环境治理的脆弱性。第二，制度设计上不拘泥于形式，以功能为导向，为具体目标量身定制具体制度。第三，模块化不严格遵循传统的规制或管理实践，鼓励采用以协商合意为基础的决策方式。第四，模块化

---

① Eric W. Orts, "Reflexive Environmental Law", *Nw. U. L. Rev.*, Vol. 89, 1994–1995.

② Jody Freeman, Daniel A. Farber, "Modular Environmental Regulation", *Duke L. J.*, Vol. 54, 2004–2005.

规制以协作进程促进"社会学习"。第五,模块化鼓励并依赖于适应性过程,这个过程又需要生成相关信息并将其集成于决策中。第六,模块化方法通过各种非正式的控制和利益相关方的广泛参与来完善问责机制,以弥补传统的程序性审查。①

笔者以为,与环境规制的"模块化"相比较而言,行政权力多向度演进的五条路径在某种程度上有契合之处,但更为精确、简练。第一,环境治理的主体范围不再局限于传统的环境资源行政主管部门,治理主体范围不断扩展,且相互之间的关系处于动态协调变化过程。第二,环境治理具体制度设计不拘泥于传统行政行为的形式,注重从解决实际问题的目标导向出发,创设各种灵活多变的制度形式,鼓励以各利益方协商合意为基础的协议作为决策基础,不局限于具体规则条文,不强调行政机关的命令控制,分散治理权力,力求达至实际的治理目标。第三,环境治理行政权力不再呈现出单线状的运行过程,社会公众不再仅仅通过选举代议机构成员来对行政机关进行间接监督,更多地直接参与到环境治理进程中,既参与具体的预案决策,又参与实施、执行过程,并对相关主体的行为进行实时监督,呈现出一幅网络状的治理图景。第四,环境治理中具体的决策权、执行权和监督权不再是截然分离的,相关利益方参与整个环境治理过程,提供对己有利的信息,以期望获得他方的认可和妥协,实现自身利益,信息交流机制促进了各方的相互学习和相互理解,从而对环境治理的决策、执行和监督提供信息基础和民意基础,因此决策权、执行权和监督权是交织在一起的。第五,环境治理行政权力的新变化同样引发责任机制的偏移,强调权力与责任一一对应的传统司法审查形式仍是责任机制的基础,但更多的新型责任机制不断涌现,这些机制弥补了传统机制的不足,但仍然存在很多的责任缺失问题,需要后续进一步的发展完善。

以行政权力多向度演进为视角,结合前文对行政权力内部、外部配置与运行的论述,环境治理机制应从以下几方面展开。

一 环境治理主体:多主体的共治与协作

环境风险的治理非行政机关一己之力所能把握,行政机关不再寻求大

---

① Jody Freeman, Daniel A. Farber, "Modular Environmental Regulation", *Duke L. J.*, Vol. 54, 2004-2005.

权独揽，公共行政的权力逐渐开始分解，权力主体逐渐扩大化。多元主体广泛参与已成为各国环境治理的普遍发展趋势，关键问题在于如何协调各类主体的关系、多元共治具体如何运作？在具体面向，环境治理的具体事务不再由政府的环境资源行政主管部门独揽，企业等市场主体以及社会组织等广泛介入。（1）环境资源行政部门内部，聘用相关专业的人员充实行政机关的专业力量，为环境风险规制建立科学理性基础，同时，经常性地向科研机构的相关专家咨询，以获取最新的环境风险信息。在行政程序方面，行政机关改革内部运作机制，注重绩效目标，简化繁文缛节，规范程序，加快进程，提高效率，协调好有限资源与大量事务之间的矛盾。（2）环境治理的部分事务由社会主体、公众直接负责。环境风险所涉及的利益群体非常复杂，且多具备正当性，环境行政机关要处理利益主体各种各样的诉求存在很大的困难，力量不足，成本畸高，且存在难以顾及的领域或细节。目前，在环境治理方面，组织化的利益集团大多以环境保护社会团体的形式出现，譬如全国性的环保团体，非组织化的利益群体也会组成临时性的社会主体，譬如社区环保组织等。在不违背公共利益的前提下，行政机关可以直接将某些环境事务交由社会主体处理，其可以照料到行政机关无法顾及的领域。（3）以法定的强制性环境义务为前提条件，环境治理的部分事务转由市场主体自我负责。譬如在污染物排放的治理中，传统模式下的企业属于受规制者，必须依法承担起相应的强制减排义务。现在，为了提高市场主体的主动性和创造力，行政机关采取签订契约、自由交易等形式，允许市场主体就特定环境目标采取更符合成本效益的减排机制。从某种意义上说，行政机关把具体管理权交由市场主体行使，但这是在行政机关保留最终决定权的前提之下。

受环境问题的规模及跨界影响等因素的作用，即使引入多元共治的机制也需要精心的安排及谋划。如果环境风险是局部范围内的小规模风险，行政机关具有直接的管辖权，则其可以与局部范围内的相关利益主体直接进行合作。政府工作人员、基层自治机构人员、公众、地方环保团体等面对面地进行商谈，问题、方案、可能的结果、执行、违约等具体事项都可以列入协商范围，最终目标是形成各方均可以接受的决策方案。相比较而言，应对大规模环境风险的难度要大得多，涉及中央与地方以及众多行政区域，牵涉的公众群体也更为庞杂，环境规制权力的运行也更为脆弱。建立更广泛的跨层级、跨部门、跨主体的协作机制是有效治理大规模环境风险的基础,并在此基础上形成一体化的环境治理方案且付诸实施。但现实中中央与地方的关系、同级政府之间的关系、企业与公众的关系等影响了治理效果。而且各级政府机构之间的权力分散、制衡导致了更大范围内的环境规制真空。

如何真正实现行政机关和私人主体在环境治理决策和执行过程中有意义的参与,笔者选取跨区域大气污染治理这个特定环境问题来加以说明。近些年来,我国很多地区出现了大规模的雾霾污染,雾霾成因包括人为因素、天气因素和地理因素,污染源大致是汽车尾气、供暖燃煤废气、工业废气、工地扬尘等。但无论何种来源,雾霾的影响都跨越了不同的行政区域,影响了不同群体,管理上也涉及跨区域不同层级的政府、政府内部的多个部门。对此,《环境保护法》确立了跨地区的联防联控机制,"所谓区域大气污染联防联控是指以解决区域性、复合型大气污染问题为目标,依靠区域内地方政府间对区域整体利益所达成的共识,运用组织和制度资源打破行政区域的界限,以大气环境功能区域为单元,让区内的省市之间从区域整体的需要出发,共同规划和实施大气污染控制方案,统筹安排,互相监督,互相协调,最终达到控制复合型大气污染、改善区域空气质量、共享治理成果与塑造区域整体优势的目的"。联防联控机制具体包括四个方面的内容:主体机制——主体范围的确定,准入及退出;目标机制——明确的预期目标;运行机制——具体合作规则和程序;保障机制——遵守约定的激励以及违反约定的惩戒。[①] 事实上,联防联控机制在依靠区域内各个地方政府的同时,也要吸收企业、社会团体及公众共同参与,尤其汽车尾气是分散性的污染源,限号限行虽能短期内减排,但长效机制仍然需要公众的自觉配合,转变消费观念,倡导绿色出行。[②] 通过跨地区、跨部门、跨主体的协调,有助于将经济利益、环境利益从零和冲突转化为需要进行综合协调的问题,某一种、某一个主体不再局限于特定的法定职权范围,为了解决问题,适当的"越权"可能是必需的,也是合情合理的。

---

① 宁淼、孙亚梅、杨金田:《国内外区域大气污染联防联控管理模式分析》,《环境与可持续发展》2012年第5期。
② 蔡文灿:《我国大气污染防治制度的失灵及其解决对策——以诺斯的制度变迁理论为分析框架》,《华侨大学学报》(哲学社会科学版) 2014年第4期。

二 环境治理的制度形式：突破既有行政行为形式

传统模式下，环境行政机关在做出行政决定时，必须严格依照法律条文的具体规定，从实体内容、外在形式到行政程序均如此。即使为了解决新型的、紧急的、未知的环境风险，也应当在法律授权范围内制定出具体的实施条款。而且，行政权力架构采用等级明显的科层制模式，对行政相对人采取强制性命令控制形式。尤其关键的是，法律规则的适用要具有普遍性和公平性，避免法律的特殊适用。传统模式维护了法治的稳定性，但现在却成了解决特定情境问题的"拦路虎"。

环境风险的特点使得行政机关处理环境事务不能再拘泥于传统法定形式，而应以防控特定的环境风险为目标来采取行动。环境法律规则只是解决问题的手段，不再具有自身固有的、脱离实际问题的意义。行政机关寻求以更高效、更低廉、更灵活的权力运行方式来应对环境风险问题。为此，行政机关不再局限于普遍的命令—控制型权力运行方式，而是基于特定情境、特定问题、特定主体的特定利益，将行政权力适当地分散到市场主体和社会主体中，充分调动相关主体的自治能力，充分挖掘出相关主体的活力，为解决环境风险问题提供更多有效方案。即便是采用传统决策形式，行政机关也要吸收各利益方参与评估其实施的绩效结果。

由于环境风险的未知性和利益诉求的多样性，在环境治理方案设计上，不应当预设制度范围，而是围绕目标来决定具体方案，以制度功能来决定形式。在各利益方协商谈判过程中，没有由行政机关事先确定的方案，而是以循序渐进的方式设计具体制度。如果发现现有机制存在不足，则设计新的机制来应对未处理的问题。循序渐进的协商可以形成一套新的制度框架和治理结构，比如可以成立针对某种特定环境风险的组织机构，该种机构区别于单纯的行政机关、企业和社会团体，其融合三类主体的代表，主要职能是作为各利益方协商达成的方案实施和执行的日常监督机构，也可以作为后续谈判的召集人。其资金来源主要是政府拨款、企业税费以及社会团体的捐赠等。该类机构既不是为了取代行政机关，也不是为了合并社会团体或成为经营企业，主要是通过协调来提高环境治理方案的长期性、创新性、灵活性。

在治理决策的具体形式方面，正式和非正式的协议逐渐成为环境治理的普遍形式，传统规则的命令控制退居次席，但涉及实施和执行时，仍需遵守传统规则。此类"协议"是广义上的,凡是各利益方通过协商所达成的合意均可以称为"协议",譬如上下级政府之间的责任书,同级地方政府之间的合作协议,政府、企业与公众或环保团体的三方协议,社区环保公约,等等。"协议"体系所包含的内容极其丰富。"协议"的主体是多元的,尤其打破了政府部门在高权领域不得协商的行政法禁忌,转向以目标为导向的灵活行政。"协议"所采用的制度工具是混合且灵活的,既包括传统的强制性规范,也采用市场交易机制、信息交流机制,以及非正式约束机制。"协议具有灵活性的优势,它们比规则更容易修改。然而这种灵活性也带来了挑战,因为协议必须定期更新。然而,修改过程可以起到重要的作用,它可以提醒各方遵守承诺,迫使他们为自己的行为负责,并随着时间的推移考虑新的优先事项和信息。"①

环境治理的资金投入也是关系治理成败的关键性要素。行政权力的多向度演进重要的一环就是资金来源的多样化及运用的高效性。多元主体的参与可以带来多元的融资途径,包括中央和地方各级政府的财政投入、企业缴纳的环境资源相关税费、家庭及个人的交费、社会资金、绿色金融工具等。在资金来源多元化的基础上,采用市场运作、公众自愿、政府兜底等多种融资和监管途径,保证环境治理资金的高效使用。

三 环境治理行政权力的运行:从单线状走向网络状

当代民主国家大多采取代议制民主形式,政府行政官员由代议机构委任,负责处理日常公共事务,环境治理行政机关也是如此。遵照科层制的等级次序,环境资源主管部门依照法律做出行政决定,解决环境问题。在权力运行的监督上,宏观层面是公民通过选举代议机构代表以约束、监督行政机关;微观方面,公民也可以通过个案的司法审查来监督行政机关。由此,形成了单线状、封闭式的权力运行机制。

环境风险的特性对这种单线状、封闭式的权力运行机制构成了巨大的挑战。立法机关所制定的环境法律规则一般都较为原则、模糊,具体操作规则则由行政机关制定,行政机关不再仅仅是立法机关的"传送带",反而掌握了大量的自由裁量权。社会公众对环境治理的监督和参与也不再是

---

① Jody Freeman, Daniel A. Farber, "Modular Environmental Regulation", *Duke L. J.*, Vol. 54, 2004-2005.

间接性的，其往往直接介入具体的治理过程中，对行政机关的行为进行直接监督。从而，形成了一套行政机关、市场主体、社会主体之间相互交叉的网络状、开放式权力运行机制。

多向度演进的趋势通过主体间的相互学习形成适应性的灵活机制。不同的利益方在协商、合作过程中，都会相互提出观点和诉求，提供和交换信息，并对所要实现的环境治理目标持开放性的态度。在决策过程中，各利益方所提供的有用信息都可以相互融合，保证环境决策具有广泛的信息基础。公众意识具有"锚定效应"，人们一般很难转变固有的想法，环境治理中的这种效应可能产生很严重的冲突，譬如近些年来很多地方发生的"邻避效应"群体性事件。合作治理过程中，参与主体会以直接的、间接的、正式的和非正式的方式进行互动，而不再局限在传统规则制定中高度结构化、建制化的方式。参与主体需要最大化生产和共享信息，采取灵活的信息交换方式，并在此基础上相互学习，从而形成既有刚性又兼具变通性的决策机制。

如前文所述，多元主体共同参与了环境治理的过程，而且直接参与趋势明显，并在此基础上形成独特的治理机构，运用"协议"体系的方式来应对环境问题。整个进程都呈现出网络状的权力运行方式。行政机关及其工作人员仍是环境治理的中坚力量，依法履行解决环境问题，保护公共利益的职责，根据科层制的绩效考核机制评估治理效果。环保团体和社会公众参与行政机关的环境治理过程，主要是提供及时、有效、可信、真实的信息，从而表达其利益诉求，参与管理。企业等市场主体也参与其中，提供环境风险的专业性知识及治理实践经验，核算成本，与行政机关的专家知识开展"信息竞争"，寻求趋向真实的真相，找到解决问题的答案。科学的不确定需要环境治理的决策者掌握大量的客观信息，实现多元主体可接受、可预期的"社会心理"上的确定性。在生产信息的同时，信息流动同样非常重要，决策中的利益表达、决策后实施效果的评估、公众满意度的反馈等网络状运行机制可以推动信息流向有需求的主体。本质上就是要保障信息的自由流动，防止企业、政府部门或某些环保激进组织垄断信息，掌握话语权，误导公众。

信息的充分提供、自由流动，多元主体的多途径参与也可以改变传统决策模式过于呆板的状态。当环境风险发生新的变化，或者具体机制出现不适应时，可以及时变更新的"协议"体系，创造新的规则，以获得更好的治理效果。

四 环境治理的决策权、执行权与监督权：统合与分离

风险社会背景下，国家需要承担的公共职能日益扩大，普遍出现了行政国家的发展趋势。为了应对纷繁复杂、变化不定的环境风险，相对于立法机关和司法机关，具有灵活机动、便宜行事特性的行政机关广泛参与了环境风险治理的决策、规则制定，而不再仅仅停留于立法机关所定规则的执行者的层面。"决策权是权力运行过程中最核心的权力，它决定着权力运行的方向和内容。执行权则是将决策在现实中予以施行的权力。"[①] 监督权是对权力运行进行规范的权力。当前，行政国家的行政机关统合了决策权、执行权和监督权，其掌握的权力范围很宽泛，但同时也承担了更大的责任。

在具体环境风险的治理上，行政机关往往力有不逮，迫使其不得不采取一些方法将决策权和执行权相分离。行政机关采取了市场化和社会化的方式，授予市场主体和社会主体部分执行权。决策权与执行权的分离有助于行政机关集中力量应对更危险、更紧迫的环境风险，私人主体则应对危害相对较小、更分散的环境风险，从而提高环境治理的效率，降低成本。但两种权力的分离也可能产生寻租、机会主义、短视、"搭便车"等不良后果。在监督权方面，行政机关既要从系统内部由上级对下级进行监督，也要对社会主体、市场主体的公共行政行为进行监督。反之，社会主体、市场主体通过直接参与、效果评估、利益表达等方式对行政机关进行监督。社会主体也可以通过环境信息公开、提起公益诉讼等方式对市场主体进行监督。

决策权和执行权的统合和分离很多方面都掌握在行政机关的手中，其自由裁量范围极广，尤其是体现在"协议"体系的形式上，能够保持足够的灵活来应对环境风险。当然，这种灵活性也需要一定的约束——监督权的实现。朱迪·弗里曼教授将这种行政权力内容的演变归结到"模块化"理论中，认为"与此相关的一个问题是，当新的事实和情况出现时，模块结构能够保持灵活和响应的能力，同时提供足够的透明度，以确保自

[①] 吴兴智：《美国政府结果导向行政改革评析——一种权力分析学的视角》，《云南行政学院学报》2007年第6期。

由裁量权以负责任的方式行使。当然,这是一种极其微妙的平衡。传统上,环境法正如行政法一般,我们会增加程序来限制谨慎,因为过多的灵活性会使管理者不理性地操作,或者出于纯粹的政治动机而采取行动。然而,模块化方法至少需要一些灵活性,如果每个机构的决定都有必要通过一个烦琐且相对正式的过程,那么这个过程将会陷入停顿"①。

环境治理的具体形式现在多以"协议"体系出现,这种非正式工具将政府、市场主体、社会主体融合在环境治理的决策中,且执行过程中也是三方主体共同负责、相互监督,因此,行政权力中的决策权、执行权与监督权也不是完全分离的。"协议"体系比正式的法律规则及行政命令具有更大范围的自由裁量权,更容易被修改,实际上这是一种理性的制度选择路径。环境风险是未知的、动态的,治理机制的设计也应当具有充分的灵活性,能够根据最新的信息及时转变、完善,从而使其具有更强的适应性。当然,制度的稳定性也需要保持,以免相关方无所适从。环境治理中决策权、执行权和监督权的统合和分离应当保证环境治理制度的灵活性、适应性及高效性。多向度的演进应当善于回应基层社会公众、基层组织的利益需求、公共舆论,将本地产生的环境风险及有效的应对措施经验传递给更高一层的治理机构,如此既可以为上层决策提供依据,也有利于决策后的顺利实施。

当然,决策权,尤其是执行权的下移和分散也会产生一些问题。执行过程中的灵活性可能会被某些主体所利用以"搭便车"或占便宜,而且难以获得有效的司法审查。在环境治理的长期进程中,企业可能会因为经济形势、生产成本等原因而放弃最初协议的承诺,进行讨价还价,对行政机关施加压力,从而获得更多的利益。因此,决策权、执行权和监督权仍然应当适度地保持中立、分离,避免受到各利益方过多的政治化影响,保持制度框架适度的稳定性,从而更好地落实各方在"协议"体系中的承诺。

五 环境治理的责任机制:从对称性演变为非对称性

传统行政法治的基本要求是权力和责任必须具有一一对应的关系,具

---

① Jody Freeman, Daniel A. Farber, "Modular Environmental Regulation", *Duke L. J.*, Vol. 54, 2004-2005.

备应有的对称性。行政机关享有特定的权力，也要承担相应的责任，反之亦如此，法律若要求其承担责任，则必须赋予其相应的权力。有权无责的结果是权力的滥用，有责无权的结果则是规避、反抗，最终是社会的不平衡。合作行政模式突破了传统行政模式权责对称的平衡机制，但至今仍未构建出新的权责平衡机制，由此形成了权力和责任不对称的偏移。

自从环境规制引入私人主体之后，无论是企业的自我环境规制，还是环境保护合同，如何确保其合法性、规范性、公平性及责任性，如何将行政法的法律价值要求适用于履行公众职能的私人主体，这些都是引发广泛争议的行政法议题。防控环境风险是一项维护广大社会公众利益的公共职能，相关主体行使的是公共权力，但合作治理模式下，多元主体各自所代表的利益是不同的，即便是环保公益团体也是如此。因此，公共权力由私人主体行使必然长期面临公共行政权力的责任性难题。

从目前情况来看，环境合作治理的责任机制是无法确立一套统一的、标准的体系，将来责任机制的发展趋势应当是多元化、动态化、情境化的。学者们大多建议寻求替代性责任机制，以补充或替代司法审查等传统的行政责任机制。如前文所述，合作治理是科层机制、市场机制和商谈机制的耦合。传统行政模式以科层组织为基础，合作治理引入多元主体共同参与环境风险治理，大量的市场主体、社会主体广泛介入传统行政规制领域。这其中既有由政府主导创建的市场结构，如碳排放权交易市场、排污权交易市场，也有社会公众及团体参与管理的社会自治领域，如社区环保规约，还有多元主体相互监督、制约的混合领域，如多方环保协议。虽然上述机制集合了各自的优势，但也可能发生政府、市场、社会的三重失灵，因此，多元化责任机制是未来的发展路径。

1. 问责机制。为了保证合作治理的决策及其实施符合公共利益要求，可以借鉴世界银行关于 PPP 项目的问责机制。私人主体是以维护自身利益为目的而参与合作治理的，即使是公益环保团体也代表着一定群体不特定多数人的局部公益。因此，私人主体的行为难免存在寻租、机会主义、"搭便车"等情形，如何追究类似行为产生的法律责任，对相关私人主体的问责机制是一项不错的选择。问责机制分为短途问责机制和长途问责机制。在 PPP 项目中，"短途问责机制通过在相互竞争的提供者中进行选择以及用户参与提供服务的管理过程来实现。在长途问责机制中，需要政府扮演关键角色，政府对服务提供者进行问责，同时又对公众负责。"① 在环境合作治理中，短途问责机制主要是行政机关、社会主体根据合作治理形成的规则对企业等市场主体的环境行为进行监督，如果其不遵守治理规则，则要求其承担法律上的强制性义务。长途问责机制主要是通过市场主体承担环境治理义务的竞争，从而获取政府、社会公众的信任，其提供的产品或服务获得更多消费者青睐，在市场中占据优势地位。

2. 私法机制。对私人主体承担公共职能的行为，也可以采用私法机制作为责任机制。（1）在环境保护合同中，可以要求减排义务承担者自愿遵守比国家法定标准更为严格的第三方标准。（2）在环保合同履行过程中，如果发生或即将发生影响减排义务履行的事件，应当及时告知行政机关。（3）环保行政部门保留变更排污者权利义务的职权，排污者应当根据变化负责具体执行。（4）第三方监督。通过"聘请独立的第三方来验证"企业行为的"合规性"。② 第三方机构、社会公众在没有事先通知的情况下，可以对排污者的遵约情况进行监督。（5）在特定情境下，环保行政机关可以解除与排污者的环保合同，同时给予适当的补偿。（6）如果排污者违反环保合同的约定，则承担违约责任。（7）在履行环保合同过程中，如果排污者侵害了其他人的合法权益，则要承担侵权责任。

3. 市场机制。通过市场自由竞争的压力，可以迫使排污者加强自我管制，以获得消费者认同而扩大市场。也可以让积极参与环境治理的环保团体获得更高的社会地位及捐赠，进一步积累资源。

第三节 环境治理行政权力体系内部的完善

一 设立跨部门治理机构

对于现有的环境行政管理制度，一方面仍然要防范行政机关的行政违法，尤其是特殊经济利益因素的不作为，或违法作为，这方面仍以传统行

---

① 邓小鹏、申立银、李启明：《PPP 模式在香港基础设施建设中的应用研究及其启示》，《建筑经济》2006 年第 9 期。

② 李军超：《基于第三方认证的社会性规制：一个合作治理的视角》，《江西社会科学》2015 年第 7 期。

政法律制度为主；另一方面，因环境风险的复杂性，如何保证行政机关做出正确的行政决定，则需要确立一种新型的制度框架。尤其是在面临环境风险的最糟糕情景时，行政机关如何理性地应对。学者们有的认为，这涉及分析/理性的认知模式，① 实际就是理性—工具范式，两者表述虽然有所不同，但实质内容是基本一致的。应对环境风险最糟糕情景的理性—工具范式增加了行政机关的权利和义务，具体包括：第一，组建模拟环境风险最糟糕情景的实验场所，并定期公开模拟实验的信息结果。第二，设立有关环境风险最糟糕情景的数据库，并建立风险预警标准。第三，设计更为灵敏和精确的分析方法和模型。第四，成立跨部门的环境风险治理机构。该机构设立的目的在于为行政人员处理风险最糟糕情景提供坚实的组织基础。该机构具有几个方面的特征：（1）该机构的目标是明确的，就是为了治理最为棘手的风险问题。（2）该机构是精英式的，由职业性的各行业专家组成。（3）该机构法律地位较为特殊，其超越了目前的相关部门，具有跨部门的管辖权。（4）该机构在政治上应保持中立，不受各利益方的压力和影响，以专业性科学知识为出发点来处理风险事务。②

当然，对于上述方案，也有不少的批评意见，尤其是设立跨部门的治理机构。第一种意见认为，集权式的跨部门机构违背了民主原则。③ 对于此种批评意见，应当从现有行政管理体制方面着手分析。目前，我国很多行政部门都有一定的环境保护行政管理职能，但这些部门之间的权责划分不清晰，处理环境风险时以随机的、应对式的、无规划的方式做出决定，形成了一种各自为政的混沌局面，基本就是"头痛医头，脚痛医脚"。实际上，权力并非越分散越有利于民主，有效组织且运行良好的权力才是民主更好的选择。该机构的设立是与代议制民主相结合的。跨部门治理机构可以在充分听取、吸收各利益方意见的基础上，将其归结为数个可行的治理方案作为选择的基础，并向立法机关、社会公众公开，如此则权力与责任对应一致。立法机关可以审议该机构的方案，并间接对选民负责，责任归属更为明确。第二种意见认为，这种进一步扩大行政机关权力的方案过

---

① 杨小敏、戚建刚：《风险最糟糕情景认知的角度》，载沈岿主编《风险规制与行政法新发展》，法律出版社 2013 年版，第 48—53 页。
② 同上。
③ ［美］史蒂芬·布雷耶：《打破恶性循环：政府如何有效规制风险》，宋华琳译，法律出版社 2009 年版，第 98—99 页。

于倚重技术专家,是精英主义的。① 这种意见正好契合了当今民粹主义大行其道的社会大背景,但其意见的正当性基础却是欠缺的。由具有专业知识的、享有一定社会声望的专业精英人士进入行政体系主导环境风险的治理,长期来看是有利于环境风险的抑制和消除的。精英人士与普通社会公众并非绝对对立,两者意见相协调才可以更好地应对风险。第三种反对意见是彻底的,其认为上述方案不会产生任何有效的结果,只是单纯创设出一个新的行政机构。而支持创设集中式行政机构的学者们则认为,该机构的目标在于尽可能建立统一的规制模型来适应不同的风险治理情境。为达到这一目标,应当避免该机构的决策过程陷于"程序主义"或"法律人式"的倾向。集中式机构的优势也很明显,其一,该机构的工作人员承担着治理模式改革的重任,压力之下可能创设出更为高效的治理规则、模型或制度。其二,集中式的组织机构更有可能发展出体系化的方法。其三,治理环境风险中的"最后10%"既要耗费高昂的成本,又未必能够取得预期理想的效果,传统行政机构难以克服这一难题。而集中式机构综合诸多风险考量,更有可能停止治理这"最后10%",并将资源调配到更紧急的环境风险领域。② 从我国实际国情出发,目前设立这类集中式机构的条件尚不具备,可以作为远景规划。近期的目标应是在国务院设立具有一定权威性的协调机构,为环境风险的整体治理建立组织基础。

二 运用成本效益分析

在环境风险治理中,风险评估、风险管理和风险交流三个步骤都要进行精准分析。首先,定量化的风险评估为确定治理措施所要付出的成本与可能产生的收益奠定了基础。接下来,需要将成本效益经济分析方法运用到风险管理中,避免治理决策中收益与成本的明显不对称。与此同时,在风险交流过程中,引导各利益方进行风险权衡,因为实践中可能为了解决某类环境风险而引发其他类型的风险,"针对某一产品、生产流程或生产方法进行规制或禁止的决策可能会产生增加其他类似风险的效果"③。

---

① [美] 史蒂芬·布雷耶:《打破恶性循环:政府如何有效规制风险》,宋华琳译,法律出版社2009年版,第99页。

② 同上书,第99—101页。

③ [美] 理查德·B. 斯图尔特:《环境规制的新时代》,载王慧编译《美国环境法的改革——规制效率与有效执行》,法律出版社2016年版,第22—23页。

现行很多国家或地区适用的最佳可得技术机制（BAT）基于现有的成熟技术选择特定的环境风险进行治理，投入大量的行政资源进行集中规制，其治理效果往往比较明显，且见效快，因此短时间内能够获得社会公众的认同。但基于技术的治理会耗费大量的行政成本，使得行政机关分配到其他环境风险领域的资源减少，长远来看，技术锁定不利于整体环境风险的综合治理。

环境治理法律体系应当以整体的环境风险作为制度建构的逻辑出发点，不以技术条件作为主要的基础，而是针对不同的环境风险问题设定合理的先后治理顺序，或者确定整体统一的治理方案。在法律规则的设置上，将成本收益分析确立为环境治理规则的基本指导原则，行政机关根据该原则创设灵活的整体规制体系，即中央层级的环境行政机关根据全国的环境现实状况，对全国范围性的环境治理进行规划、调整。同时，中央层级的环境行政机关还可以要求不同地方政府基于成本效益分析，承担起有差别的环境治理责任，各地方根据区域状况差异出台针对性的地方性规则。当然，不同地方政府之间的负担应当保持效益基础上的公平。同时，各地方政府根据成本效益分析确定各企业的责任范围，也要从政策、税收、补贴等方面给予公平待遇。举个例子，假设全国5年内要求温室气体减排10%，原有的环境规制政策一般是全国各地在现有排放量的基础上削减10%，各地方再将本地削减量分配到各排放者，逐级层层分解。这是根据传统科层制的层级架构而设置的命令—控制型规制方法，其实施方式较为简易，执行过程也无须复杂的数学模型配合。而以成本收益分析为基础的灵活减排方法可以根据各地方的治理成本，结合一定的数学模型，分配不同的温室减排量，允许某些地方减排8%，有些地方减排12%，地方各企业也可以据此类推。只要全国削减量达到10%的目标即可。

另外，环境治理的成本收益分析也面临众多的争议性难题。[1] 首先，货币量化问题。环境风险与公众的生命、健康密切关联，经济分析方法以货币化方式来量化人的生命、健康，其引起的非议具有普遍性。从公平、正义的视角看，人的生命是无价的，但为了保护公众的生命健康所要花费的成本又是有价的。如果不进行科学的成本效益经济分析，将大量的资源

---

[1] ［英］安东尼·奥格斯：《规制：法律形式与经济学理论》，骆梅英译，中国人民大学出版社2008年版，第207页。

浪费在没有任何效果的环境风险领域，反而占用了亟须解决的环境风险的治理资源。这无疑更是对公众生命、健康的损害。其次，成本收益分析的科学性、准确性问题。环境风险本身存在极大的不确定性，在未知基础上的经济分析不可避免地存在更大的不确定性。因此，对成本收益分析准确性的质疑肯定会长期存在。但反过来讲，与其在未知状态下盲目采取治理措施，不如尽可能以现有信息、知识为基础进行某种程度的科学预测，即便这种预测也是不精确的。最后，成本分配与收益分享问题。对于全国范围内的社会公众而言，环境风险治理的成本并非总是公平分配的，收益也并非公平享有，这种差异既有主观因素也有客观原因。因此，如何公平分配成本与享有收益也是经济分析方法面临的现实难题。在经济快速发展的同时避免产生严重的环境问题，并维持社会安定，这需要国家、社会创建一套合理的环境风险治理机制体系。但对于复杂的环境问题，客观方面存在环境风险的承受和治理的收益不归属于同一群体的现象，有的承受了大量的治理负担，收益却属于其他人或广大公众。主观上，某些阶层可以运用其掌握的丰富资源和权力将治理成本转移给下层，人为地转嫁治理费用。[①] 从代际的角度而言，为了后代人的利益，当代人需要承担起相应的责任，但收益却是享受不到的。微观方面，成本收益分配涉及企业的生产经营与公众生活环境之间的关系、不同企业之间的关系、新旧企业之间的关系，这些都是棘手的问题。虽如此，成本收益分析仍可以为各利益方提供相对清晰的总体分配和享有框架，避免各利益方陷入无休止的纷争中，为各方的妥协和让步确定基本的来源依据。

三　科学划分中央和地方权限

中央政府动员型的环境治理机制对我国环境治理法律制度体系的构建有着重大约束。多年来环境法治是环境治理的重要议题，但实际进展举步维艰。法治的核心之一是稳定、刚性的制约机制，即法律面前人人平等，依据同一标准尺度来权衡利益、定纷止争。法治是动员型机制的掣肘：第一，法治意味着相对稳定、非人格化的法律条文应是独立的权威体系，这对"政令自中央出"的权威体制是一个严峻挑战，法律的稳定性束缚了

---

① ［美］理查德·埃德蒙：《环境问题对中国政治与社会的塑造作用》，宋林译，载［德］迪特·格鲁诺、［德］托马斯·海贝勒、李惠斌主编《中国与德国的环境治理——比较的视角》，中央编译出版社 2012 年版，第 7 页。

中央政府使用动员型机制的空间和范围，限制了自上而下的动员能力。第二，法律的稳定性又对地方政府解决实际问题的能力加以刚性约束，从而限制了地方治理的灵活性。在地方治理过程中，地方政府的许多做法常常与法律条文相悖，地方政府的变通行为持续地侵蚀、弱化法治的基础。环境法治的形成需要从根本上变革中央政府动员型的环境治理模式，需要在效率、公平等价值追求基础上构建环境治理权力结构的理想样态，即理性、科学的制度体系，并在此基础上提高权力运行的效率。

纵向权力配置的首要基础是央地关系的法治化。在宏观的社会体制背景下，环境治理纵向权力的配置应是中央与地方关系的法治化，推行中央与地方的法律分权模式以取代传统的政治分权模式，这是解决中央与地方关系中诸多问题的理想选择。中央与地方权力的合理配置分为静态和动态，静态上要求职权法定，动态要求权能配置的法治化和权力行使的正当化。应然状态是通过静态的权限划分和动态的权能配置实现权力行使所指向的特定目的。① 法律分权模式以法治理念为基础，主张法律权威的实现是中央与地方分权的基本要求，权力配置和调整的一切手段都要有法律上的依据，也受到法律的规范和保障。中央与地方的法律分权包括分配事权和财权。② 首先，应在详细调查和科学论证的前提下，基于我国实际国情对中央和地方政府各自的事权进行梳理和分类，并以法律形式确定下来。事权大体可分为四类：中央政府执行的事务；地方政府执行的事务；中央政府执行、地方政府协助的事务；地方政府执行、中央政府资助的事务。其次，按照法律确定的事权以及所需财政支出的数量多少，合理划分各级政府的财政权力。财权的合理分配直接关系到各级地方政府的行政履行能力，关系到各级政府在整个国家政权机关体系中的地位，甚至关系到地方自治与国家结构和国家体制等国家运行的根本性问题。③ 实施"分税制"以来，中央政府主导财权分配的决定权，使得许多地方政府的财政支出入不敷出，只能寻求预算外收入和政府性债务等"法外收入"，如以土地出

---

① 徐清飞：《我国中央与地方权力配置基本理论探究——以对权力属性的分析为起点》，《法制与社会发展》2012 年第 3 期。

② 潘波：《行政法治视野下的中央与地方权限冲突——以国有自然资源为考察视角》，《行政法学研究》2008 年第 2 期。

③ 刘剑文：《财税法治的破局与立势——一种以关系平衡为核心的治国之路》，《清华法学》2013 年第 5 期。

让金为主要来源的土地财政收入、以非法定形式存在的企业赞助、摊派等。此类做法导致地方政府形成了所谓的"事实上的财政自主权",这种权力超出了法律规范的范围,可能导致法治秩序的崩坏。"地方财政自主权,必须在规范主义的立场上循序形成。"① 当然,即便是最为详细、精确的法律条文也无法完全划分中央与地方的权力配置,实践中仍然不可避免地会发生冲突,此时应发挥司法调节的作用,用司法方式调整政府间的权力范围,一定程度上可以避免政府之间的直接对抗。② 不过目前高度地方化的司法系统是无法胜任的,需要一系列的改革,包括司法权的独立统一、进一步完善巡回法庭制度、扩大行政诉讼的审查范围、实施行政公益诉讼制度等。

对于环境治理的纵向权力配置,各国大体采取三种模式:第一,对于影响全国甚至世界范围的环境问题,由中央制定立法并在地方设立分支机构予以执行;第二,对于影响特定区域的地方性环境问题,由当地政府制定适合地方需要的立法并由地方政府执行;第三,为了节约执法成本,某些全国性环境问题由中央负责立法,地方负责执行。前文所述,目前我国大多采取第三种模式。在法律分权的前提基础上,我国环境治理纵向权力配置可以从以下几个方面着手。

首先,对于大气污染、流域水污染等全国性、跨区域的环境问题,应当在中央立法中详细、明确规定相关事项。中央立法的功能在于消除地方外部性及其相伴生的"囚徒困境"和"底线竞争"压力。很多环境问题存在外部性,污染并不局限于特定局部区域。如果没有中央层面的统一立法,上游、上风地区的政府及公众没有动力来治理其给下游、下风地区带来的污染,下游、下风地区的政府及公众也无法强迫上游、上风地区的政府采取有效防治措施。相反,地方政府为了发展经济、招商引资、增加税源,很可能争先恐后降低环保标准,从而都自觉或不自觉地加入了放任污染的"底线竞争"并深陷相互污染的"囚徒困境"之中。③ 因此,唯有

---

① 徐键:《分权改革背景下的地方财政自主权》,《法学研究》2012年第3期。

② 刘海波:《中央与地方政府间关系的司法调节》,《法学研究》2004年第5期。

③ Kirsten Engel, "Reconsidering the National Market in Solid Waste: Trade-Offs in Equity, Efficiency, Environmental Protection, and State Autonomy", *N. C. L. Rev.*, Vol. 73, 1995; Richard L. Revesz, "Federalism and Interstate Environmental Externalities", *U. Pa. L. Rev.*, Vol. 144, 1995–1996.

中央统一的环保立法才是有效解决地方政府"囚徒困境"和"底线竞争"压力的前提条件。① 当然某些环境问题如果仅具有地方性，或者地方政府因特殊理由需要进一步严格管制，则属于地方性事务。地方性事务是指具有区域性特点的、应由地方立法机关予以立法调整的事务。② 此时由地方立法更为合适。

其次，在中央立法的基础上，采取中央实质性参与地方执法的模式。虽然中央制定了统一的环境法律和政策，但地方政府仍可以变通适用，完全依赖地方执法不能确实保证环境法律的实施和政策的推行，因此中央必须实质性参与执法。为此有学者建议采取环保部门的垂直管理模式。③ 一种是环保部门从中央到基层的垂直管理体制，由中央直接在各地设立环保机构，例如俄罗斯。④ 以目前情况看，此种体制的实施可能存在相当大的困难，也有诸多弊端。⑤ 另一种是省级以下的垂直管理体制，将地方基层环保部门的人事和财政上收省级政府，同时强化中央的跨省组织、协调和监督能力。还有一种模式是由中央环保部门设置派出机构或监督机构的模式，如美国联邦环境保护署下设的区域分局。笔者以为，以目前实际状况看，由中央环保部门设置派出机构可行性较强，这种模式虽未必能根除地方保护主义，但如果能有效实施，应能缓解目前的环境危机。例如可以原环保部下设的六个环保督查中心为基础，通过立法赋予其具有强制力的地方执法监督权和直接执法权。2018年，原环境保护部改组为生态环境部，设立华北、华东、华南、西北、西南、东北区域督察局，承担所辖区域内的生态环境保护督察工作，根据授权对各地区各有关部门贯彻落实中央生态环境保护决策部署情况进行督察问责，指导地方开展生态环境保护督察工作。⑥

机构设置虽至关重要，然执法机制的有效运作才是持续之道。美国、

---

① 张千帆：《流域环境保护中的中央地方关系》，《中州学刊》2011年第6期。
② 孙波：《论地方性事务——我国中央与地方关系法治化的新进展》，《法制与社会发展》2008年第5期。
③ 李萱、沈晓悦：《我国地方环保垂直管理体制改革的经验与启示——基于地方环保行政体制改革效果的调查》，《环境保护》2011年第21期。
④ 王树义：《俄罗斯生态法》，武汉大学出版社2001年版，第292页。
⑤ 杜万平：《对我国环境部门实行垂直管理的思考》，《中国行政管理》2006年第3期。
⑥ 《生态环境部职能配置、内设机构和人员编制规定》，中国机构编制网（http://www.scopsr.gov.cn/bbyw/qwfb/201809/t20180911_308253.html）。

德国等联邦制国家的环境治理采取的是"环境联邦主义"① 模式，这种模式称为合作联邦主义②，其和单一制国家的分权合作模式没有本质上的差异。归结为一点，中央政府和地方政府的合理分权关键在于中央统一立法的必要性以及对中央和地方治理的成本效益分析。③ 在合作联邦主义模式下，环境执法颇有成效，很大程度的原因是联邦政府花费大批量的人力和财力监督州的自行执法或者联邦政府直接参与环境执法。有学者称之为"胡萝卜加大棒"的机制，即联邦提供财力资助的同时夹杂监督和惩处的"大棒"。这保证了联邦环境执法权下放的有效性、高效性和公平性。例如美国《清洁空气法》和《清洁水法》为各州提供联邦资金，条件是接受资金的州必须建立至少满足联邦底线要求的环境控制机制。各州可以借鉴联邦标准设计执法策略、实施许可制度并通过州的司法程序执行规则。联邦要求合作的州提供连续不断的监督，并接受联邦的指导和审查，向联邦提供有关的实施记录和行政程序以及个案决定。如果州政府不能履行承诺或有关立法规定，那么联邦政府将取消对州的资助或进行审批的资格。如果州政府不能满足程序要求，那么联邦可能取消对州的授权。④ 也就是说，联邦政府可以绕过州直接执法。当然，合作联邦主义也并非完美无缺，执法的分散性影响了环境法的实施效果。⑤ 我国《环境保护法》设置的环境保护目标责任制和考核评价制度为中央惩处地方执法不力提供了"大棒"，但具有激励作用的"胡萝卜式"财政转移支付制度尚未完全入法，只提到各级人民政府应当加大保护环境的财政投入，未明确中央政府的专项资金投入。将来制度设置的应有之义是，中央政府更多采取正面激励的资金投入鼓励地方严格执法，辅以执法不力的惩处。

最后，善用大数据背景下的技术治理。随着信息技术的飞速发展，中

---

① Robert V. Percival, "Environmental Federalism: Historical Roots and Contemporary Models", *Md. L. Rev.*, Vol. 54, 1995.

② Scott Josephson, "This Dog Has Teeth...Cooperative Federalism and Environmental Law", *Vill. Envtl. L. J.*, Vol. 16, 2005.

③ 张千帆:《从二元到合作——联邦分权模式的发展趋势》，《环球法律评论》2010 年第 2 期。

④ 同上。

⑤ Will Reisinger, Trent A. Dougherty, Nolan Moser, "Environmental Enforcement and the Limits of Cooperative Federalism: Will Courts Allow Citizen Suits to Pick up the Slack?", *Duke Envtl. L. & Pol'y F.*, Vol. 20, 2010.

央政府致力于运用"数据管理"的各项技术量化考核指标，以期提高治理的有效性，缓解治理规模的压力。我国环境问题规模庞大、数据量可观，传统技术力有不逮，技术治理是节约成本、提高效率的有效工具之一。同样，公众利益需求形式的多样态及表达渠道的多路径（如诉讼、信访、自媒体、群体性事件等）同样需要技术工具的支撑。虽然有学者认为"技术治理"不能解决我国治理问题的根本，如技术手段由人控制不能解决实质问题、给予下级部门提供新的谈判筹码、降低治理的灵活性，[1] 非扎根于具体的社会经验会衍生出各种连带的矛盾[2]，等等。但大数据背景下，信息量的急剧膨胀非技术手段无法应对，同时为了应对环境治理中信息的不确定性、不对称性及模糊性，"技术治理"在我国环境治理中应有不可或缺的一席之地。

四 明晰监管部门的职权

要化解部门治理的问题，预防公共权力被私益主体分解，需要加强公共行政立法和行政监督，实现"部门行政"向"公共行政"的转变。[3] 首要的是环境治理部门职权的明晰化。从科学管理制度的设计角度看，单一式的环境治理体制是较为理想的模式，即由统一的机构单独履行环境治理的所有职能，消除分散式环境治理体制的弊端，大幅提高环境治理的效率。但是由于历史、政治、社会和经济的原因，我国目前尚难以从根本上改变分散式治理的现状。较为可行的路径是兼顾历史形成的分散式治理的现状，以改革成本最小化为前提条件，实行一体化整合式环境治理体制，这是一种介于分散式体制和单一式体制之间的过渡形态。[4] 当前《环境保护法》的设置就具有这种特点，但规定过于模糊。对此立法上应该统一明确规定管理部门的地位、机构组成、各部门承担的管理职责以及各部门

---

[1] 周雪光：《国家治理规模及其负荷成本的思考》，《吉林大学社会科学学报》2013年第1期。

[2] 渠敬东、周飞舟、应星：《从总体支配到技术治理——基于中国30年改革经验的社会学分析》，《中国社会科学》2009年第6期。

[3] 陈通、郑曙村：《部门利益冲突的解析与防治》，《中共浙江省委党校学报》2009年第2期。

[4] 车文辉：《配置与整合：跨界水环境治理的权力结构》，《行政管理改革》2012年第5期。

间相互协调、配合和监督的程序等。通过立法上环境治理体系的顶层设计，对原有分散式的机构及其职能做适当调整和合并，将环境监管的职能统一到环保部门。

首先，明确划分环境统管部门与环境分管部门的职责权限。在效力层级上，环境行政主管部门是各级政府开展环境保护工作的统一监管部门，在环境监督管理体制中占据主导地位，各部门分工监督管理是协同环境行政主管部门对某一领域进行单项监管，在环境监督管理体制中居于辅助地位。在管理范围上，环境行政主管部门的统一监管是全方位、跨部门的综合性监管，各部门的分工监管是行业内部、部门内部的方面监管，不能排斥环境行政主管部门的监督检查。[1]

其次，设置完善的环境管理协调机制并使其有效运行。应将环境协调权授予专门机构行使，在不同环境管理机构之间出现冲突和矛盾时及时予以协调处理。我国目前的环境管理体制恰恰缺乏完备的协调机制，其欠缺的主要表现是中央缺乏综合性、权威性的协调机构。1984年我国曾设立国务院环境保护委员会，负责研究审定环境保护的方针、政策，提出规划要求，领导和组织协调全国的环境保护工作，但该机构在1998年机构改革中被撤销。取而代之的是2001年国务院建立的全国环境保护部际联席会议制度，该制度是环境保护的部际协调机制。该制度并不稳定和健全，缺乏行使职能的法定途径，未能有效发挥部级协调的作用，很多时候联席会议制度"议而不决""决而不行"。因此，2014年12月中国环境与发展国际合作委员会提出建议，重新组建由国务院主管领导任主任的国务院环境保护委员会，使之真正承担起一个高级议事协调机构的功能。[2]

最后，建立以区域生态环境特点为基础的跨区环境监管机构，强化对跨省区区域生态环境的统一管理。我国《环境保护法》规定，国家建立跨行政区域的重点区域、流域环境污染和生态破坏联合防治协调机制，实行统一规划、统一标准、统一监测、统一的防治措施。为了有效实施联合防治协调机制，现有的机构设置无法满足需要。对于涉及不同省区且具有相同环境特征和保护要求的生态地理区域或江

---

[1] 王洛忠：《我国环境管理体制的问题与对策》，《中共中央党校学报》2011年第6期。

[2] 王尔德：《国合会建议组建国务院环境保护委员会》，《21世纪经济报道》（http://jingji.21cbh.com/2014/12-4/5NMDA2NTFfMTM1MDM5Nw.html）。

河、湖海生态区域或自然生态保护区,可以建立跨省区的环境保护协调机构。①

2018年国务院进行大规模机构改革,在某些方面实现了上述设想。根据自然资源部②、水利部③、生态环境部④等部门的"三定"方案,生态环境部整合了原环境保护部的职责,国家发展和改革委员会的应对气候变化和减排职责,原国土资源部的监督防止地下水污染职责,水利部的编制水功能区划、排污口设置管理、流域水环境保护职责,原农业部的监督指导农业面源污染治理职责,原国家海洋局的海洋环境保护职责和国务院南水北调工程建设委员会办公室的南水北调工程项目区环境保护职责。由此可见,生态环境部收回了过去与其他部门相交叉部分的所有职能,实现了环境主管部门对生态环境保护全方位、跨部门的综合性监管。同时,生态环境部设立华北、华东、华南、西北、西南、东北区域督察局,作为部属派出机构,承担所辖区域内的生态环境保护督察工作。设立长江、黄河、淮河、海河、珠江、松辽、太湖流域生态环境督察管理局,作为生态环境部设在七大流域的派出机构,负责流域生态环境监管和行政执法相关工作,实行生态环境部和水利部双重领导、以生态环境部为主的管理体制。跨区域、跨流域环境监管机构的设立为有效实施联合防治协调机制奠定了组织基础。当然,机构改革对未来环境治理的影响仍然留待实践的检验。

五 强化府际合作的协同性

跨界环境治理面临长期的、广泛的根本性困境,如何实现环境治理领域横向权力配置与运作的法治化是一个长期的过程,它嵌套于整体的社会结构与制度环境。有学者认为,区域环境治理法治化的基本特征是协同

---

① 赵成:《论我国环境管理体制中存在的主要问题及其完善》,《中国矿业大学学报》(社会科学版)2012年第2期。

② 《自然资源部职能配置、内设机构和人员编制规定》,中国机构编制网(http://www.scopsr.gov.cn/bbyw/qwfb/201809/t20180911_308254.html)。

③ 《水利部职能配置、内设机构和人员编制规定》,中国机构编制网(http://www.scopsr.gov.cn/bbyw/qwfb/201809/t20180910_308240.html)。

④ 《生态环境部职能配置、内设机构和人员编制规定》,中国机构编制网(http://www.scopsr.gov.cn/bbyw/qwfb/201809/t20180911_308253.html)。

性，即"区域内不同行政区各类主体的协同行动及其结果与状态"，可概括为"协同法治"。① 有学者提出，在区域府际合作治理法治化要求的背景下，以区域治理关系为调整对象的区域行政法应运而生。区域行政法框架体系包括三个部分：第一，区域行政主体制度，涉及行政机关行政区域管辖权范围与跨区域治理的平衡问题，非政府公共主体的法律授权和自治规则的协调问题。第二，区域行政行为制度，涉及以政府为主导的多元主体协同行动、合作治理、共担责任问题。第三，区域行政监督救济制度，以跨行政区域的行政监督和行政救济为核心的相关问题。②

按照行政法治的要求，在顶层设计方面，府际环境合作治理困境的解决要从几方面着手。首先，要求规范区域内各地方政府的权力，强化政府责任，并明确法律救济途径以追究政府责任，如此使区域内各地方政府具有合作行动的压力。建议构建硬法与软法融合的混合规制模式。③ 其次，统一地方政府的政绩考核目标，强调以民生为本，增加生态文明建设的考核比重。要求地方政府不能以当地经济发展要求而轻视相邻区域的环境保护要求，不能以企业符合地方政府财政税收贡献而否认相邻区域的环境利益需求。最后，设置地方政府利益动态平衡机制。利益动态平衡机制的目的在于保障地方政府利益博弈有序进行，求同存异，增加社会利益总量，减少利益分化。④ 利益动态平衡机制可以运用生态转移支付，采取直接筹资和一般性拨款等"奖励型"生态转移支付方式，此种方式对地方政府环境治理的激励效果具有显著的促进作用。⑤

在具体制度层面，要突破跨区域环境治理中的困境，应从组织机构、运行机制和信息技术等方面构建府际合作的整体制度体系和策略系统。（1）区域协调机构的建立。第一，国家层面建立区域性环境管理

---

① 肖爱、李峻：《协同法治：区域环境治理的法理依归》，《吉首大学学报》（社会科学版）2014年第3期。

② 刘云甫、朱最新：《论区域府际合作治理与区域行政法》，《南京社会科学》2016年第8期。

③ 石佑启、黄喆：《论跨界污染治理中政府合作的法律规制模式》，《江海学刊》2015年第6期。

④ 肖爱、李峻：《协同法治：区域环境治理的法理依归》，《吉首大学学报》（社会科学版）2014年第3期。

⑤ 刘炯：《生态转移支付对地方政府环境治理的激励效应——基于东部六省46个地级市的经验证据》，《财经研究》2015年第2期。

协调机构。第二，府际协调管理机构，特定区域、流域内相关地方政府之间建立府际环境管理协调机构。（2）合作运行机制的深化。第一，健全地方法规、政策协调机制，完善环境协作治理联席会议制度①。第二，建立区域环境联合执法机制，包括联合检查机制、事故联合处置机制等。第三，确立跨区域司法和多元纠纷解决机制。第四，完善区域生态利益分享及生态利益补偿机制。（3）合作信息技术的创新。在促进环境治理府际合作方面，信息技术的作用至关重要。各地方政府应当借助先进的信息技术，向社会及公众公开各类环境信息，构建高效的信息沟通和共享系统，加速信息的传播、交流，从而降低政府间谈判、协商的交易费用。②

六　稳步推进环境监管体制垂直改革③

省以下环保部门监测监察执法垂直管理制度改革成败的核心问题在于，市、县人民政府对本行政区域的环境质量负责，县级以上地方环境主管部门对本行政区域环境保护工作实施统一监督管理的法律规定如何落到实处。环境监管行政权力配置所涉及的因素众多，包括中央地方职权划分、经济结构、社会影响、舆论压力、污染特性、排放分布等，尤其我国幅员辽阔，地域差异明显，因此垂直管理改革不能"一刀切"，要有适度弹性，各地需因地制宜方能顺利完成这项改革。当然，仅仅着眼于环境监管的垂直向度是不够的，长远的目标应当是创建一种融合垂直与横向考虑的、基于更加综合性视野的新制度框架。我国还需要很长的一段时期才能形成中央与地方政府之间在环保问题上的政治共识与协调努力。

（一）环境监管地方政府负责制的总体构建

1. 顶层设计

垂直管理是个系统工程，需要做好一揽子顶层设计。顶层设计应当具

---

① 王玉明：《广东跨政区环境合作治理的组织创新与信息保障》，《南方论刊》2011年第10期。

② 胡佳：《区域环境治理中地方政府协作的碎片化困境与整体性策略》，《广西社会科学》2015年第5期。

③ 2018年国务院机构改革，环境保护部改组为生态环境部，但垂直改革管理仍然会纵深推进，本部分内容作为政策参考。

有全局视野，着重关注与其他机制改革的综合配套，尤其是与生态文明体制改革的协调，与生态环境保护制度的联动，与事业单位分类改革、行政审批制度改革、综合行政执法改革的衔接，从而提升改革的综合效能。具体主要从以下三个方面着手展开：一是意识层面。凝聚人心是机构改革后人员融合的"血脉"。改革前，作为基层公务员，环境监察、监测人员归属地方政府管理，与地方有千丝万缕的联系。改革过程中，要充分考虑相关人员的思想意识状态，作好思想工作，凝聚人心。二是行政权力配置层面。监测和监察执法，都存在行政权力配置问题。省级以下各级政府都有监测、监察执法机构，在落实垂直管理时，要充分考虑行政权力的分配。三是人力资源配置层面。人员与岗位匹配是该领域的核心。领导成员构成、内设机构设置、编制与职能匹配、人员专业水准提升，都是需要充分考虑的问题。

2. 领导责任的追责机制

2015 年中共中央、国务院印发了《生态文明体制改革总体方案》。①《生态文明体制改革总体方案》确立了从属地负责为基础的上级考核验收模式来展开环境保护事权改革。地方环保部门享有行政许可和监管权，并且适当赋予社会组织技术服务权，减轻环保部门负担。同时上收考核权，按照"党政同责"原则对环境监管职能部门的违法违规行为进行追责。目前上级考核以环保督察作为主要形式，即以各级政府及相关部门等主体为考核对象，根据环境保护目标责任制设立的目标，特别针对区域、流域突出的环境问题，采取督察巡视、挂牌督办、执法稽查等方式监督环境监管职能部门履行职责。进而对怠于履责、盲目决策造成环境损害的党政领导干部依法问责，预防和纠正环境执法的偏差，杜绝乱作为、不作为及失职渎职行为。

为此，《党政领导干部生态环境损害责任追究办法（试行）》设置了一套更加完整和严密的责任追究启动机制，要求负有环境资源保护监管职

---

① 《生态文明体制改革总体方案》提出要构建充分反映资源消耗、环境损害和生态效益的生态文明绩效评价考核和责任追究制度，着力解决发展绩效评价不全面、责任落实不到位、损害责任追究缺失等问题，从而达到督促地方政府履行环境保护属地责任的目标。环境监测监察执法垂直管理的实质是要促使县级政府更好地落实环境保护责任，而不是由省级政府代替县级政府履行环境保护责任。省级政府的公共管理能力难以包揽省内所有的环境公共事务。

责的部门、纪检监察机关、组织（人事）部门及时启动追责程序。① 按照该办法的追责程序，无论是主动调查还是有人举报，负有环境资源保护监管职责的部门一旦发现追责情形，都要及时将相关党政领导干部应负责任和处理建议移送纪检监察机关或者组织（人事）部门，然后由纪检监察机关或者组织（人事）部门做出处理。上述这些部门如果发现应当追责而没有追责的，则相关人员就出现了失职行为，可以追究失职人员的责任。因此，环境资源保护监管部门、纪检监察和组织（人事）部门都有责任和权力开启追责程序。反之，如果负有监管职责的部门没有及时启动追责程序，反而会被追究责任。

3. 监管模式的变革

长期以来，我国政府各级行政部门坚持传统监管模式——命令—控制模式，已形成固有管理习惯，具体到环保部门，一般认为监管就是监察执法。毋庸置疑，环境监察执法确实是目前最直接、最有效的环境管理手段，也是环保部门运用最熟练的监管手段。一旦监测监察执法上收至省级环保部门，地方环保部门就失去了基本的监管手段。当前的改革需要地方环保部门突破传统监管模式的局限，引入现代政府的事前、事中及事后的全过程监管模式。主要有以下几种方式。

一是风险分类监管。有限的监管资源与相对无限的监管对象是一对难以调和的矛盾。风险评估、风险警示、定向监管是风险管理的三个基本环节。基层环保部门应该借助风险分类，才能实现精准制导。通过对数据进行统一分析比对，地方政府环保部门可以确定嫌疑企业，并将情况通报环境执法机构。风险管理监管属于事中监管，这已成为国际上通行的监管方式。

二是"大数据"信息监管。经常性地从大容量的市场主体信息中挖

---

① 《办法》第11条规定：各级政府负有生态环境和资源保护监管职责的工作部门发现有本办法规定的追责情形的，必须按照职责依法对生态环境和资源损害问题进行调查，在根据调查结果依法做出行政处罚决定或者其他处理决定的同时，对相关党政领导干部应负责任和处理提出建议，按照干部管理权限将有关材料及时移送纪检监察机关或者组织（人事）部门。需要追究党纪政纪责任的，由纪检监察机关按照有关规定办理；需要给予诫勉、责令公开道歉和组织处理的，由组织（人事）部门按照有关规定办理。第13条规定：政府负有生态环境和资源保护监管职责的工作部门、纪检监察机关、组织（人事）部门对发现本办法规定的追责情形应当调查而未调查，应当移送而未移送，应当追责而未追责的，追究有关责任人员的责任。

掘出有价值的数据，为精准监管提供决策支持。同时，地方政府可以组织多部门联合双随机抽查，确定排污单位的相关数据。推动环保部门与市场监管、税务、银行等部门、企业合作，对现有数据进行挖掘，将问题企业的数据直接移送给环境执法机构。《垂直改革指导意见》提出了相应要求。①

三是征信监管。依据《环境保护法》的规定，各级政府可以推动将企业环境违法信息纳入统一的征信系统，联合生态环境部门、自然资源部门、水电供应企业、信贷监管、银行等多方主体对失信者实施联合惩戒。通过这种方式倒逼企业不敢违法排污。

（二）环境监管部门之间关系的协调

1. 环保部门系统内部的协调

根据《垂直改革指导意见》的部署，省级环保部门对辖区内的环境保护工作实施统一监管，在管辖范围内统一建设环境监测网络，对省级环境保护许可事项进行执法，对市县两级环境执法机构给予指导，对跨市相关纠纷及重大案件进行调查处理。市级环保部门对辖区范围内环保工作实施统一监管，负责属地环境执法，强化综合统筹协调。县级环保部门强化现场环境执法，环境许可等职能上交市级环保部门，在市级环保部门授权范围内承担部分环境许可具体工作。市级环保部门实行以省级环保部门为主的双重管理，仍是市级政府的组成部门。②

2. 环保部门与其他环境监管部门的协调

首先，明确划分环境统管部门与环境分管部门的职责权限。在效力层级上，环保部门是环境保护统一监管部门，占据主导地位，各部门分工监督管理是协同环保部门对某一领域进行单项监管，居于辅助地位。在管理范围上，环保部门的统一监管是全方位、跨部门的综合性监管，各部门的分工监管是行业内部的方面监管。③《垂直改革指导意见》有明

---

① 省级环保部门要建立健全环境监测与环境执法信息共享机制，建立、运行生态环境监测信息传输网络与大数据平台，实现与下级政府及其环保部门的互联互通、实时共享、成果共用。

② 《垂直改革指导意见》要求："省级环保厅（局）党组负责提名市级环保局局长、副局长，会同市级党委组织部门进行考察，征求市级党委意见后，提交市级党委和政府按有关规定程序办理，其中局长提交市级人大任免。县级环保局调整为市级环保局的派出分局，由市级环保局直接管理，领导班子成员由市级环保局任免。"

③ 王洛忠：《我国环境管理体制的问题与对策》，《中共中央党校学报》2011年第6期。

确要求。① 其次，设置完善的环境监管协调机制并使其有效运行。应将环境监管协调权授予专门机构行使，在不同环境监管机构之间出现冲突和矛盾时及时予以协调处理。目前我国缺乏完备的协调机制，中央缺乏综合性、权威性的协调机构。笔者建议重新组建由国务院主管领导任主任的国务院环境保护委员会，使之真正承担起一个高级议事协调机构的职能。最后，建立以区域生态环境特点为基础的跨区环境监管机构，强化对跨区域生态环境的统一管理。因地制宜，结合区域、流域环境监管特点设置跨区县的环境执法机构。② 如何有效地实施联合防治协调机制，现有机构设置无法满足需要。《垂直改革指导意见》要求，试点省份积极探索按流域设置环境监管和行政执法机构、跨地区环保机构，有序整合不同领域、不同部门、不同层次的监管力量。建立健全区域协作机制，推行跨区域、跨流域环境污染联防联控，加强联合监测、联合执法、交叉执法。条件允许的情况下，省级环保部门可以选择驻市环境监测机构，承担跨区域、跨流域生态环境质量监测职能。

3. 跨省区环境监管机构的设置

从长远看，对于涉及不同省区且具有相同环境特征和保护要求的生态地理区域或江河湖海生态区域或自然生态保护区，可以建立跨省区的环境监管机构，通过立法赋予其具有强制力的地方执法监督权和直接执法权。

如前文所述，2018 年生态环境部设立了多个跨区域、跨流域的环境监管机构，赋予其处理辖区内环境相关议题的充分权力，从而使其成为中央政府与地方（尤其是省级）政府环保部门之间的中间机构。相应的，它们将拥有作为生态环境部二级下属机构的充分职权来负责辖区内的环境监管。这种改革至少具有两方面的积极意义：首先，生态环境部与跨区域、跨流域环境监管机构之间的职责分工更为明确，生态环境部的很多职责及权力会下放到跨区域、跨流域环境监管机构。其次，可以实质性地改善中央对地方政府环境监管和执法的监督和制约。③ 从短期来看，跨区

---

① 试点省份要制定负有生态环境监管职责相关部门的环境保护责任清单，明确相关部门在工业污染防治、农业污染防治、城乡污水垃圾处理、国土资源开发环境保护、机动车船污染防治、自然生态保护等方面的环境保护责任，按职责进行监管。

② 王树义、郑则文：《论绿色发展理念下环境执法垂直管理体制的改革与构建》，《环境保护》2015 年第 23 期。

③ 郇庆治、李向群：《中国的区域环保督查中心：功能与局限》，载［德］迪特·（转下页）

域、跨流域环境监管机构的改革会面临着诸多制约性因素。生态环境部还难以领导创建社会主要角色之间环境协同治理结构的复杂进程。跨区域、跨流域环境监管机构还需要汲取其他国家环保部门区域办公室模式的经验与教训。

(三) 环境监测监察执法垂直管理的具体方案

1. 环境监察

根据《环境保护法》的规定,[①] 环境监察执法机构的执法权来自地方各级政府环保部门的委托,其性质并非独立的行政主体。实施省垂直管理后,其法律地位需重新厘定。在《环境保护法》没有再作修订的背景下,基于"十三五"规划改革的需要,省级政府应当确定环境监察机构的环境行政处罚权,使其作为独立的行政主体参与行政复议、行政诉讼,并承担相应的法律责任。进而按照级别管辖与属地管辖相结合,以属地管辖为主的原则,合理划分环境监察机构层级职责与事权,避免职责交叉重叠。在环境事务较多的乡(镇、办事处)设置环保工作站(所),延伸环保管理网络,实现环境监管全覆盖。[②]

2. 环境监测

环境监测机构实施省垂直管理后,根据 2015 年国务院办公厅发布的《生态环境监测网络建设方案》,国务院环境主管部门会继续上收生态环境监测事权,以建成陆海统筹、天地一体、上下协同、信息共享的生态环境监测网络。[③]

(接上页) 格鲁诺、[德] 托马斯·海贝勒、李惠斌主编《中国与德国的环境治理——比较的视角》,中央编译出版社 2012 年版,第 143—144 页。

① 《环境保护法》第 24 条规定:"县级以上人民政府环境保护主管部门及其委托的环境监察机构和其他负有环境保护监督管理职责的部门,有权对排放污染物的企业事业单位和其他生产经营者进行现场检查。"

② 《垂直改革指导意见》要求:"试点省份将市县两级环保部门的环境监察职能上收,由省级环保部门统一行使,通过向市或跨市县区域派驻等形式实施环境监察。""要配强省级环保厅(局)专职负责环境监察的领导,结合工作需要,加强环境监察内设机构建设,探索建立环境监察专员制度。"

③ 《垂直改革指导意见》要求:"本省(自治区、直辖市)及所辖各市县生态环境质量监测、调查评价和考核工作由省级环保部门统一负责,实行生态环境质量省级监测、考核。现有市级环境监测机构调整为省级环保部门驻市环境监测机构,由省级环保部门直接管理,人员和工作经费由省级承担;领导班子成员由省级环保厅(局)任免;主要负责人任市级环保局党组成员,事先应征求市级环保局意见。"

针对我国生态环境监测体制亟待解决的难题，多方位的措施必不可少：一是环境监测机构职权配置问题。省级环保部门上收环境监测事权，重点污染源监测和监管重心下移，逐步加强对地方重点污染源监测的管理。将来国务院环境主管部门进一步上收监测事权，最终建成涵盖大气、水、土壤、噪声、辐射等要素，布局合理、功能完善的全国环境质量监测网络，按照统一的标准规范开展监测和评价。行政机构监测之外，开放服务性监测市场，鼓励社会环境监测机构参与。但第三方作为企业，难逃逐利性本能，与监测要求的中立性也会发生偏离，第三方能否不被排污者所"俘获"，也是一个重大课题。环保部门要强化对社会监测机构和运营维护机构的管理。二是监测数据真实性问题。环境监测数据数出多门、何者为真的问题长期为社会所诟病。根据《生态环境监测网络建设方案》的要求，国务院环境主管部门要会同有关部门建设全国环境质量监测网络，联网共享、统一发布，从而实现各有关部门统一断面点位、评价指标、评价方法的统一考核、统一发布。同时为了确保第三方独立、客观，做到监测数据准确可靠，应当采用市场竞争机制，在一定区域范围内多家第三方社会环境监测机构均可参与竞争。

3. 地方环境执法

《垂直改革指导意见》提出，县级环境监测机构职能调整为执法监测，随县级环保部门上收到市级，由市级承担人员和工作经费，具体工作接受县级环保部门领导，配合属地环境执法，形成环境监测与环境执法有效联动，环境执法重心向市县下移，加强基层执法队伍建设，强化属地环境执法。市级环保部门统一管理本行政区域内县级环境执法力量，由市级承担人员和工作经费。赋予环境执法机构实施现场检查、行政处罚、行政强制的条件和手段。将环境执法机构列入政府行政执法部门序列，配备调查取证、移动执法等装备，统一环境执法人员着装，保障一线环境执法用车。试点省份结合事业单位分类改革和综合行政执法改革，规范设置环境执法机构。健全执法责任制，严格规范和约束环境监管执法行为。市县两级环保部门精简的人员编制要重点充实一线环境执法力量。乡镇（街道）要落实环境保护职责，明确承担环境保护责任的机构和人员。地方政府要建立健全农村环境治理体制机制。

（四）公众监督的引入

垂直管理最关键的配套是政府与社会多元共治，增加互动机会，拓宽协商渠道，健全市场调节和社会参与、监督的体制，引入并强化公众问责机制。具体做法是在省级层面将所有原始监测数据在统一平台上向社会公众公开发布。数据统一公开具有两方面的优势：一方面，为不同区域政府的党政领导开辟除经济增长竞争外的第二个竞争领域，这种竞争将成为生态文明建设的持续性动力；另一方面，公众可以直接对损害生态环境的市场主体和未尽责履行环保职能的政府机构进行监督。

第四节　环境治理行政权力体系外部的完善

一　弥合专家与公众的分歧

公众模式与专家模式的矛盾、分歧和冲突并非不可调和，虽然难度很大，且目前没有完全行之有效的统一方案。

在环境风险治理方面，孙斯坦是坚定的专家模式支持者，他主张以高度专家化的行政模式治理环境风险，并对民粹主义的治理模式持严重怀疑的态度。但他也承认，纯粹的专家模式也有问题。第一，美国是协商民主国家，公众的诉求占据着极其重要的位置，甚至可以说是第一位的。因此，风险治理的价值选择应当由社会公众做出，而不是行政机关、专家。第二，即便行政机关基于专家意见所做的治理决策是正确的，决策的贯彻和落实也需要公众的配合和支持。因此，最好的方案是既要顾及公众的价值诉求，又不能屈服于公众对环境风险的错误认识。① 当然，实践中如何做到这点需要高超的行政技巧。

风险预防原则是应对未知环境风险的指导性原则，一般是指，当公众面临环境风险不可逆转或严重危害的威胁时，科学的不确定性不能成为阻却采取预防措施的理由。而采取预防措施的责任主要落在政府肩上。一方面，现代社会大规模的环境风险充满未知性和不确定性，公众源于直觉和盲从的危机意识日益暴涨，但个人力量又不足以应对，因此政府承担起治理大规模环境风险的职责成为一种自然而然的选择；另一方面，在协商民主的背景下，公众既可能对政府施加压力要求其治理风险，也可能要求自身参与治理过程，监督政府机关及受规制者的治理决策和执行效果。环境

---

① ［美］凯斯·R. 孙斯坦：《风险与理性——安全、法律与环境》，师帅译，中国政法大学出版社 2005 年版，第 368—369 页。

风险治理的科学不确定性恰好证明了公众参与环境风险治理的必要性和可行性。环境风险对公众生命、健康的危害关系到每个人的切身利益，行政机关、专家掌握的信息不是专有的，信息不对称所引发的不信任会对行政机关决策的合法性产生根基上的动摇，触发民粹主义。此外，行政机关、专家对环境风险的信息、知识也并非是准确的、完整的，公众参与治理决策也更有必要。诚如有学者所论，"最重要的问题，不再是如何做出'正确的'或'符合科学理性'的风险决定——这在客观上不可能——而是如何做出'公平的'或者'符合社会正义'的风险决定"①。

总体上，环境风险治理方面，专家模式和公众模式两者都不具备独立支撑整个局面的能力，两种模式应当进行动态的调和。行政机关及专家应将环境风险评估和治理决策中的科学基础、前提假设、危害结果、可能结论向社会公众作完整、充分、及时的说明，保证公众的知情权，争取其心理上的初步认同。然后，就可能采取的应对方案，行政机关、专家应与公众作持续的协商、沟通，以交往程序换取公众对风险治理决策合法性、正当性的实质认同。

具体制度的构建可以从机构改革和程序保障两方面着手。②

1. 对环境风险治理行政机关进行改革。机构改革的目的在于增强专家有关环境风险科学知识的准确性，同时保持其独立性和公信力。该机构必须具有超脱原行政机关的跨机构的权限；该机构必须要在一定程度上绝缘于政治，要能承受住诸多政治压力的考验；该机构必须具备足够的专业性，保证科学知识的正确指导；该机构必须具有足够的权威性，等等。③

2. 从程序方面消弭专家和公众的冲突和矛盾。无论是公众还是专家，对环境风险的认知是不完全的，实质理性无法完全消解矛盾，无法达到各方都满意的目标。因而，只能从程序理性的路径着手，毕竟，过程的参与可以在某种程度上化解公众心理上的对立情绪。程序的要求包括：强制行政机关和企业公开环境信息，增加公众的风险知识储备；确定环境风险治理过程所涉及的各利益方，并为其参与治理提供规则、物质上的便利；根

---

① 金自宁：《风险中的行政法》，法律出版社 2014 年版，第 47—48 页。
② 戚建刚：《风险规制过程的合法性》，载沈岿主编《风险规制与行政法新发展》，法律出版社 2013 年版，第 99—104 页。
③ [美] 史蒂芬·布雷耶：《打破恶性循环：政府如何有效规制风险》，宋华琳译，法律出版社 2009 年版，第 79—80 页。

据交往理论，确定沟通程序，风险的事实问题主要应遵从专家意见，价值选择则应服从公众意愿；设置反思性程序，公众和专家参与环境风险治理的全过程，并根据实际情况的变化，对各方意见进行反馈，及时变更原决策方案中不适应的措施。

程序主义路径本质上即是合作治理模式、商谈机制，其构建一整套宏观性的程序框架和商谈论坛，各利益方积极参与过程、理性交流信息、相互理解诉求、充分论证方案。这种开放式的治理结构能够充分接触有关环境风险的各种信息，确保决策基础的广泛性，获得更多公众的支持。同时，决策过程又是审慎的，治理主体需要对各类信息、各种利益诉求、成本分配和收益分享等进行充分交流，慎重权衡。① 当然，如前文所述，专家知识和公众舆论的矛盾是程序主义路径必须直面的难题。专家的科学知识与社会公众的民主意识在环境风险治理方面的紧张关系必然会长期存在，不可能完全消除。程序主义路径要从完善风险交流程序、商谈机制方面着手，以专业科学知识为商谈的基本范畴，围绕着各利益方的利益博弈展开协商、沟通，促进各方意见的充分审议。

二 构建新型责任机制

从目前情况来看，私人主体行使公共管理职权的私人行政的责任机制无法确立一套统一的、标准的体系，根据合作治理具体形式的特点，将来责任机制的发展趋势应当是多样化、动态化、情境化。学者们的建议大多是寻求替代性责任机制，以补充或替代司法审查等传统的行政责任机制。

（一）顶层设计

行政机关传统的法律责任是行政机关及其工作人员违反法定职责而应承担的否定性法律后果，包括行政行为的不合法、不合理或存在瑕疵等。而合作治理的责任机制与传统行政法律责任在很多方面均有不同。② 第一，合作治理责任机制基础不同。如前文所述，合作治理是科层机制、市场机制和商谈机制的耦合。传统行政模式以科层组织为基础，而合作治理引入多元主体共同参与环境风险治理，大量的私人主体广泛介入传统行政规制领域，这其中既有由政府主导创建的市场结构，如碳排放权交易市

---

① 赵鹏：《知识与合法性》，载沈岿主编《风险规制与行政法新发展》，法律出版社2013年版，第72页。

② 胡敏洁：《论政府购买公共服务合同中的公法责任》，《中国法学》2016年第4期。

场、排污权交易市场；也有社会公众及团体参与管理的社会自治领域，如社区环保规约；还有多元主体相互监督、制约的混合领域，如多方环保协议。虽然上述机制集合了各自的优势，但也可能发生政府、市场、社会的三重失灵。第二，合作治理责任主体多元化。不同于命令—控制型规制模式中行政机关与行政相对人之间管理与被管理的法律关系，在合作治理中，行政机关、市场主体、社会主体之间形成了三元多层的复杂法律关系。基本结构如图 5-1 所示。

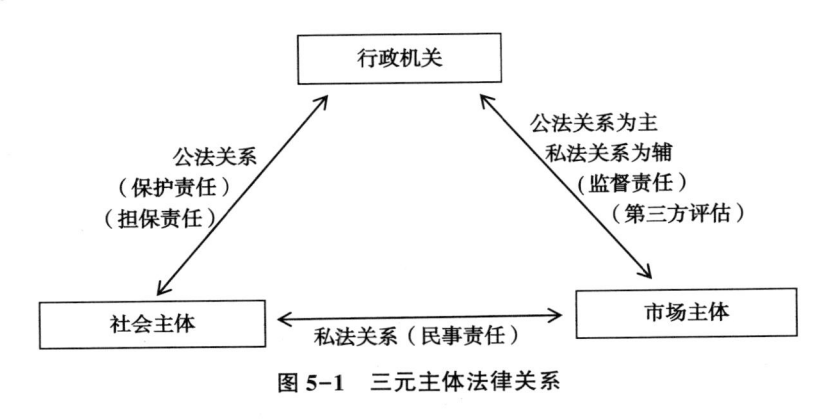

```
                    行政机关
           ↗                    ↘
    公法关系            公法关系为主
    （保护责任）        私法关系为辅
    （担保责任）        （监督责任）
                       （第三方评估）
    社会主体 ←——————————→ 市场主体
         私法关系（民事责任）
```

图 5-1 三元主体法律关系

第三，合作治理责任内容多层化。第一层是行政机关的法律责任，包括行政机关对市场主体、社会主体的责任。行政机关将环境治理的权力部分授予市场主体，由其进行自我管理，如果市场主体不遵守协商所达成的规则，行政机关应当追究其责任，否则即是行政不作为。行政机关将环境治理的权力部分授予社会主体，就要积极地协助社会主体行使权力，如果行政机关不积极履行合作规则，社会主体可以通过行政复议、行政诉讼追究其责任。第二层是市场主体的责任，包括违反法律强制性义务的责任和违反合作治理所达成之规则的责任。前者属于传统责任范畴，适用传统法律责任机制。后者常以环保协议、自我管制的私法形式出现，其责任机制需要创新，可以民事责任形式来替代行政责任，同样可以达到环境治理之目标。第三层是社会主体的责任，包括社会主体违法参与治理过程的责任，以及社会主体滥用所赋予权力之责任。如果出现社会主体不具有法定资质和要求、以合法形式意图实现非法目的、不遵守法律程序、采取强迫方式等违法情形，则该社会主体要承担相应的法律责任。此外，社会主体行使权力的行为即使是合法的，也不能随意滥用，胁迫市场主体接受不合理的条件，否则该社会主体也要承担责任。

合作治理模式下，公权主体和私人主体是相互依赖的，保持着动态的、微妙的平衡。根据这个特性，在责任机制的总体设计上，学者们提出了诸多不同的建议。有的主张，正式与非正式的责任机制共同适用，由公权主体、第三方、受规制主体共同作为监督主体。也就是说，执行主体与被执行主体相互监督，保持合作治理的交往互动。① 有学者将此称为"聚合责任"。② 私人主体具有不同的利益、价值追求，并不具备公权主体的公共利益导向性，因此，有学者建议对私人主体在合作治理中的权力作更多的限制，可以采用四种常见的机制——将私人主体视为公权主体并施加宪法性要求；根据禁止授权理论，确定对私人主体的某些授权无效；对私人主体的行为施加程序性控制要求；在私法领域增加要求公平与理性决定的公法规则。此外，某些公共职能只能由国家的公权主体承担，排除私人主体的参与。③ 或者公权主体有权保留决定的最终形式责任。④ 为了保证私人主体行使公权力行为的公益性、正当性，有学者认为应该从三个方面监督和控制其行为。一是制度上的监控，包括专业监控和合法性监控，前者主要是私人主体公权力行为的合法性与合目的性，后者顾名思义当然限于合法性。二是规范上的监控，"即应以法律明确规定行政任务之目标执行方式，并针对符合不同要求之各类生活，明确规范其法律效果，以控制行使国家权力之行为"。三是财务上的监控，"即指须运用财政上之手段来影响行政任务组织执行任务之行为"⑤。

总而言之，合作治理的责任机制不再以法院的司法审查作为责任追究模式，更多的是运用监督责任机制。具体内容包括以下三个方面。

1. 制度供应责任。行政机关要设置合作治理规则框架，为多元主体协商共治创造良好的社会环境；各方主体，尤其是行政机关要确立民主、高效的程序，规范合作治理的过程并确保其决策是正确的、妥当的；创立

---

① ［美］朱迪·弗里曼：《合作治理与新行政法》，毕洪海、陈标冲译，商务印书馆2010年版，第320页。
② 高秦伟：《私人主体的行政法义务？》，《中国法学》2011年第1期。
③ ［美］朱迪·弗里曼：《合作治理与新行政法》，毕洪海、陈标冲译，商务印书馆2010年版，第356页。
④ 同上书，第387—388页。
⑤ 陈爱娥：《国家角色变迁与行政组织法学面临的挑战》，载李建良等《行政法入门》，元照出版有限公司2004年版；转引自陈军《变化与回应：公私合作的行政法研究》，中国政法大学出版社2014年版，第203页。

新型机制，激励各方主体就特定事项的治理进行创新、学习和交流，力求形成科学的治理决策。

2. 兜底担保责任。行政机关作为公共职能的法定机关，应确保市场主体在合作治理中承诺的义务得到履行；应确保各利益方都有平等参与治理过程的机会；确保各利益方的诉求能得到公平、充分的表达；确保国家赔偿责任的承担；收回授予其他主体的权力，回归直接管制。

3. 信息公开责任。市场主体和社会主体在合作治理中享有一定的权力，这些权力学理上说应当是来源于公权力机关的授权。因此，市场主体和社会主体所要承担的责任更多的应该是程序性责任，要保证其行为的公益性，要接受行政机关、社会公众、其他社会主体等的监督，要保证其信息充分、真实地公开。[1]

（二）具体责任机制的构建

1. 传统进路

所谓传统进路是将传统行政法的规范性要求适用于私人主体。有学者经过论证认为，行政法与私法对私人主体的规制有很多类似之处，都是对某类主体行为的监督和约束。具体在三个方面：（1）程序公正和信息公开。行政机关做出行政行为要全面告知当事人事实及法律依据且为其提供表达意见的机会，接受社会公众监督。私人主体参与治理同样也要遵循这个要求。（2）司法审查。法院对行政行为的司法审查是确定行政机关法律责任的主要传统路径。实际上，法院对私人主体（尤其是市场主体）行为的审查也很相似，是否诚实守信、是否合法经营、是否滥用权利损害其他人合法利益等。"这与对行政行为审查的标准——'专横与反复无常'（the arbitrary and capricious）标准有异曲同工之妙，其要求考虑相关因素及判断上无明显的错误。"（3）私法上增加公法要求。为了防止私人主体参与治理出现责任缺失的问题，各国往往在私法规范中增加对私人主体的要求，譬如要求提供公益性服务产品的企业不得随意改变价格和供应，提高标准来检验私人主体提供公共物品的质量等。[2]

2. 问责机制

为了保证合作治理的决策及其实施符合公共利益要求，可以借鉴世界

---

[1] 胡敏洁：《论政府购买公共服务合同中的公法责任》，《中国法学》2016年第4期。
[2] 高秦伟：《私人主体的行政法义务？》，《中国法学》2011年第1期。

银行关于 PPP 项目的问责机制。私人主体是以维护自身利益为目的而参与合作治理的，即使是我们所称的公益性社会团体也代表着一定群体不特定多数人的局部公益。因此，私人主体的行为难免存在寻租、机会主义、"搭便车"等情形。如何追究类似行为产生的法律责任，对相关私人主体的问责机制是一项不错的选择。问责机制分为短途问责机制和长途问责机制。在 PPP 项目中，"短途问责机制通过在相互竞争的提供者中进行选择以及用户参与提供服务的管理过程来实现。在长途问责机制中，需要政府扮演关键角色，政府对服务提供者进行问责，同时又对公众负责"①。具体如图 5-2 所示。

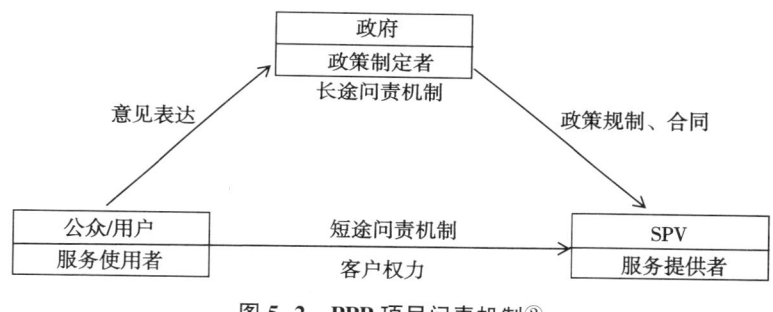

图 5-2 PPP 项目问责机制②

在环境风险合作治理中，短途问责机制主要是行政机关、社会主体根据合作治理形成的规则对市场主体的环境治理行为进行监督，如果其不遵守治理规则，则要求其承担法律上的强制性义务。长途问责机制主要是通过市场主体承担环境治理义务的竞争，从而获取政府、社会公众的信任，其提供的产品或服务获得更多消费者青睐，在市场中占据优势地位。

3. 私法机制。对私人主体承担公共职能的行为，也可以采用私法机制作为责任机制。（1）在环境保护合同中，可以要求减排义务承担者遵守比国家法定最低标准更为严格的第三方自愿标准。（2）在环保合同履行过程中，如果发生或即将发生影响减排义务履行的事件，排污者应当及时告知行政机关。（3）环保行政部门保留变更排污者权利义务的职权，排污者应当根据变化负责具体执行。（4）第三方监督。第三方机构、社

---

① 邓小鹏、申立银、李启明：《PPP 模式在香港基础设施建设中的应用研究及其启示》，《建筑经济》2006 年第 9 期。

② 同上。

会公众在没有事先通知的情况下,可以对排污者的遵约情况进行监督。(5) 在特定情境下,环保行政机关可以解除与排污者的环保合同,同时给予适当的补偿。(6) 如果排污者违反环保合同的约定,则承担违约责任。(7) 在履行环保合同过程中,如果排污者侵害了其他人合法权益,则要承担侵权责任。

4. 市场机制。通过市场自由竞争的压力,可以迫使排污者加强自我管制,以获得消费者认同而扩大市场。也可以让积极参与环境治理的环保团体获得更高的社会声誉和更多的捐赠,进一步积累资源。

结　　语

　　风险社会的环境下，为了保护公众免于遭受他们难以自我防卫的风险，各国政府致力于防控风险，形成了庞大的风险管控领域。其中，行政机关承担起了风险治理的大部分责任。为了适应这种新的社会形势，各国从20世纪80年代开始，进行了大规模的公共行政改革。从秩序行政、给付行政到风险行政，行政机关的公共职能不断扩张。公共行政从注重过程的合法性和保障私权转向以解决社会公共问题、防范风险为导向，其实质是国家行政权力结构模式的变革，由单向度向多向度演变发展。

　　环境风险是无差别风险。人类有关生态系统的知识仍然是有限的；环境风险的危害后果往往是不可逆转的；环境风险所涉及的科学不确定性比化学物质影响人体健康风险的科学不确定性要复杂得多；环境风险深嵌于社会——政治冲突之中并深受社会——政治冲突的影响。在面对未知、复杂的环境风险时，行政机关的效率优势得到了明显的体现。因此，在应对环境风险方面，行政权力的作用最为关键。

　　环境治理（生态治理）是以达至生态文明为目标，由国家机关、市场主体、社会主体多元参与生态环境保护政策的制定、执行的过程，使相互冲突的不同利益得以协调并采取联合行动的良性互动过程。我国当前采用的中央政府动员型环境治理模式，该模式以中央政府为主导，地方政府迫于压力提供协助，"危机应对"与"政府直控"是其核心特点。随着环境风险的新变化，环境治理制度也要随之进行变革，这是当前公共行政管理改革的重要组成部分，而调整环境治理行政权力的结构是关键性的一环。为了解决纵向行政权力高度集中、横向行政权力过于分散的问题，应当在纵向层面推行行政权力的层级化与分权法治化，在横向层面推行行政权力的综合性设置与平面化构造。① 同时，也要关注两个重点问题：财权与事权的匹配性问题②，集权与分权的均衡性问题③。

环境治理的法律体系应当以整体的环境风险作为制度建构的逻辑出发点，不以技术条件作为主要的基础，而是针对不同的环境风险问题设定合理的先后治理顺序，或者确定整体统一的治理方案。在应对环境风险时，合作治理具有其他机制所不具备的优势，但失灵现象同样需要认真对待，并尽量加以克服。

总的方向而言，环境风险治理已跨入第三代环境治理法律机制。第三代环境法首先是要清晰界定环境风险治理所欲达成的目标和效果，然后选择、创设能够实现目标的最佳制度和法律。环境风险是具有高度科技性、复杂性、冲突性的风险，环境治理的制度变革既要稳健推进，充分挖掘现有制度体系的优势和价值，同时又要开拓创新，尽力整合各利益方的知识、信息、智慧，创设出富有实效的新型制度。当然，这个过程应当是渐进的、逐步的，而且无论是既有制度还是新型制度，其实施效果都要根据实际情况进行逐项评估。

从理论上讲，要确定一整套一劳永逸地解决环境问题的机制是不切实际的。环境治理机制能否取得更好的效果取决于多重因素，包括但不限于：国家的政治背景、法治程度、社会环境、参与者的意识和水平、环境风险的规模及敏感度、市场发育程度等。我们现在的最佳选择是将各类机制进行重构和组合，并保证其得到有效的实施和监管。

---

① 石佑启：《论法治视野下行政权力的合理配置》，《学术研究》2010 年第 7 期。
② 刘剑文：《地方财源制度建设的财税法审思》，《法学评论》2014 年第 2 期。
③ 石佑启、邓搴：《论法治视野下行政权力纵向上的合理配置》，《南京社会科学》2015 年第 11 期。

参考文献

(一) 中文著作

蔡林慧:《我国行政权力监督体系的完善和发展研究》,上海三联书店2014年版。

蔡守秋:《基于生态文明的法理学》,中国法制出版社2014年版。

蔡守秋:《人与自然关系中的伦理与法》(上、下卷),湖南大学出版社2009年版。

蔡守秋:《人与自然关系中的伦理与法》,湖南大学出版社2009年版。

蔡守秋:《生态文明建设的法律和制度》,中国法制出版社2017年版。

曹卫东:《交往理性与权力批判》,上海人民出版社2016年版。

陈慈阳:《环境法总论》,中国政法大学出版社2003年版。

陈虹:《环境与发展综合决策法律实现机制研究》,法律出版社2013年版。

陈军:《变化与回应:公私合作的行政法研究》,中国政法大学出版社2014年版。

钭晓东:《民本视阈下环境法调整机制变革:温州模式内在动力的新解读》,中国社会科学出版社2010年版。

杜群:《环境法融合论》,科学出版社2003年版。

杜群:《生态保护法论:综合生态管理和生态补偿法律研究》,高等教育出版社2012年版。

费孝通:《乡土中国》,北京大学出版社1998年版。

郭道晖:《社会权力与公民社会》,译林出版社2009年版。

郭蕾:《法治视野下政府权力制约机制研究:以决策权、执行权、监督权相互制约为视角》，郑州大学出版社 2012 年版。

胡建淼：《公权力研究：立法权·行政权·司法权》，浙江大学出版社 2005 年版。

胡水君：《法律与社会权力》，中国政法大学出版社 2011 年版。

金自宁：《风险中的行政法》，法律出版社 2014 年版。

赖恒盈：《行政法律关系论之研究——行政法学方法论评析》，元照出版有限公司 2003 年版。

李雪梅：《环境治理多中心合作模式研究：基于环境群体性事件》，人民出版社 2015 年版。

李挚萍、陈春生：《农村环境管制与农村环境权保护》，北京大学出版社 2009 年版。

李挚萍：《环境法的新发展——管制与民主之互动》，人民法院出版社 2006 年版。

刘志欣：《中央与地方行政权力配置研究：以建设项目环境影响评价审批权为例》，上海交通大学出版社 2014 年版。

刘子平：《环境非政府组织在环境治理中的作用研究：基于全球公民社会的视角》，中国社会科学出版社 2016 年版。

吕忠梅：《沟通与协调之途——论公民环境权的民法保护》，中国人民大学出版社 2005 年版。

吕忠梅：《环境法新视野》，中国政法大学出版社 2007 年版。

吕忠梅等：《环境司法专门化：现状调查与制度重构》，法律出版社 2017 年版。

吕忠梅等：《环境损害赔偿法的理论与实践》，中国政法大学出版社 2013 年版。

吕忠梅等：《环境与发展综合决策：可持续发展的法律调控机制》，法律出版社 2009 年版。

吕忠梅等：《理想与现实：中国环境侵权纠纷现状及救济机制构建》，法律出版社 2011 年版。

吕忠梅等：《侵害与救济：环境友好型社会中的法治基础》，法律出版社 2012 年版。

吕忠梅等：《生态文明法律制度研究》，湖北人民出版社 2014 年版。

吕忠梅等：《水治理的理论与实践研究》，吉林大学出版社 2013

年版。

吕忠梅等：《依法治国背景下生态环境法制创新研究》，湖北人民出版社 2015 年版。

马斌：《政府间关系：权力配置与地方治理——基于省、市、县政府间关系的研究》，浙江大学出版社 2009 年版。

梅雪芹：《环境史学与环境问题》，人民出版社 2004 年版。

孟祥锋：《法律控权论：权力运行的法律控制》，中国方正出版社 2009 年版。

彭彦强：《中国地方政府合作研究：基于行政权力分析的视角》，中央编译出版社 2013 年版。

任广浩：《当代中国国家权力纵向配置问题研究》，中国政法大学出版社 2012 年版。

沈岿主编：《风险规制与行政法新发展》，法律出版社 2013 年版。

石佑启、陈咏梅：《法治视野下行政权力合理配置研究》，人民出版社 2016 年版。

苏力：《道路通向城市：转型中国的法治》，法律出版社 2004 年版。

苏力：《法治及其本土资源》（修订版），中国政法大学出版社 2004 年版。

汤德宗：《权力分立新论》（增订 3 版），元照出版有限公司 2005 年版。

陶传进：《环境治理：以社区为基础》，社会科学文献出版社 2005 年版。

汪劲：《地方立法的可持续发展评估：原则、制度与方法——以北京市地方立法评估制度的构建为中心》，北京大学出版社 2006 年版。

汪劲等：《环保法治三十年：我们成功了吗——中国环保法治蓝皮书（1979—2010）》，北京大学出版社 2011 年版。

汪劲：《环境法律的解释：问题与方法》，人民法院出版社 2006 年版。

汪劲：《环境法律的理念与价值追求》，法律出版社 2000 年版。

汪劲：《环境法治的中国路径：反思与探索》，中国环境科学出版社 2011 年版。

汪劲：《中外环境影响评价制度比较研究：环境与开发决策的正当法

律程序》，北京大学出版社 2006 年版。

王宝治：《当代中国社会权力问题研究：基于国家—社会—个人三元框架分析》，中国社会科学出版社 2014 年版。

王慧编译：《美国环境法的改革——规制效率与有效执行》，法律出版社 2016 年版。

王树义：《俄罗斯生态法》，武汉大学出版社 2001 年版。

王树义等：《环境法基本理论研究》，科学出版社 2012 年版。

王月明：《地方公共权力监督制约体制研究》，法律出版社 2012 年版。

邢孟军：《行政权力制约体系建构研究》，光明日报出版社 2016 年版。

徐晨：《权力竞争：控制行政裁量权的制度选择》，中国人民大学出版社 2007 年版。

许章润：《法律信仰：中国语境及其意义》，广西师范大学出版社 2003 年版。

荀丽丽：《"失序"的自然：一个草原社区的生态、权力与道德》，社会科学文献出版社 2012 年版。

杨洪刚：《我国地方政府环境治理的政策工具研究》，上海社会科学院出版社 2016 年版。

杨晓东、王伟凯：《当代西方政治生活中的权力话语》，天津社会科学院出版社 2015 年版。

姚祥瑞：《台湾的六都与中央权力互动：府际治理观点》，兰台出版社 2016 年版。

叶俊荣：《环境政策与法律》，中国政法大学出版社 2003 年版。

叶敏：《政策执行：权力运作与社会过程——皖南 X 区的新农村建设（2006—2013）》，广西师范大学出版社 2015 年版。

游腾飞：《美国联邦制纵向权力关系研究》，上海人民出版社 2016 年版。

俞可平：《治理与善治》，社会科学文献出版社 2000 年版。

詹镇荣：《公私协力与行政合作法》，新学林出版股份有限公司 2014 年版。

张庆：《墨西哥中央——地方权力关系研究：发展路径与动因机制》，

时事出版社 2017 年版。

张淑华：《网络民意与公共决策：权利和权力的对话》，复旦大学出版社 2010 年版。

赵俊：《环境公共权力论》，法律出版社 2009 年版。

赵震江：《法律社会学》，北京大学出版社 1998 年版。

周卫：《环境规制与裁量理性》，厦门大学出版社 2015 年版。

朱伟：《民意、知识与权力：政策制定过程中公众、专家与政府的互动模式研究》，南京大学出版社 2014 年版。

竺效：《生态损害的社会化填补法理研究》，中国政法大学出版社 2007 年版。

（二）中文译著

［德］卡尔·拉伦茨：《法学方法论》，陈爱娥译，商务印书馆 2003 年版。

［德］鲁道夫·冯·耶林：《为权利而斗争》，郑永流译，法律出版社 2007 年版。

［德］尼克拉斯·卢曼：《权力》，瞿铁鹏译，上海人民出版社 2005 年版。

［德］托马斯·海贝勒、［德］迪特·格鲁诺、李惠斌主编：《中国与德国的环境治理：比较的视角》，中央编译出版社 2012 年版。

［德］尤尔根·哈贝马斯：《在事实与规范之间——关于法律和民主法治国的商谈理论》，童世骏译，生活·读书·新知三联书店 2003 年版。

［德］约阿希姆·拉德卡：《自然与权力：世界环境史》，王国豫、付天海译，河北大学出版社 2004 年版。

［法］米歇尔·福柯：《规训与惩罚》，刘北成、杨远婴译，生活·读书·新知三联书店 2012 年版。

［法］伊夫·夏尔·扎尔卡：《权力的形式：从马基雅维利到福柯的政治哲学研究》，赵靓、杨嘉彦等译，福建教育出版社 2014 年版。

［美］R. 科斯、A. 阿尔钦、D. 诺斯：《财产权利与制度变迁》，刘守英译，上海人民出版社 2014 年版。

［美］埃莉诺·奥斯特罗姆：《公共事物的治理之道——集体行动制度的演进》，余逊达、陈旭东译，上海译文出版社 2012 年版。

［美］昂格尔：《现代社会中的法律》，吴玉章、周汉华译，译林出版

社 2001 年版。

［美］彼得·M. 布劳：《社会生活中的交换与权力》，李国武译，商务印书馆 2012 年版。

［美］布鲁斯·宾伯：《信息与美国民主：技术在政治权力演化中的作用》，刘钢等译，科学出版社 2011 年版。

［美］丹尼尔·H. 科尔：《污染与财产权》，严厚福、王社坤译，北京大学出版社 2009 年版。

［美］卡多佐：《法律的成长——法律科学的悖论》，董炯译，中国法制出版社 2002 年版。

［美］凯斯·R. 孙斯坦：《风险与理性——安全、法律与环境》，师帅译，中国政法大学出版社 2005 年版。

［美］理查德·B. 斯图尔特：《美国行政法的重构》，沈岿译，商务印书馆 2011 年版。

［美］罗伯特·A. 达尔：《多元主义民主的困境——自治与控制》，周军华译，吉林人民出版社 2011 年版。

［美］罗伯特·C. 埃里克森：《无需法律的秩序：邻人如何解决纠纷》，苏力译，中国政法大学出版社 2003 年版。

［美］罗尼·利普舒茨：《全球环境政治：权力、观点和实践》，郭志俊、蔺雪春译，山东大学出版社 2012 年版。

［美］曼瑟尔·奥尔森：《集体行动的逻辑》，陈郁等译，上海三联书店 2011 年版。

［美］诺内特、塞尔兹尼克：《转变中的法律与社会：迈向回应型法》，张志铭译，中国政法大学出版社 1994 年版。

［美］庞德：《通过法律的社会控制——法律的任务》，沈宗灵等译，商务印书馆 1984 年版。

［美］史蒂芬·布雷耶：《打破恶性循环：政府如何有效规制风险》，宋华琳译，法律出版社 2009 年版。

［美］斯蒂尔曼：《公共行政学》（上、下册），李方、潘世强译，中国社会科学出版社 1988 年版。

［美］唐纳德·J. 布莱克：《法律的运作行为》，唐越、苏力译，中国政法大学出版社 2004 年版。

［美］唐纳德·凯特尔：《权力共享：公共治理与私人市场》，孙迎春

译，北京大学出版社 2009 年版。

［美］朱迪·弗里曼：《合作治理与新行政法》，毕洪海、陈标冲译，商务印书馆 2010 年版。

［日］宫本宪一：《环境经济学》，朴玉译，生活·读书·新知三联书店 2004 年版。

［日］米丸恒治：《私人行政——法的统制的比较研究》，洪英、王丹红、凌维慈译，中国人民大学出版社 2010 年版。

［英］安东尼·奥格斯：《规制：法律形式与经济学理论》，骆梅英译，中国人民大学出版社 2008 年版。

［英］伯特兰·罗素：《权力论》，吴友三译，商务印书馆 2014 年版。

［英］哈特：《法律的概念》，张文显、郑成良、杜景义、宋金娜译，中国大百科全书出版社 1996 年版。

［英］霍布斯：《利维坦》，黎思复、黎廷弼译，商务印书馆 2009 年版。

［英］霍布斯：《论公民》，应星、冯克利译，贵州人民出版社 2003 年版。

［英］简·汉考克：《环境人权：权力、伦理与法律》，李隼译，重庆出版社 2007 年版。

［英］卡罗尔·哈洛、理查德·罗林斯：《法律与行政》（上、下卷），杨伟东等译，商务印书馆 2004 年版。

［英］马克·尼奥克里尔斯：《管理市民社会：国家权力理论探讨》，陈小文译，商务印书馆 2008 年版。

［英］迈克尔·曼：《社会权力的来源》（第一、二、三卷），刘北成、李少军译，上海人民出版社 2015 年版。

［英］维杰·K. 巴蒂亚：《法律沟通中的透明度、权力和控制》，方芳译，北京大学出版社 2015 年版。

［英］伊丽莎白·费雪：《风险规制与行政宪政主义》，沈岿译，法律出版社 2012 年版。

［英］朱迪·丽丝：《自然资源：分配、经济学与政策》，蔡运龙等译，商务印书馆 2005 年版。

（三）中文论文

［德］图依布纳：《现代法中的实质要素和反思要素》，矫波译、强世

功校,《北大法律评论》1999 年第 2 卷第 2 辑。

［英］鲍勃·杰索普:《治理的兴起及其失败的风险:以经济发展为例的论述》,漆燕译,《国际社会科学杂志》(中文版)1999 年第 1 期。

［英］鲍勃·杰索普:《治理与元治理:必要的反思性、必要的多样性和必要的反讽性》,程浩译,《国外理论动态》2014 年第 5 期。

蔡文灿:《我国大气污染防治制度的失灵及其解决对策——以诺斯的制度变迁理论为分析框架》,《华侨大学学报》(哲学社会科学版)2014 年第 4 期。

操小娟:《合作治理的法律困境和出路》,《武汉大学学报》(哲学社会科学版)2008 年第 2 期。

曹永森、王飞:《多元主体参与:政府干预式微中的生态治理》,《求实》2011 年第 11 期。

曹正汉:《中国上下分治的治理体制及其稳定机制》,《社会学研究》2011 年第 1 期。

曾纪茂:《地方政府公司化的运作逻辑与后果》,《太平洋学报》2011 年第 11 期。

车文辉:《配置与整合:跨界水环境治理的权力结构》,《行政管理改革》2012 年第 5 期。

陈国权、黄振威:《论权力结构的转型:从集权到制约》,《经济社会体制比较》2011 年第 3 期。

陈建平:《历史上中国中央与地方实质性分权的实验——以民国〈湖南省宪法〉的制定与实施为样本》,《现代法学》2010 年第 3 期。

陈剩勇、赵光勇:《"参与式治理"研究述评》,《教学与研究》2009 年第 8 期。

陈潭、刘兴云:《锦标赛体制、晋升博弈与地方剧场政治》,《公共管理学报》2011 年第 2 期。

陈通、郑曙村:《部门利益冲突的解析与防治》,《中共浙江省委党校学报》2009 年第 2 期。

邓可祝:《环境合作治理视角下的守法导则研究》,《郑州大学学报》(哲学社会科学版)2016 年第 2 期。

狄金华:《通过运动进行治理:乡镇基层政权的治理策略对中国中部地区麦乡"植树造林"中心工作的个案研究》,《社会》2010 年第 3 期。

董娟:《困境与选择:集权与分权间的垂直管理——以当代中国政府的垂直管理为考察对象》,《理论与现代化》2009 年第 4 期。

杜辉:《论制度逻辑框架下环境治理模式之转换》,《法商研究》2013 年第 1 期。

杜万平:《对我国环境部门实行垂直管理的思考》,《中国行政管理》2006 年第 3 期。

樊红敏:《政治行政化:县域治理的结构化逻辑——一把手日常行为的视角》,《经济社会体制比较》2013 年第 1 期。

樊慧玲、李军超:《嵌套性规则体系下的合作治理——政府社会性规制与企业社会责任契合的新视角》,《天津社会科学》2010 年第 6 期。

范永茂、殷玉敏:《跨界环境问题的合作治理模式选择——理论讨论和三个案例》,《公共管理学报》2016 年第 2 期。

封丽霞:《中央与地方立法权限的划分标准:"重要程度"还是"影响范围"?》,《法制与社会发展》2008 年第 5 期。

冯仕政:《中国国家运动的形成与变异:基于政体的整体性解释》,《开放时代》2011 年第 1 期。

高建、白天成:《京津冀环境治理政府协同合作研究》,《中共天津市委党校学报》2015 年第 2 期。

高凛:《论"部门利益法制化"的遏制》,《政法论丛》2013 年第 2 期。

高秦伟:《美国行政法中正当程序的"民营化"及其启示》,《法商研究》2009 年第 1 期。

高秦伟:《私人主体的行政法义务?》,《中国法学》2011 年第 1 期。

宫希魁:《地方政府公司化倾向及其治理》,《财经问题研究》2011 年第 4 期。

关保英:《论行政合作治理中公共利益的维护》,《政治与法律》2016 年第 8 期。

郭道晖:《论国家权力与社会权力——从人民与人大的法权关系谈起》,《法制与社会发展》1995 年第 2 期。

郭道晖:《社会权力:法治新模式与新动力》,《学习与探索》2009 年第 5 期。

胡佳:《区域环境治理中地方政府协作的碎片化困境与整体性策略》,

《广西社会科学》2015 年第 5 期。

胡敏洁：《论政府购买公共服务合同中的公法责任》，《中国法学》2016 年第 4 期。

胡晓军：《论行政命令的型式化控制——以类型理论为基础》，《政治与法律》2014 年第 3 期。

黄爱宝：《论走向后工业社会的环境合作治理》，《社会科学》2009 年第 3 期。

黄斌欢、杨浩勃、姚茂华：《权力重构、社会生产与生态环境的协同治理》，《中国人口·资源与环境》2015 年第 2 期。

黄春蕾：《我国生态环境公私合作治理机制创新研究——"协议保护"的经验与启示》，《理论与改革》2011 年第 5 期。

黄晓春：《技术治理的运作机制研究：以上海市 L 街道一门式电子政务中心为案例》，《社会》2010 年第 4 期。

黄毅、文军：《从"总体—支配型"到"技术—治理型"：地方政府社会治理创新的逻辑》，《新疆师范大学学报》（哲学社会科学版）2014 年第 2 期。

贾鼎：《基于公众参与视角的环境治理中群体事件发生机制研究》，《湖北社会科学》2014 年第 2 期。

姜玲、乔亚丽：《区域大气污染合作治理政府间责任分担机制研究——以京津冀地区为例》，《中国行政管理》2016 年第 6 期。

姜庆志：《我国社会治理中的合作失灵及其矫正》，《福建行政学院学报》2015 年第 5 期。

蒋红珍：《论协商性政府规制——解读视角和研究疆域的初步厘定》，《上海交通大学学报》（哲学社会科学版）2008 年第 5 期。

金亮新、杨海坤：《公法视野下的政府垂直管理改革研究》，《江西社会科学》2008 年第 4 期。

金太军、唐玉青：《区域生态府际合作治理困境及其消解》，《南京师大学报》（社会科学版）2011 年第 5 期。

李洪雷：《走向衰落的自我规制——英国金融服务规制体制改革述评》，《行政法学研究》2016 年第 3 期。

李军超：《基于第三方认证的社会性规制：一个合作治理的视角》，《江西社会科学》2015 年第 7 期。

李龙：《论协商民主——从哈贝马斯的"商谈论"说起》，《中国法学》2007年第1期。

李年清：《私人行政司法审查受案标准的美国经验——兼论我国私人行政责任机制的建构》，《法制与社会发展》2015年第3期。

李胜、陈晓春：《基于府际博弈的跨行政区流域水污染治理困境分析》，《中国人口·资源与环境》2011年第12期。

李宜春：《论分权背景下的中国垂直管理体制——概况、评价及其完善建议》，《经济社会体制比较》2012年第4期。

李振、鲁宇：《中国的选择性分（集）权模式——以部门垂直管理化和行政审批权限改革为案例的研究》，《公共管理学报》2015年第3期。

李正升：《中国式分权竞争与环境治理》，《广东财经大学学报》2014年第6期。

林卡、易龙飞：《参与与赋权：环境治理的地方创新》，《探索与争鸣》2014年第11期。

刘海波：《中央与地方政府间关系的司法调节》，《法学研究》2004年第5期。

刘辉：《管治、无政府与合作：治理理论的三种图式》，《上海行政学院学报》2012年第3期。

刘剑文：《财税法治的破局与立势——一种以关系平衡为核心的治国之路》，《清华法学》2013年第5期。

刘剑文：《地方财源制度建设的财税法审思》，《法学评论》2014年第2期。

刘炯：《生态转移支付对地方政府环境治理的激励效应——基于东部六省46个地级市的经验证据》，《财经研究》2015年第2期。

刘云甫、朱最新：《论区域府际合作治理与区域行政法》，《南京社会科学》2016年第8期。

刘长发：《地方政府公司化体制解析》，《唯实》2012年第2期。

刘志彪：《我国地方政府公司化倾向与债务风险：形成机制与化解策略》，《南京大学学报》（哲学·人文科学·社会科学）2013年第5期。

龙太江、李娜：《垂直管理模式下权力的配置与制约》，《云南行政学院学报》2007年第6期。

马万里、杨濮萌：《从"马拉松霾"到"APEC蓝"：中国环境治理的政治经济学》,《中央财经大学学报》2015 年第 10 期。

马雪彬、马春花:《地方政府公司化行为解析》,《经济与管理》2011 年第 10 期。

宁淼、孙亚梅、杨金田:《国内外区域大气污染联防联控管理模式分析》,《环境与可持续发展》2012 年第 5 期。

皮建才:《垂直管理与属地管理的比较制度分析》,《中国经济问题》2014 年第 4 期。

戚建刚、郭永良:《合作治理背景下行政机关法律角色之定位》,《江汉论坛》2014 年第 5 期。

渠敬东、周飞舟、应星:《从总体支配到技术治理——基于中国 30 年改革经验的社会学分析》,《中国社会科学》2009 年第 6 期。

全永波:《区域公共治理的法律规制比较研究》,《经济社会体制比较》2011 年第 5 期。

沈承诚:《论环境话语权力的运行机理及场域》,《学术界》2014 年第 8 期。

沈荣华:《分权背景下的政府垂直管理:模式和思路》,《中国行政管理》2009 年第 9 期。

石佑启、陈咏梅:《论法治社会下行政权力的配置与运行》,《江海学刊》2014 年第 2 期。

石佑启、邓搴:《论法治视野下行政权力纵向上的合理配置》,《南京社会科学》2015 年第 11 期。

石佑启、黄喆:《论跨界污染治理中政府合作的法律规制模式》,《江海学刊》2015 年第 6 期。

石佑启:《论法治视野下行政权力的合理配置》,《学术研究》2010 年第 7 期。

石佑启:《论区域府际合作的激励约束机制》,《广西大学学报》(哲学社会科学版) 2016 年第 6 期。

石佑启:《中西方部门行政职权相对集中之比较与启示》,《法学杂志》2010 年第 2 期。

舒小庆:《部门利益膨胀与我国的行政立法制度》,《江西社会科学》2007 年第 12 期。

宋华琳:《论政府规制中的合作治理》,《政治与法律》2016 年第

8 期。

宋世明:《遏制"部门职权利益化"趋向的制度设计》,《中国行政管理》2002 年第 5 期。

孙波:《论地方性事务——我国中央与地方关系法治化的新进展》,《法制与社会发展》2008 年第 5 期。

孙发锋:《垂直管理部门与地方政府关系中存在的问题及解决思路》,《河南师范大学学报》(哲学社会科学版) 2010 年第 1 期。

孙伟增、罗党论、郑思齐、万广华:《环保考核、地方官员晋升与环境治理——基于 2004—2009 年中国 86 个重点城市的经验证据》,《清华大学学报》(哲学社会科学版) 2014 年第 4 期。

谭羚雁:《当代中国政府生态治理:一种新的结构治理模式探索》,《辽宁行政学院学报》2010 年第 12 期。

谭英俊:《公共事务合作治理模式:反思与探索》,《贵州社会科学》2009 年第 3 期。

唐皇凤:《现代治理视域中的县域治理与县政发展——基于县乡公务员问卷调查的分析》,《社会主义研究》2014 年第 1 期。

唐秋伟:《社会网络结构下的多元主体合作治理》,《郑州大学学报》(哲学社会科学版) 2011 年第 4 期。

唐文玉:《合作治理:权威型合作与民主型合作》,《武汉大学学报》(哲学社会科学版) 2011 年第 6 期。

陶品竹:《从属地主义到合作治理:京津冀大气污染治理模式的转型》,《河北法学》2014 年第 10 期。

滕亚为、康勇:《公私合作治理模式视域下邻避冲突的破局之道》,《探索》2015 年第 1 期。

汪锦军:《合作治理的构建:政府与社会良性互动的生成机制》,《政治学研究》2015 年第 4 期。

王灿发:《论我国环境管理体制立法存在的问题及其完善途径》,《政法论坛》(中国政法大学学报) 2003 年第 4 期。

王国红、瞿磊:《县域治理研究述评》,《湖南师范大学社会科学学报》2010 年第 6 期。

王霁霞:《法治视野下的我国政府垂直管理制度改革研究》,《湖北社会科学》2013 年第 5 期。

王敬波：《相对集中行政许可权：行政权力横向配置的试验场》，《政法论坛》2013年第1期。

王利明：《宪法的基本价值追求：法平如水》，《环球法律评论》2012年第6期。

王洛忠：《我国环境管理体制的问题与对策》，《中共中央党校学报》2011年第6期。

王树义、蔡文灿：《论我国环境治理的权力结构》，《法制与社会发展》2016年第3期。

王树义、郑则文：《论绿色发展理念下环境执法垂直管理体制的改革与构建》，《环境保护》2015年第23期。

王树义：《环境治理是国家治理的重要内容》，《法制与社会发展》2014年第5期。

王树义：《论生态文明建设与环境司法改革》，《中国法学》2014年第3期。

王旭：《我国宪法实施中的商谈机制：去蔽与建构》，《中外法学》2011年第3期。

王玉明、邓卫文：《加拿大环境治理中的跨部门合作及其借鉴》，《岭南学刊》2010年第5期。

王玉明：《广东跨政区环境合作治理的组织创新与信息保障》，《南方论刊》2011年第10期。

王资峰：《从市场机制到合作治理：国外流域水环境管理体制研究变迁》，《晋阳学刊》2012年第5期。

魏崇辉：《行政权力合理配置视域下政府与社会之和谐互动》，《中国发展》2011年第2期。

吴兴智：《美国政府结果导向行政改革评析———一种权力分析学的视角》，《云南行政学院学报》2007年第6期。

夏志强、付亚南：《公共服务多元主体合作供给模式的缺陷与治理》，《上海行政学院学报》2013年第4期。

肖爱、李峻：《协同法治：区域环境治理的法理依归》，《吉首大学学报》（社会科学版）2014年第3期。

肖爱：《论区域环境法治中的权力结构》，《法学杂志》2011年第9期。

肖建华、邓集文：《多中心合作治理：环境公共管理的发展方向》，《林业经济问题》2007年第1期。

徐键：《分权改革背景下的地方财政自主权》，《法学研究》2012年第3期。

徐键：《分税制下的财权集中配置：过程及其影响》，《中外法学》2012年第4期。

徐清飞：《我国中央与地方权力配置基本理论探究——以对权力属性的分析为起点》，《法制与社会发展》2012年第3期。

徐珣、王自亮：《从美国网络化社会合作治理经验看社会管理体制创新》，《浙江社会科学》2011年第6期。

徐艳晴、周志忍：《水环境治理中的跨部门协同机制探析——分析框架与未来研究方向》，《江苏行政学院学报》2014年第6期。

薛晓源、陈家刚：《从生态启蒙到生态治理——当代西方生态理论对我们的启示》，《马克思主义与现实》2005年第4期。

荀丽丽、包智明：《政府动员型环境政策及其地方实践——关于内蒙古S旗生态移民的社会学分析》，《中国社会科学》2007年第5期。

杨海坤、何薇：《行政法学界关于"行政"和"行政权"的讨论》，《湘潭工学院学报》（社会科学版）2001年第3期。

杨海坤、金亮新：《中央与地方关系法治化之基本问题研讨》，《现代法学》2007年第6期。

杨欣：《美、英司法审查受案标准的演化及其启示——以私人承担公共职能为考察对象》，《行政法学研究》2008年第1期。

尹振东、桂林：《垂直管理与属地管理的监管绩效比较——基于事中监管的博弈分析》，《经济理论与经济管理》2015年第4期。

尹振东：《垂直管理与属地管理：行政管理体制的选择》，《经济研究》2011年第4期。

于文超：《公众诉求、政府干预与环境治理效率——基于省级面板数据的实证分析》，《云南财经大学学报》2015年第5期。

袁峰：《合作治理中的协商民主》，《理论与改革》2012年第5期。

张朝华：《垂直管理扩大化下的地方政府变革》，《云南行政学院学报》2009年第1期。

张继兰、虞崇胜：《环境治理：权威主义还是民主主义?》，《学习与实践》2015 年第 9 期。

张劲松：《生态治理：政府主导与市场补充》，《福州大学学报》（哲学社会科学版）2013 年第 5 期。

张康之：《对"参与治理"理论的质疑》，《吉林大学社会科学学报》2007 年第 1 期。

张千帆：《从二元到合作——联邦分权模式的发展趋势》，《环球法律评论》2010 年第 2 期。

张千帆：《地方自治是民主之本——以中央集权的统治成本为视角》，《交大法学》2010 年第 1 期。

张千帆：《集权还是分权？地方自治的成本——利益分析》，《江苏社会科学》2009 年第 5 期。

张千帆：《联邦国家的中央与地方立法分权模式研究》，《江苏行政学院学报》2010 年第 1 期。

张千帆：《流域环境保护中的中央地方关系》，《中州学刊》2011 年第 6 期。

张千帆：《中央与地方财政分权——中国经验、问题与出路》，《政法论坛》2011 年第 5 期。

张玉、李齐云：《财政分权、公众认知与地方环境治理效率》，《经济问题》2014 年第 3 期。

章志远：《私人参与执行警察任务的行政法规制》，《法商研究》2013 年第 1 期。

赵成：《论我国环境管理体制中存在的主要问题及其完善》，《中国矿业大学学报》（社会科学版）2012 年第 2 期。

折晓叶：《县域政府治理模式的新变化》，《中国社会科学》2014 年第 1 期。

周飞舟：《锦标赛体制》，《社会学研究》2009 年第 3 期。

周黎安：《行政发包制》，《社会》2014 年第 6 期。

周雪光、练宏：《政府内部上下级部门间谈判的一个分析模型——以环境政策实施为例》，《中国社会科学》2011 年第 5 期。

周雪光、练宏：《中国政府的治理模式：一个"控制权"理论》，《社会学研究》2012 年第 5 期。

周雪光：《国家治理规模及其负荷成本的思考》，《吉林大学社会科学周雪光：《基层政府间的"共谋现象"——一个政府行为的制度逻辑》，《社会学研究》2008年第6期。

周雪光：《权威体制与有效治理：当代中国国家治理的制度逻辑》，《开放时代》2011年第10期。

周雪光：《项目制：一个"控制权"理论视角》，《开放时代》2015年第2期。

周雪光：《运动型治理机制：中国国家治理的制度逻辑再思考》，《开放时代》2012年第9期。

周莹、江华、张建民：《行业协会实施自愿性环境治理：温州案例研究》，《中国行政管理》2015年第3期。

周永坤：《权力结构模式与宪政》，《中国法学》2005年第6期。

周玉珠：《国内环境保护垂直管理研究综述》，《公共管理》2014年第5期。

周孜予：《社会问责与地方政府环境治理探析》，《行政论坛》2015年第2期。

邹焕聪：《社会合作规制的运作机理与行政法治回应》，《行政论坛》2013年第3期。

（四）外文著作与论文

Albert Breton, *Environmental Governance and Decentralization*, Cheltenham; Northampton: Edward Elgar Publishing, 2007.

Daniel J. Fiorino, *The New Environmental Regulation*, Cambridge: The MIT Press, 2006.

Jody Freeman and Charles D. Kolstad, *Moving to Markets in Environmental Regulation: Lessons from Twenty Years of Experience*, Oxford: Oxford University Press, 2007.

Kalyani Robbins, *The Law and Policy of Environmental Federalism: A Comparative Analysis*, Cheltenham; Northampton: Edward Elgar Publishing, 2015.

Rober F. Durant, Daniel J. Fiorino and Rosemary O'Leary (eds.), *Environmental Governance Reconsidered: Challenges, Choices, And Opportunities*, Cambridge: The MIT Press, 2004.

Arentsen Maarten, "Environmental Governance in a Multilevel Institutional Setting", *Energy & Environment*, Vol. 19, No. 6, 2008.

Bradley C. Karkkainen, "'New Governance' in Legal Thought and in the World: Some Splitting as Antidote to Overzealous Lumping", *Minn. L. Rev.*, Vol. 89, 2004.

Christian Langpap, Jay P. Shimshack, "Private Citizen Suits and Public Enforcement: Substitutes Or Complements?", *Journal of Environmental Economics and Management*, Vol. 59, No. 3, May 2010.

Daniel A. Farber, "Triangulating the Future Of Reinvention: Three Emerging Models Of Environmental Protection", *U. Ill. L. Rev.*, Vol. 2000, No. 1, 2000.

10. Daniel L. Millimet, "Environmental Federalism: A Survey of the Empirical Literature", *Case W. Res. L. Rev.*, Vol. 64, 2013–2014.

Douglas R. Williams, "Toward Regional Governance in Environmental Law", *Akron L. Rev.*, Vol. 46, 2013.

Eric W. Orts, "Reflexive Environmental Law", *Nw. U. L. Rev.*, Vol. 89, 1994–1995.

Gunningham Neil, "The New Collaborative Environmental Governance: The Localization of Regulation", *Journal of Law & Society*, Vol. 36, No. 1, 2009.

Jody Freeman, Jim Rossi, "Agency Coordination in Shared Regulatory Space", *Harv. L. Rev.*, Vol. 125, 2011–2012.

Jody Freeman, Daniel A. Farber, "Modular Environmental Regulation", *Duke L. J.*, Vol. 54, 2004–2005.

Jonathan H. Adler, "Jurisdictional Mismatch in Environmental Federalism", *N. Y. U. Envtl. L. J.*, Vol. 14, 2005–2006.

Karen Bradshaw Schulz, "New Governance and Industry Culture", *Notre Dame L. Rev.*, Vol. 88, 2012–2013.

Lisa Blomgren Bingham, "The Next Generation of Administrative Law: Building the Legal Infrastructure for Collaborative Governance", *Wisconsin Law Review*, Vol. 297, 2010.

Michael P. Vandenberght, "Private Environmental Governance", *Cornell L. Rev.*, Vol. 99, 2013–2014.

Neil Gunningham, "The New Collaborative Environmental Governance: The Localization of Regulation", *Journal of Law and Society*, Issue 1, March 2009.

Rena I. Steinzor, "Reinventing Environmental Regulation: The Dangerous Journey from Command to Self-control", *Harv. Envtl. L. Rev.*, Vol. 22, 1998.

Richard L. Revesz, "Federalism and Environmental Regulation: A Public Choice Analysis", *Harv. L. Rev.*, Vol. 115, 2001-2002.

Richard L. Revesz, "Federalism and Interstate Environmental Externalities", *U. Pa. L. Rev.*, Vol. 144, 1995-1996.

Robert V. Percival, "Environmental Federalism: Historical Roots and Contemporary Models", *Md. L. Rev.*, Vol. 54, 1995.

Rónán Kennedy, "Rethinking Reflexive Law for the Information Age: Hybrid and Flexible Regulation by Disclosure", *Geo. Wash. J. Energy & Envtl. L.*, Vol. 7, 2016.

Scott Josephson, "This Dog Has Teeth... Cooperative Federalism and Environmental Law", *Vill. Envtl. L. J.*, Vol. 16, 2005.

Shannon M. Roesler, "Federalism and Local Environmental Regulation", *U. C. D. L. Rev.*, Vol. 48, 2014-2015.

Spence David B., "The Shadow of the Rational Polluter: Rethinking the Role of Rational Actor Models in Environmental Law", *California Law Review*, Vol. 89, No. 4, 2001.

Tracey M. Roberts, "Innovations in Governance: A Functional Typology of Private Governance Institutions", *Duke Envtl. L. & Pol'y F.*, Vol. 22, 2011-2012.

Wallace E. Oates, "On Environmental Federalism", *Va. L. Rev.*, Vol. 83, 1997.

Wendy Naysnerski and Tom Tietenberg, "Private Enforcement of Federal Environmental Law", *Land Economics*, Vol. 68, No. 1, February 1992.

Will Reisinger, Trent A. Dougherty, Nolan Moser, "Environmental Enforcement and the Limits of Cooperative Federalism: Will Courts Allow Citizen Suits to Pick up the Slack?", *Duke Envtl. L. & Pol'y F.*, Vol. 20, 2010.

William W. Buzbee, "Contextual Environmental Federalism", *N. Y. U. Envtl. L. J.*, Vol. 14, 2005-2006.

后　　记

本书以我的博士学位论文——《论环境治理行政权力的配置与运行》为基础而成，既是笔者多年研究成果的总结，也是后续研究的奠基。书稿虽已如期付梓，但本书的观点及论证尚有诸多不足，笔者敬待读者的批评指正。

2017年11月，时值武汉进入深秋时节，我回到武大参加博士论文答辩，感怀万千。武大的金秋是多彩的季节，火红的枫叶、金黄的银杏、翠绿的松柏映衬着层层叠叠的樱花城堡，分外妖娆。曾经流连武大美景多年，再回返已是临别时，忆往昔，五味杂陈，百感交集，有甘甜、热辣，也有苦涩、酸楚。2002年，我初入环境法研究所学习，工作后又回炉再造，至今已十七载，期间得到了诸多老师、同学、家人和朋友的帮助。在此，我谨以此短文聊表深深的谢意。

感谢恩师王树义教授！在我人生最困顿的时候，恩师义无反顾地把我招入门下，此恩此情，学生铭记于心，没齿难忘。恩师学高德厚，温文尔雅，豁达开朗。无论是治学研究、经世致用，亦或待人接物、为人处世，恩师皆为学生之楷模。恩师学术眼光敏锐，要求学术研究要有紧密结合中国实际的问题意识；恩师治学态度严谨，强调学术研究要逻辑严密、条理清晰、体系规范。在撰写博士学位论文期间，从题目的选定、框架的构建到最终成稿，恩师倾注了大量的心血，难以言表。正是有了恩师的教诲、指导和鞭策，学生才有了这本直面环境治理难题的著作。

感谢我的硕士生导师蔡守秋教授，蔡老师德高望重，笔耕不辍，学术造诣深厚，是学生终身学习的典范。感谢李启家教授，在我攻读硕士期间，李老师就让我参与他主持的国家级立法项目，收获良多，受益匪浅。感谢杜群教授、罗吉副教授，从开题到预答辩，两位老师对论文的结构框架、论述安排等提出了宝贵的指导意见。感谢给我无私帮助的环境法研究所的各位老师。

感谢答辩委员会郑少华教授、李启家教授、杜群教授、钭晓东教授、邱秋教授对论文提出的宝贵意见及建议，本书内容的完善离不开各位专家的高明指点。

感谢中国社会科学出版社的梁剑琴编辑，她也是我的同学。梁剑琴以高度的敬业精神对本书进行了精心的编校，省却了我诸多的琐碎事务，感激之情难以言表。

感谢我的同学吴宇！感谢肖磊、冯汝、鲁晶晶等12级环境法博士班的同学们！感谢王彬辉、吴卫星、蔡学恩、刘琳、周迪、李华琪、彭中遥等诸位学长、学姐、学弟、学妹们！

最后，我还要特别感谢我的家人！感谢我的爱妻苏晓宁，你的支持和付出是我顺利完成学业、踏实工作的保证！感谢我的两个宝贝女儿，你们是我人生路上的快乐源泉！感谢我的岳父岳母，每当我遇到困难时，你们总是伸出无私的援助之手！感谢我的父亲母亲，感谢你们的养育之恩！

数年来，我每每想起一个场景：凄风冷雨中，在昏暗的路灯下，一个瘦弱的身影，拖着行李箱，慢慢地远去。此时此刻，此情此景，令我更加感念王老师的浩荡师恩，这将成为激励我在学术之路上砥砺前行、永不放弃的前进动力！

蔡文灿
2019年5月18日于福建泉州山语斋